一般社団法人
地域デザイン学会 監修

原田　保
中西　晶　編著
西田小百合

地域デザイン学会叢書 3

安全・安心 革新戦略

地域リスクとレジリエンス

学文社

はしがき

　本書は，一般社団法人地域デザイン学会が装いを新たにして刊行する地域デザイン学会叢書の3冊めの著作である。書名からも理解できるように，本書では，地域とそこに暮らす人々にとって「安全・安心」とはいかなるものか，そしてこれを獲得するにはいかなる思想を持つべきかについて考察し，さらに「安全・安心」を可能にするための施策の提言が行われる。その意味では，本書の刊行によって地域デザイン学会の研究は，新たな領域に拡大したと言える。

　周知のように，戦後われわれ日本人の暮らしは食にフォーカスすることでスタートした。それが，好運に恵まれて高度成長を遂げたために，人々の暮らしの関心は次第に衣食住のみならず余暇を快適に過ごすための多様な生活領域，例えば遊休知美の領域に拡大した。そして，今では欲しいものはお金さえ払えばほとんどのものが入手できるようになっている。

　しかし，われわれ日本人が暮らしの高度化や多様化を実現する過程において，大事なものを置き去りにした。それは，暮らしの基本領域である衣食住や暮らしの付加価値領域である遊休知美などは，暮らしのプラットフォームとも言える「安全・安心」があってこそ，初めて実現可能になるものであるという認識である。

　近年の阪神・淡路大震災や東日本大震災がもたらした混乱によって認識できたことは，暮らしのすべてが「安全・安心」のプラットフォームが存在していることで機能しえるということであった。人間とはおろかなもので，大きな災害や事故が起きないと，「安全・安心」という暮らしの前提が人間が生きていくためには最も大事であることを忘れてしまう。そこで，東日本大震災のショックから立ち直りつつある現在，人の暮らしの未来を展望すべく，暮らしに関わる「安全・安心」の備えの重要性についての啓発を試みることにした。

　本書の構成は，以下のとおりである。まずプロローグにおいて本書の刊行の目的と基本的な考え方が提示される。具体的には「地域社会の安全・安心をど

う考えるか？（原田保・西田小百合）」である。これを踏まえて，全体編と2つの個別編が提示される。そして，閉めくくりのエピローグにおいて，最も大事な課題であると思われる「安全・安心のためのリスクマネジメントとコミュニケーション（西田小百合）」に関する主張が行われる。

「第Ⅰ部《全体編》＝暮らしの場における安全・安心のための戦略理論」では，全体を貫く2つの基本的な主張が提示される。そのひとつは「暮らしの場における安全・安心のコンテクストデザイン（原田保）」であり，もうひとつは「暮らしの場における安全・安心に関わる理論的検討（中西晶）」である。これらはともに暮らしや暮らしの場における「安全・安心」のための理論的フレームの提示である。なお，前者はコンテクストデザインの視角からの考察であり，後者はレジリエンスからの考察である。

続く「第Ⅱ部《個別編A》＝平時から行う有事の備えのための理論」においては，有事への対応は平時から行うべきであることを主張した5つの論述が行われる。これらは，「相互依存指向の安全・安心のためのインフラデザイン─地域の未来のための安全・安心を指向するライフライン構築戦略─（原田保・宮本文宏）」，「ICT活用による地域防災コミュニティデザイン─暮らしを守るためのコミュニティの構築戦略─（宮本文宏）」，「災害医療のネットワークセントリックなシステムデザイン─国の防災・強靱化の中核的システム構築戦略─（神藤猛）」，「小さい生に向けた地域中小企業における事業継続デザイン─福島県の被災企業にみる生存確保のための実践戦略─（奥瀬円・中西晶）」，「災害対応のレジリエントなサプライチェーンデザイン─危機対応のための物流のチャネルシフト構築戦略─（萩原功）」である。

また，「第Ⅲ部《個別編B》＝有事を見据えた平時の備え」においては，平時から有事のための備えが必要であるとする3つの論述が行われる。これらは，「超高齢化社会を支える介護者のリデザイン─介護と仕事の両立のためのライフデザイン構築戦略─（家村啓三・中西晶）」，「暮らしの場を守る自然環境の再生デザイン─自然の構成員である人間の地域への関与方法の構築戦略─（原田保・西田小百合）」，「暮らしの場の食生活への信頼性デザイン─生産，加工，流

通を統合するバリューチェーンの構築戦略─(原田保・宮本文宏)」である。

　以上が本書で取り上げた暮らしに関わる「安全・安心」の主張であるが、それでも「安全・安心」を語るには未だに多くの課題が残されている。その主なものは、例えば国家の安全保障、自動車事故等の交通の交通機関、伝染病の世界的な蔓延、さらには詐欺等の事件をあげられる。これらについては、本学会の今後の検討課題として捉え、後日何らかの研究成果の提示を行いたい。

　今後も、学会としては地域デザイン学会叢書を毎年1冊を目標にして刊行するつもりである。会員には、ユニークで地域にとって有益なテーマの提案を期待している。また、多くの読者においては、本書との出会いを契機として是非われわれの学会への参加を期待したい。最後になるが、本学会の叢書の出版をこころよくひきうけてくださった株式会社学文社の田中千津子社長に多大な感謝の意を表したい。

　2015年8月1日

原田保・中西晶・西田小百合

目　次

プロローグ　地域社会の安全・安心をどう考えるか？……………………… 1
　はじめに──地域デザインの視角から地域社会の安全・安心を理解する！…… 1
　　(1)安全であっても安心ではない場合があることを認識すべきである！　2／
　　(2)リスク概念の導入によって安全・安心への科学的アプローチができる！　3／
　　(3)生活価値を増大させるためには安全のみならず安心が必要になる！　5
　おわりに──地域社会には生活価値や地域価値の発現が求められている！… 7

第Ⅰ部　《全体編》＝暮らしの場における安全・安心のための戦略理論

第1章　暮らしの場における安全・安心のコンテクストデザイン………… 10
　はじめに……………………………………………………………………… 10
　第1節　暮らしの場における安全・安心に向けた課題形成…………… 11
　　(1)「有事」と「平時」をしっかりと結び付けるべき時代の到来　11／(2)グローバルイシューとしての暮らしの場の安全・安心　13／(3)ICTによるバーチャルな場がもたらす暮らしの危険と不安　14
　第2節　安全・安心を獲得するためのコンテクストデザイン………… 16
　　(1)「パーソナルライフスタイルデザイン」からの安全・安心へのアプローチ　16／(2)「コミュニティガバナンスデザイン」からの安全・安心へのアプローチ　18／(3)「リスクマネジメントデザイン」からの安全・安心へのアプローチ　19
　おわりに……………………………………………………………………… 21

第2章　暮らしの場における安全・安心に関わる理論的検討…………… 23
　はじめに……………………………………………………………………… 23
　第1節　暮らしの安全・安心が追求する強靱さとしなやかさ………… 25
　　(1)生きる力としてのレジリエンスの獲得　25／(2)エコシステムにおけるレジリエンス　26／(3)レジリエンスのエンジニアリング　27

第2節　相互依存化する暮らしのネットワークの安全・安心……………29
　　(1)パーソナルライフスタイルにおける他者の存在　30／(2)ネットワークセントリックなコミュニティガバナンス　31／(3)ノーマルアクシデントに対抗するリスクマネジメント　32
第3節　暮らしの安全・安心のための想定外のマネジメント……………34
　　(1)システム思考がもたらす想像力の価値　36／(2)豊かなマインドを持った学習するコミュニティ　37／(3)見ること，そしてストーリーテリング　38
　おわりに……………………………………………………………………40

第Ⅱ部　《個別編A》＝平時から行う有事の備えのための理論

第3章　相互依存指向の安全・安心のためのインフラデザイン
　　　　　──地域の未来のための安全・安心を指向するライフライン構築戦略──……44
　はじめに……………………………………………………………………44
　第1節　インフラストラクチャーの定義と課題──全体デザインの必要性…45
　　(1)ライフラインの捉え方　46／(2)インフラストラクチャーの定義と分類　47／(3)インフラストラクチャーに求められるコンテクスト転換　48
　第2節　インフラデザインの変遷と現在……………………………………50
　　(1)インフラの歴史──ローマとパリのインフラ計画　51／(2)日本におけるインフラの歴史と特徴　53／(3)近代日本の都市計画とインフラ整備　56
　第3節　インフラのコンテクスト転換に向けて──相互依存指向のデザイン…59
　　(1)主体転換としてのインフラのコンテクストデザイン　59／(2)価値転換としてのインフラのコンテクストデザイン　61／(3)関係性転換としてのインフラのコンテクストデザイン　63
　おわりに……………………………………………………………………67

第4章　ICT活用による地域防災コミュニティデザイン
　　　　　──暮らしを守るためのコミュニティ構築戦略──……………………72
　はじめに……………………………………………………………………72

目次　vii

第1節　地域防災のためのコミュニティとICTとは—課題提起 ……………73
  (1)地域防災への住民の期待と課題　74／(2)地域防災のためのコミュニティと ICT　75／(3)地域を解体するICT，コミュニティを創造するICT　76

第2節　地域コミュニティ創造とは何か
　　　　—コミュニティ研究の流れと事例紹介………………………………77
  (1)コミュニティへの関心の背景と構造　78／(2)社会学と政治学上のコミュニティの特徴と分類　80／(3)ICTとコミュニティの繋がりの歴史と現在　82

第3節　地域防災コミュニティデザインへのZCTデザインモデルの活用…85
  (1)コミュニティデザインが目指す姿とは何か—コミュニティデザインの取り組み　85／(2)地域コミュニティデザインの方法論—ZCTデザインモデルの活用　87／(3)コミュニティは果たして理想社会といえるか—コミュニティの課題　91／(4)オープンなコミュニティの実現は可能か—コミュニティのコンテクスト転換　94

おわりに……………………………………………………………………………96

第5章　災害医療のネットワークセントリックなシステムデザイン
　　　　—国の防災・強靭化の中核的システム構築戦略—………………100

はじめに…………………………………………………………………………100

第1節　ネットワークセントリックな災害医療システム…………………101
  (1)大規模災害と災害医療プロセスの構築　101／(2)ネットワークセントリックな災害医療システム　103／(3)自律分散型システムの特性を活かした災害医療　105

第2節　災害医療戦略とプロセスデザインの実際…………………………107
  (1)災害医療と戦略の5P　108／(2)医療プロセスのデザインと災害医療の実相　110／(3)災害医療戦略と価値の最大化　112

第3節　安全・安心な災害医療のためのシフティング体制の展望………114
  (1)災害医療プロセスの危機管理　115／(2)災害医療プロセスを支える社会システムの強靭性　117／(3)安全・安心な社会のシフティング体制　119

おわりに…………………………………………………………………………121

第6章 小さい生に向けた地域中小企業における事業継続デザイン
―福島県の被災企業にみる生存確保のための実践戦略― …………124

はじめに………………………………………………………………124

第1節　BCPと事業継続の実際 ……………………………………125
　(1) BCPとBCM　*125*／(2) 中小企業にとってのBCP　*127*／(3) 東日本大震災における福島県いわき市の中小企業の対応　*129*

第2節　福島原子力発電所事故影響下の中小企業の事例……………135
　(1) 有限会社ライト印刷　*136*／(2) 相沢電設株式会社　*138*／(3) 有限会社やまうち　*140*

第3節　地域の中小企業にとっての事業継続……………………………142
　(1) 事業継続は計画ではなく，実践である　*142*／(2) ステークホルダーとのネットワーク再考　*143*／(3) 地域ブランドとの相互依存性　*144*

おわりに………………………………………………………………145

第7章 災害対応のレジリエントなサプライチェーンデザイン
―危機対応のための物流のチャネルシフト構築戦略― ………………148

はじめに………………………………………………………………148

第1節　災害対応のサプライチェーンと物流チャネルの現状と問題……149
　(1) 設定と現状把握に関するシステム論的なアプローチ　*150*／(2) 大地震のリスクとスケールフリーネットワーク化の推進　*151*／(3) 技術面における対応の現状と経営面における問題　*153*

第2節　災害対応の先進的なサプライチェーンの紹介…………………155
　(1) スズケン＝宮城物流センターの自家発電機と倉庫管理システム　*156*／(2) NTT物流ロジスコ＝バックアップ対応の物流情報システム　*157*／(3) 国分＝物流情報システムのデスクトップクラウド　*158*

第3節　災害対応のためのサプライチェーンの今後の展望構想…………158
　(1) 災害対応のサプライチェーンと物流のためのビジネスモデル　*159*／(2) 危機をめぐるデマンドチェーンとオンデマンドロジスティクスの議論　*161*／(3) 危機対応の物流チャネルシフティング戦略の実相　*163*

おわりに………………………………………………………………166

第Ⅲ部 《個別編B》＝有事を見据えた平時の備え

第8章 超高齢化社会を支える介護者のリデザイン
──介護と仕事の両立のためのライフデザイン構築戦略── …… *174*

はじめに……………………………………………………………… *174*

第1節 平時の備えとしての社会保険制度およびサービス……… *176*
(1)介護保険制度と「介護の社会化」の矛盾 *176*／(2)介護休業と介護休業給付を捉えた課題の抽出 *178*／(3)男性介護者の置かれている状況 *181*

第2節 地域や企業による共助を中心としたサービスへの転換…… *183*
(1)地域に根ざした介護への取り組み *183*／(2)海外の事例からの考察 *186*／(3)京都から始まる男性介護者のネットワーク *188*

第3節 人間らしさを失わないための介護者のライフデザイン…… *189*
(1)不足する介護労働者への対応策 *189*／(2)「労働者」としての家族介護者と新しい働き方 *191*／(3)介護者の心身両面での健康への配慮 *193*

おわりに…………………………………………………………… *194*

第9章 暮らしの場を守る自然環境の再生デザイン
──自然の構成員である人間の地域への関与方法の構築戦略──…… *197*

はじめに…………………………………………………………… *197*

第1節 自然環境再生に対するリスク分析の新視角
──線引きによるリスク矮小化の忌避………………………… *198*
(1)疑問＝環境としての自然をどう考えるのか，そしてその破壊をどう考えるのか *198*／(2)暮らしの場における自然環境がもたらす災害についての実態と問題 *201*／(3)人間の自然への影響による公害の発生から捉えた地域再生の方法 *203*

第2節 自然環境再生のためのスロースタイルデザイナーと
スロースタイルコミュニティ…………………………… *204*
(1)スロースタイルデザイナーによる自然環境の保全や再生 *204*／(2)個人の断片の集合として都市部族によるコミュニティのガバナンスの転換 *206*／(3)リアルとバーチャルなコミュニティに見る場と関係形態の差異 *208*

第3節　生きるパワー復権のためのセルフダイナミズムのあるリソナンス… 210
　(1)自助へのコンテクスト転換によるセルフダイナミックライフの確立 210／
　(2)セルフダイナミックライフを指向する住民運動—三浦半島自然保護の会に注目 212／(3)自然環境保護へのセルフダイナミックガバナンスの社会的指標との連携 213

おわりに……………………………………………………………………… 215

第10章　暮らしの場の食生活への信頼性デザイン
　　　　　—生産，加工，流通を統合するバリューチェーンの構築戦略— …… 218

はじめに……………………………………………………………………… 218

第1節　食生活の史的変遷を捉えた安全・安心に関する課題の変化…… 219
　(1)人類の始まりからの食の安全・安心の歴史的変遷とこれを反映した課題の変遷 219／(2)近代における産業化の進展とこれを反映した食の安全・安心の課題 221／(3)現在における新たな食の安全・安心に関する諸課題の抽出 223

第2節　暮らしの中心にある食生活の安全・安心に見るコンテクスト転換… 226
　(1)安全な食とは何かに関する認識についてのコンテクスト転換 226／(2)食の安全・安心に関わる責任の主体としてのアクターのコンテクスト転換 227／(3)地産地消による食の安全・安心を超えるためのゾーンのコンテクスト転換 230

第3節　暮らしの中の食生活の安全・安心に関するコンテクスト転換… 233
　(1)地域の環境を背景にした地域ブランド構築戦略 233／(2)食の安全・安心を捉えた新たな生活スタイルの創造戦略 235／(3)暮らしの中で食の安全・安心を可能にするバリューチェーン戦略 237

おわりに……………………………………………………………………… 241

エピローグ　安全・安心のためのリスクマネジメントとコミュニケーション… 245

はじめに—我が国は安全・安心な地域をデザインしているのか？……… 245
　(1)地域の安全を確保するためのリスクマネジメントは十分に浸透しているのか？ 246／(2)地域の安心を確保するためのコミュニケーションは十分に展開されているのか？ 248

おわりに—いかにして安全・安心に対してレジリエンスな社会を構築するのか？……………………………………………………………… 249

プロローグ

地域社会の安全・安心をどう考えるか？

原田　保
西田小百合

はじめに―地域デザインの視角から地域社会の安全・安心を理解する！

　地域デザイン学会においては，地域とはデザイン[1])の対象である。デザインの対象である地域は，ゾーニングによって自在に変化できる流動的かつ多義的なものである。地域は，ゾーニングされて区域というゾーンになり，またそれを包含するより広域な全域というゾーンにもなりうる（原田，2013）。

　周知のように，いかなる次元からゾーニングするかがゾーンデザインの要諦である。しかし，安全・安心について考える本書では，地域とは人が暮らす場としての社会的な諸単位であり，多次元の地域的な塊として設定された何らかのコミュニティとして捉える。特に，人の暮らしの場であるコミュニティの単位として，行政単位をそのまま使用することにした。また，その際，都道府県より小さな行政単位である市区町村レベルの比較的小規模な単位を想定する。その上で，地域の安全・安心は，これらに関係する単位によって議論されるべきであるという立場で考察が行われる。

　このような考え方に依拠しながら，後章においては，大きく3つの部分にわけて論述が行われる。第1が《全体編》＝暮らしの場の安全・安心のための戦

略理論，第2が《個別編A》＝平時から行う有事の備え，第3が《個別編B》＝有事を見据えた平時の備えである。

(1) 安全であっても安心ではない場合があることを認識すべきである！

　東日本大震災以降，我が国では安全や安心に対する関心が高まっている。従来，主に特殊な仕事の現場，例えば原子力発電所などでは，安全や安心に対する関心はそれなりに高かった。しかし，東日本大震災の発生により，われわれはあらためてこのような多大な自然災害が，単に仕事の場のみならず，同時に生活の場においても甚大な被害をもたらすことを思い知らされた。われわれの日常生活は完全に安全ではなく，また完全に安心できる状況ではない。そこで，このような危険(安全の対抗概念)や不安(安心の対抗概念)を縮減させる効果的な施策や十分な準備を行うことが不可欠になる。

　まず，本書を通じて使用する安全と安心についての概括的な定義付けを行う。安全と安心については，例えば安全・安心な都市や安全・安心な住宅のように，安全と安心がワンセットで使用されることが多いため，安全と安心があたかもひとつの統合概念であるかのように理解されている。結果的に，安全や安心に対する個別の定義に触れることなく，2つの概念を一緒にした茫漠としたイメージで暮らしの場における望ましい日常生活の状態が現出している。

　それでは，安全であることは果たして安心であることを意味するのであろうか。そうである場合もあるし，そうでない場合もある。また，安心と感じていても安全ではない場合もある(中谷内，2008)であろう。つまり，安全と安心はまったく異なる概念である。これら2つの概念の組み合わせからは，4種類の異なる状態が読み取れる(図表-1)。

　図表-1において，横軸は安全の度合いを示しており，縦軸は安心の度合いを示している。詳細については後述するが，前者の安全は主に技術的な側面から捉えた概念であり，後者の安心は心理的あるいは社会的な側面から捉えた概念である。4種類の異なる概念の組み合わせ領域とは，具体的には第1が「安

図表-1 安全と安心からなるマトリックス

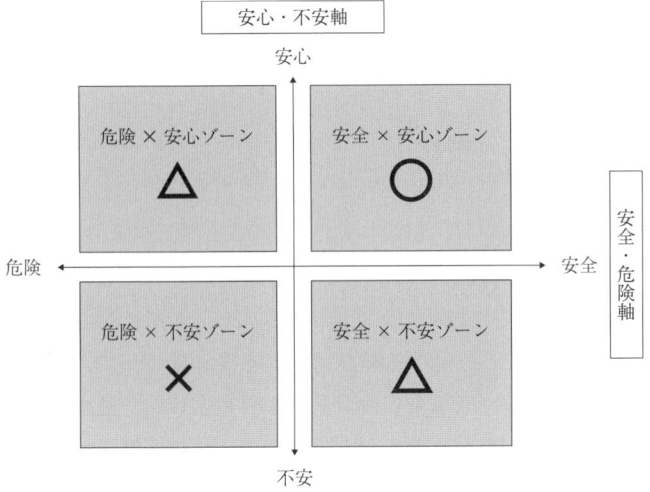

出所）筆者作成

全×安心」の領域，第2が「危険×安心」の領域，第3が「危険×不安」の領域，第4が「安全×不安」の領域である。もちろん，「安全×安心」の領域がもっとも望ましい状態であり，「危険×不安」の領域がもっとも望ましくない状態である。また，「危険×安心」の領域には多大な問題がある。それゆえ，この安全と安心からなるマトリックスに依拠しながら，暮らしの場における安全で安心な状況を指向する考え方や，これを可能にする手法についての議論を試みる。

(2) リスク概念の導入によって安全・安心への科学的アプローチができる！

現時点では，暮らしの場における安全・安心といっても，これらを統合的に想起できるような的確な指標がない。したがって，これらの分析やこれに依拠する改善策に対する評価も困難になる。そこで，安全・安心を統合的かつ科学

的に理解するために，リスク(risk)概念の活用を図ることにする。

　リスクを表す指標としては，しばしば予測される期待値との乖離の度合いが使用される。それゆえ，リスクには正負の両方向に存在可能性が生じることになる。結果的に，期待値より悪い方向に振れる場合もあれば，逆に良い方向に振れる場合もある。その意味では，リスクは悪い現象のみを捉えた概念ではなく，良い現象も含めたいわばニュートラルな性格の概念である。このような性格を保持するリスクによって，安全・安心に対する理解を深めることで，安全・安心を客観的に定義する。

　木下(2011)によれば，安全とは「受け入れ可能な客観リスク」，つまり「許容リスク」であり，安心とは「主観リスク」あるいは「リスク認知」である。そうなると，安全や安心に関する政策立案やマネジメントは，リスクを受容する範囲を決定することから始まることになる。これは，例えば事故は絶対に起きないという「安全神話[2]」の否定になるし，またその裏返しとしての「ゼロリスク」も否定することを意味する(木下，2011)。このような考え方に立脚すれば，リスク許容度[3]という概念が意味を持つことが理解できる。

　つまり，安全・安心に関わる政策の立案やマネジメントは，受容できないリスク段階から受容できるリスク段階への転換を現出させる行為になる。これは，特別な状況を除いてリスクは受容されない段階から，ほとんど無視できるリスクである受容できる段階への転換が行われることを意味する(木下，2011)。

　もちろん，受容される限度は時と場合によって異なるため，ここがそうであるという一線を科学的に引くためには，それぞれの専門領域における緻密な計算が不可欠になる。本書では，地域の安全・安心については，可能な限り科学的な枠組みの中において議論を行うべきであり，各レベルの行政組織や多様なコミュニティが行うべき対応における主たるねらいはリスクを低減することであるという立場を取ることにする。

(3) 生活価値を増大させるためには安全のみならず安心が必要になる！

　前述のように，安全は技術的な性格が濃いが，安心は感覚的な性格が強いようである。暮らしの場においては，単に安全であるということだけでなく，同時に各人の主観的な部分である安心に対する配慮が重要になる。これによって，暮らしの場における生活価値の増大が実現するからである。この生活価値の増大こそが，地域デザインにおける最大の目的のひとつであるともいえよう。

　このような認識に立脚すれば，科学的な努力によって改善が可能になる安全への対応がより一層の効果を発揮することになる。これにより，地域に暮らす人々への安心の担保こそを重視すべきであることが容易に理解できるようになる。そうなると，技術的な仕組みよりは，むしろ心理的な側面からの取り組みが重要になり，とりわけ社会心理学が多大な意味を持つようになる。このような問題意識に立脚しながら，以下では安心の獲得についての考察を行うことにする。

　さて，吉川他(2003)によれば，安全は主に技術的側面から議論されるべきものであり，また安心は主に社会的側面から議論されるべきものである。ここで大事なのは，技術的なイシューは合理的に対応できるが，他方の社会的なイシューは合理的なアプローチのみでは対応できないということである。吉川他(2003)でも述べるように，非科学的性格が強い安心に対しては社会的技術という概念による説明が可能である。そうなると，安全は純粋技術によって政策の立案やマネジメントを，これに対して安心は社会的技術によって政策の立案やマネジメントを行うことになるだろう。

　そこで，以下においては，吉川他(2003)の安心の枠組みを概括的に紹介することにしたい。なお，これは，安心を情報の有無によって説明しようとする試みである(図表-2)。

　図表-2からも理解できるように，安心は以下のような4種類に分類できる。具体的には，第1が「無知型安心」，第2が「能動型安心」，第3が「能動型不安」，第4が「無知型不安」である。特に問題なのは，第一象限の「無知型安

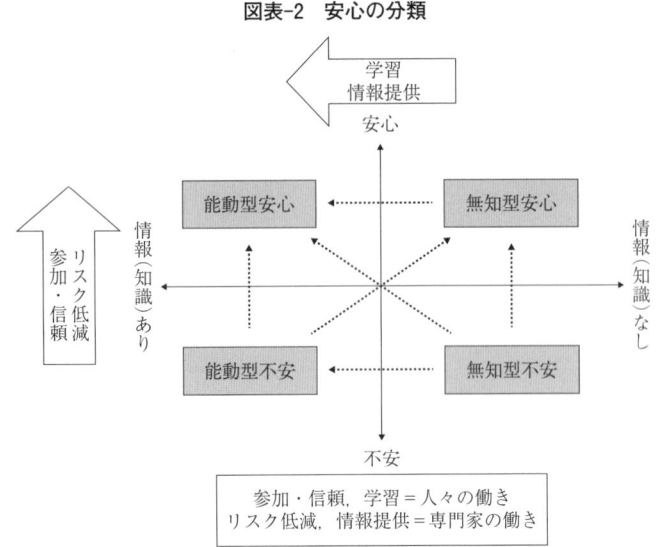

図表-2　安心の分類

出所）吉川他（2003），p.6，Figure1 を筆者修正

心」である。また，これに分類される人々は，ある意味では社会的な啓発の対象になる層である。

　啓発活動は，人々を不安な状態から安心な状態に誘導するためのひとつの方法である。そのためには，参加，信頼，学習などの住民の働きが不可欠になり，またリスクの低減や情報提供などに関する専門家の働きも重要になる（吉川他，2003）。ここで大事なのは，そこに住む住民と各種の専門家との効果的なコラボレーションである。併せて，これを可能にするための環境整備も不可欠になる。

　これらは，原則として各レベルの行政組織に期待される公的な事業領域であろう。各レベルの対応が相まって行われることが，地域における人々の暮らしの安寧につながり，これにより住民が満足する地域コミュニティの形成も可能になってくる。

おわりに──地域社会には生活価値や地域価値の発現が求められている！

　ここでは，本書の冒頭にあたって，その執筆の主な目的と方向についての概括的な議論が行われた。今や時代は先進国においては成熟期に入っており，特に我が国においては安全・安心の社会的な担保は喫緊の課題になっている。このような領域において人々の支持を獲得することこそが，多段階に存在する行政や，多様に地域にあるコミュニティに対して要請されている。これは，それぞれの暮らしの場における生活価値の増大に向けた行為であり，また地域を衰退傾向から脱却させるのに効果的な行為でもある。

　周知のように，人が暮らす上で最も重要なのは安全・安心が担保されていることである。それには，たとえどこにいても信頼できる安全なシステムや最低限のセーフティネットの存在が不可欠になる。その意味では，生活価値の増大はリスクを低減していくことにより達成されると考えられる。

　このように地域社会の安全・安心を考察することは，そこに暮らす地域の人々に対するやさしさを考察することと同義である。地域の基本的な存在条件ともいえる人にやさしい暮らしの場の創造は，きわめて効果的でかつ意義深い行為である。この創造的な行為をいかに継続的に実践できるが，人類の最大のミッションになるだろう。

　このような考え方に立脚し，本書では安全・安心を生活のあらゆる領域を包含する統合的な概念として捉えた議論が行われる。また，この安全・安心が担保されるべき対象は，何らかの意味付けによってゾーニングされた市町村に代表される人が暮らす地域である。後章では，安全・安心はある種のコンテクストであると考え，これによってもうひとつのコンテクストである地域住民の生活全般に関わる生活価値や，それを現出させる地域価値をめぐる多様な議論が展開される。

注
1）地域デザイン：地域振興のための地域ブランド価値発現のためのデザインであり，地域ブランド価値の最大化を指向する戦略的ゾーンデザインとコンテクストデザインにより行われる。
2）安全神話：根拠のない思い込みなどによる絶対安全だという信頼感のことである。
3）リスク許容度：どの程度のリスクなら受け入れることができるかに関する度合いのことである。

参考・引用文献
原田保（2013）「地域デザインの戦略的展開に向けた分析視角　生活価値発現のためのコンテクスト活用」地域デザイン学会誌『地域デザイン』第 1 号，pp. 7-15。
木下冨雄（2011）「リスク学から見た安全と安心」エネルギー総合工学研究所「原子力の安全を問う―巨大技術は制御できるか」第 1 回シンポジウム資料, http://www.iae.or.jp/great_east_japan_earthquake/nuclearsafety/pdf/01_20111008/kinoshita20111008_r.pdf（2015 年 5 月 8 日アクセス）。
中谷内一也（2008）「はじめに」『安全。でも，安心できない…―信頼をめぐる心理学』（ちくま新書）筑摩書房，pp. 12-15。
吉川肇子・白戸智・藤井聡・竹村和久（2003）「技術的安全と社会的安心」『社会技術研究論文集』Vol. 1, pp. 1-8。

第Ⅰ部

《全体編》＝
暮らしの場における
安全・安心のための戦略理論

第1章

暮らしの場における
安全・安心のコンテクストデザイン

原田　保

はじめに

　我が国では，現在，地域社会，すなわち暮らしの場における安全・安心への対応について大きな転換点を迎えている。それは，国家レベルでの急速な人口減少と高齢化の進展や，これに呼応する地方の経済的な疲弊と全国的な過疎化の進展である。また，かつての高度経済成長期[1]に完成したさまざまなインフラや建造物の老朽化も，可能な限り速やかに対応すべき大きな課題である。さらに，多種類のインフルエンザや未知のウイルスによる脅威，北朝鮮などによる核戦争の脅威，数多くある原子力発電所の事故，過激派組織などによるテロの脅威など，多様な危険や不安を抱えている。

　われわれは，2011年に発生した東日本大震災を契機として，安全・安心が当たり前のことではないことを思い知らされた。われわれは，あらためて安全・安心はすべての人々が不断の努力をしなければ完全には担保できないものであることを認識したわけである。このような状況において，これまであまり考えることのなかった安全・安心な暮らしを守るためには何が必要なのか，どうすべきなのかについて考えることが，われわれ一人ひとりに対して強く要請されている。

これに伴い，今後の安全・安心を担保する効果的な政策の構築とその暮らしの場における実施に関わる新たな理論形成，すなわち安全・安心の新たな枠組みが大いに期待されている。本章では，このような理論を導出するための前提になる大事な課題についての整理が行われる。併せて，これらへの対応についての基本的方向性の提示，つまり暮らしの場における安全・安心に関わるいくつかのトピックを捉えた読み取りの提示が行われる。

　本章の構成は，以下の通りである。まず暮らしの場における安全・安心に向けた課題形成について述べ，次に安全・安心を獲得するためのコンテクストデザインについて述べる。

第1節　暮らしの場における安全・安心に向けた課題形成

　人々の暮らしには，楽しいことや嬉しいことが数多くあることが望ましい。そのためには，まず暮らしの場における安全・安心がしっかりと担保されていることが前提になる。そこで，本節では，暮らしの場における安全・安心に向けた課題として，発想転換を促すための議論を行う。

⑴　「有事」と「平時」をしっかりと結び付けるべき時代の到来

　議論すべき第1の問題は，有事における安全・安心は平時の安全・安心とは独立した課題ではないということである。ここで，有事とは戦争や大災害など平時には生じない事件のことであり，平時とは戦争や大災害などのない時や平和な時のことをいう。このような2つの課題は，セットの課題として認識すべきである。本書の個別編では，便宜上，有事からのアプローチと平時からのアプローチにわけて論述が行われる。それは，日本人は有事と平時を同一の次元で捉えるというアプローチにあまりなじみがないことを考慮したためである。しかし，本書で取り上げた個別編の論述を見れば，この両者を統合的に捉える発想への転換が不可欠であることが容易に理解できるであろう。つまり，安全・安心を脅かす危険・不安は平時における安全・安心への備えと密接不可分な関

係にある。

　従来，有事への備えは平時における備えとは異なるレベルの課題であるという認識が強かった。それゆえ，各地域における安全・安心への対応についても，双方の課題への対応は統合戦略として展開されることがなかった。しかし，有事への備えは平時からの対応がしっかりできているかどうかにかかっている。すなわち，平時における備えの地道な積み重ねが結果的に有事の備えに結び付くのである。

　このような有事と平時を統合的に考えられないという日本人の欠点については，2011年に我が国を襲った東日本大震災への行政機関や住民の対応を見れば容易にわかるだろう。例えば，海岸沿いの低地には大地震による津波などのリスクがあることが理解できていても，多くの日本人は自身が暮らす地域全体でリスク回避のために高台に移転するというような，生死をかけるレベルでの大きな意思決定を避けようとする傾向が強い。多くの人は，たとえ統計的なリスクの存在は認識できたとしても，そのリスクは自分にだけは降りかかってこないというような，すなわち特別な対応をしなくてもすむような，自身にとって都合のよい判断を行ってしまう。

　これに対して，ヨーロッパの歴史的な都市では，外敵などに備えるために都市全体をまるごと海からの外敵のリスクが低い高台に移転することは当たり前のように行われてきた。例えば，シチリア島（イタリア）のタオルミーナ[2]やマルタ島（マルタ共和国）のヴァレッタ[3]などにはそのような都市まるごとの移転経験がある。

　それでは，ヨーロッパと日本に見出される差異は，一体何に基づくのか。これについては，有事と平時の関係に対する認識の差異が最大の要因と考えることができる。ヨーロッパにおいては，有事は必ずやってくるものであると認識されている。一方，多くの日本人は，有事は自分の時代には発生しない非日常的な現象であると捉えている。日本人は，日常の暮らしに有事のリスクをリンクさせるような対応を行わない傾向が強い。つまり，日本人は有事を可能な限り意識しないようにしているために，平時から有事への備えを行うことはほと

んどない。

　このような有事に対するヨーロッパと日本との対応の差異は，狩猟民族と農耕民族との差異に由来しているようである。それゆえ，安全・安心を考える際には，このような国民性などの差異を明確に認識することが大事になってくる。こう考えるならば，自身の保持している克服すべき弱点を乗り越えることによって，戦略的にリスクを認識ができる体質を獲得できることになる。

(2) グローバルイシューとしての暮らしの場の安全・安心

　第2の問題は，暮らしの場における安全・安心に関わる現象が広く海外からの影響を大きく受けていることである。例えば，近年の中国における大気汚染[4]は，海を渡って九州などの西日本に対する健康被害を誘発している。また，鳥インフルエンザや中東における中東呼吸器症候群(MARS)コロナウイルスなどの流行も，我が国にとってはそれこそ命に関わる多大な懸念材料である。

　海外からの影響に対しては，我が国が島国であるため，従来あまり意識することはなかったが，現在では，気流や海流に乗って運ばれてくる危険や不安の種については島国である我が国においても大きな問題となっている。実際，鳥インフルエンザに感染した野鳥は，いとも容易に東シナ海や黄海を越えて日本に飛来する(原田・萩原，2008)。また，グローバル化が進展し，人々の海外との往来が頻繁に行われるようになり，他国で生じた危険や不安が日本へ入ってくるのを阻止することは困難である。他方，ヨーロッパにおいては，以前から例えば黒死病といわれてきたペストなどが蔓延した際に，いつ自国に伝播してくるかはまったく予測できないというリスク状態にさらされてきた。

　確かに，海外からのリスクに対する弾力性は，ヨーロッパの国々と比較すれば，島国である日本では脆弱にならざるをえなかった。しかし，今後は，暮らしの場の色彩が強いローカルな地域においてすら，何らかの形態でグローバルなネットワークに組み込まれてしまうことを考慮する必要がある(図表1-1)。これは，海を越えながら広く伝播するインフルエンザや大気汚染に顕著に見出されるスケールフリーネットワークの危険や不安の最大の特徴である。それゆ

図表1-1 国境を越える危険と不安

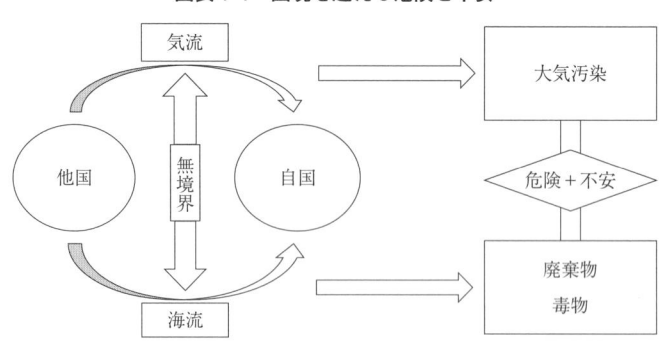

出所）筆者作成

え，安全や安心は国境や域境を容易に越えるグローバルイシューとして存在することを強く認識することが不可欠である。

　また，有事がある特定の地域のみにおける固有の現象として現出するケースもある。例えば，我が国の高度経済成長期に発生した水俣病やイタイイタイ病などの四大公害病[5]は，ある地域に限定された公害が現出させた疾病である。しかし，この貴重な経験こそが，同様の公害に悩まされる諸外国の公害を抑制するためにそれなりの役割を果たしている。その意味では，世界の各地において安全・安心を回復するための施策は，地域の境界を越えてグローバルなレベルに機能させることが喫緊の課題になっている。

(3) ICTによるバーチャルな場がもたらす暮らしの危険と不安

　第3の問題は，暮らしの場における安全・安心が，今や現実の世界のみならず，ICT（情報通信技術，Information and Communication Technology）の急速な発展によって登場したバーチャル空間にまで拡大したことである。これは，暮らしの場に，従来のリアルな世界のみならずバーチャルな世界が加わったことを意味する。これは同時に，われわれの暮らしにおいて眼には見えない場からも危険や不安を感じるようなきわめてハイリスクな状況が現出する可能性がある

ことを意味する。それゆえ，暮らしの安全・安心を担保するためには，リアルな場所のみならず，同時にバーチャルな場所での対応も不可欠になってきた。

近年，インターネットに関わる犯罪が急速に増加している。今や，老人から子どもまでの多様な人々が，インターネットを駆使するICT時代が到来している。それゆえ，人々の暮らしの場であるリアルな社会から見えない多様なバーチャルワールドが現出している。当然のことながら，このような場所ではリアルな場所とはまったく異なるさまざまな規則が必要になる（原田，1999）。しかし，現時点においては，未だにバーチャルな世界における体系的にセーフティネットを構築するまでにはなっていない。

このバーチャルな場所において自身の生命や財産を守るためにはかなりの労力が必要になり，また国や企業を守るためにもそれ以上の努力が求められる。われわれは，単にリアルな現実の場所における安全・安心の確保のみならず，同時にバーチャルな場所における安全・安心の確保も担保しなければならないような時代に生きている。そして，このような2つの場所を安全・安心に，また自在に行き来するために必要なスキルやノウハウの蓄積も，また強く要請さ

図表1-2　リアルな空間とバーチャルな空間からの危険と不安

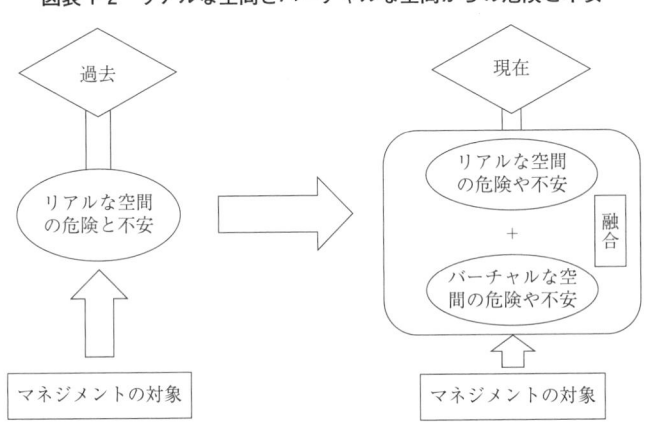

出所）筆者作成

れている。

　我が国でも，国家，企業，そして個人が，インターネットを通じて眼に見えぬ敵から攻撃される恐怖を経験したケースはかなりの数に上ると推察される。また，国際関係に関する領域においても，多様なサイバー攻撃が世界中に広がりを見せている。その意味では，時代はまさにサイバー空間が世界のパワーに関するヘゲモニーを発揮する段階に入っている。そうなると，何らかのつながりを容易にもたらすバーチャルな場では，自らの暮らしは自らが守るという個人主義的な要素がクローズアップされるようになる（図表1-2）。

　いずれにしても，これからの時代は，自らの暮らしが眼に見えるオフィシャルな時空間のみにあるのではなく，自らの暮らしの中にいかに多様な時空間を取り込むことが不可欠になる時代になることは間違いない。それゆえ，われわれは，可能な限り早急に，このような社会において安全・安心を担保できる政策の立案や，これに依拠したグローバルなレベル，あるいはバーチャルレベルでの安全・安心に向けた実践活動が大いに期待される。

第2節　安全・安心を獲得するためのコンテクストデザイン

　前節では，もっぱら暮らしの場における安全・安心に向けた課題形成についての議論が行われてきた。そこで，本節では，われわれが安全・安心に関わる理論形成に向けたアプローチ軸の提示を行うことにする。

(1) 「パーソナルライフスタイルデザイン」からの安全・安心へのアプローチ

　第1のアプローチは，安全・安心をある種の普遍的概念領域として捉えるのではなく，むしろパーソナルな個人の生き方の選択として，つまりパーソナルライフスタイルを反映した個人的概念領域として捉えるというコンテクストに依拠している。そこで，このような安全・安心に関する考え方を概念的に表すと，概ね以下のようになる。

「コンテクスト転換①（概念転換）」
　　　　　＝「普遍的概念領域(No)」→「個人的概念領域(Yes)」

　安全・安心については，社会全体を捉える普遍的なものとして捉えたうえで対応することが大事である．併せて，安全・安心に関わる国や地方の行政組織などの役割，機能，そして地域におけるコミュニティの貢献も非常に重要になる．しかし，ここでは，例えば戦争や災害が生じた際の多くの人々に見られる驚きの表情や時として不合理な行動が選択されることへ対応の必要性について論じる．

　さて，有事とは，文字どおりいつか必ず発生するものである．しかし，それらへの対応は最終的には個人レベルで行われるものであり，安全・安心を確保するためにいかに対応すべきかについては，本来一人ひとりの個人的な生き方が反映されるべきである．つまり，安全・安心に関わる判断は，最終的には自分がどのように生きるのか，そしてどのような生活をするのかという個人的な選択に関わる問題になる．

　例えば，サーファーは津波が襲ってくる懸念があることを承知の上で，そのリスクの大きさを自身で飲み込みながら海岸沿いのマンションに住む場合が多い．また，原子力発電所周辺の住民は，その脅威をある程度理解しながらも，高い報酬や立地の良さを考慮して自身が働く場所として選択する場合がある．つまり，どこに住まうのか，あるいはどこで働くかなどについては，個人が決定すべき領域として個人にゆだねられている．それゆえ，これに対しては，個人が自信を持って意思決定する能力と強い意志を持って判断することが大事になる．

　周知のように，各種の保険は，リスクとリターンとの計算から行われることがその仕組みの前提条件になっている．生命保険の場合には，死亡に関わるリスクヘッジをするために行うのだから，そもそも死亡のリスクを感じなければ保険に加入する必要は生じない．このようなリスクは計算可能であり，それぞれの事情に見合う形で個人がリスクへの対応を行う．

したがって，安全・安心への対応は個人の生き方に依拠するべきであり，またそのためには自身の生きる目的をしっかりと設定しておくことが必要とされる。その上で，それぞれが社会の一員としていかなる日常生活を過ごすのかという，ライフスタイルの確立が求められる。

(2) 「コミュニティガバナンスデザイン」からの安全・安心へのアプローチ

　第2のアプローチは，安全・安心を支える主体が国や地域の行政組織のみならず，民間人である住民も参画するような体制が確立するようになるという，ガバナンス[6]の主体の転換についてである。確かに，安全・安心は，国や地方の行政組織が中心を担うべきであるが，それだけでは暮らしの安全・安心を守ることは困難である。そこで，地域に暮らす住民をいかに巻き込むのか，あるいは多様なNGOやNPOの協力をいかに獲得するかが大事な課題になってくる。

　その意味では，安全・安心に関わるガバナンスの形態は，従来型のそれとは若干異なっている。これは，安全・安心への備えが地域におけるガバナンスのコンテクスト転換を誘発するトリガーになることを意味する。ここでは，安全・安心をガバナンス形態の転換に対する影響要因として考えている。このようなガバナンス形態は，参加型ガバナンスと言われている(坪郷，2006)。これは，住民が国や地域の行政が統治する対象としての存在から，ガバナンスの主体へと転換することを意味している。このような安全・安心に関する考え方を概念的に表すと，以下のようになる。

　「コンテクスト転換②(主体転換)」
　　　　　＝「客体としての住民(No)」→「主体としての住民(Yes)」

　それでは，以下において参加型ガバナンスについての考察を行うことにする。これは，前項の住民は個人としてアクティブな存在と捉える考え方に呼応している。参加型ガバナンスとは，簡単にいえば国や地域における住民の政治や経

済への参加を意味している。特に，安全・安心に関わる領域では，この参加型ガバナンスの導入が適合している。この参加という言葉の意味は，まさに組織の一部を担う構成員になることであり，ある種のガバナンス機能を担うことを意味する。つまり，これは住民参加の国や地域の運営を指向する方向の中から誕生した概念である(坪郷，2006)。また，地方では，我が国のみならず，ヨーロッパの各国においてもしっかりと消防団や自警団が機能しているが，これらは地域に残る固有のコミュニティに依拠した組織運営の方法である。

これは，権力論の立場で捉えれば分権化であるが，生活者の立場からいえば共助[7]の考え方に依拠して暮らしをサポートしようという絆（きずな）指向の考え方である。ここでは，住民のガバナンスへの参画は，住民同士が自らの暮らしの場で共に助けあうという共助の思想を持ち込むことを意味している。それゆえ，この考え方が安全・安心に関わる問題を考察するには大事な概念になる。

(3)「リスクマネジメントデザイン」からの安全・安心へのアプローチ

第3のアプローチは，安全・安心に関わる問題がほとんどリスクに関わる問題であり，それゆえマネジメントの対象になりうるという合理的な考え方から現出されるものである。ここで問題になるのは，常に想定外というリスクの外側に置かれる範囲が設定されてしまうことである。

想定内の範囲におけるリスクとリターンとの関係については，統計的に処理できる問題である。これに対して，想定外とは科学的には正確に分析できない範囲である。ここで問題になるのは，リスクに関わる想定外の理解の仕方についての認識である。現状では，仮に想定外の部分において問題が生じても，想定外のできごとには何ら責任はないという常識がまかりとおっている。

それゆえ，これはリスク管理責任が問われる領域にはならない。そればかりか，責任回避を目的にして想定内の部分が矮小化されるようになっている。そうなると，この想定外という概念のコンテクスト転換を検討すべきである。これは，想定外という概念に対する新たな捉え方である。つまり，想定外をリス

図表 1-3　マネジメント対象への転換

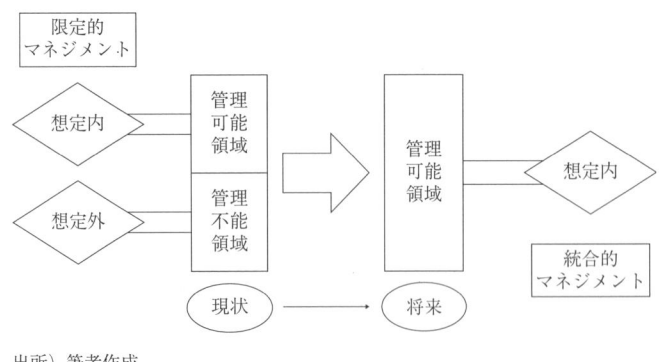

出所）筆者作成

クマネジメントの対象に入れてしまうことが必要になる。このようなコンテクスト転換については，概ね以下のように示すことができる。

「コンテクスト転換③（対象転換）」
　＝「管理対象外としての想定外(No)」→「管理対象内としての想定内(Yes)」

　多くの場合には，実際に起きる可能性がないために想定外に位置づけるのではなく，対応すべき方法が見出されないために想定外への位置づけが行われる。大きな災害や事故が生じると，それらは想定外であるがゆえに責任の回避が行われる。管理しないということと管理できないということは，本来まったく異なる概念であるにもかかわらず，巧みにすり替えが行われている。
　それゆえ，リスクマネジメントを実施するにあたっては，想定外とはマネジメントが不可能な領域ではなく，むしろ今後対応が急がれる領域であると考えることが望ましい。言い換えれば，想定外の領域とは存在しない領域ではなく，未だマネジメントが行えない領域であると考えるべきである(植村，2012)（図表1-3）。
　そうなると，リスクマネジメントは，認識できる範囲に対するマネジメント

行為ではなく，認識できない範囲の拡大を可能にするためのマネジメント行為であると考えられる。すなわち，新たな課題の発見に向けた永続的努力がリスクマネジメントの前提になってくる。その意味では，リスクマネジメントとはまさに課題発見からはじまるマネジメントであるとも言える。

おわりに

本章では，暮らしの場における安全・安心のコンテクスト転換についての新たなアプローチに関する議論が行われてきた。第1が暮らしの場における安全・安心に向けた課題形成，第2が安全・安心を獲得するためのコンテクストデザインについてであった

これらから理解できるのは，今まで当たり前であった常識的な捉え方からの解放によって，安全・安心に関する捉え方における以前とは異なった相貌が見えてくるということである。そうなれば，危険や不安に対する備えへの考え方も異なったものになるであろうし，結果的に悲劇からの回避の可能性も高まってくるだろう。このような考え方が，今度の安全・安心に関わる新たな研究を誘発するはずである。

ここでの考察を踏まえて，次章では安全・安心に関わる新たな理論形成に向けた枠組みの提示が行われる。そして，これに続く事例編においては，本章および第2章での議論を踏まえた議論が多様に展開される。

注
1) 日本における高度経済成長期は，1955（昭和30）年～1972（昭和47）年頃である。
2) タオルミーナ：シチリア島の西側にあるリゾートとして有名な観光地である。戦争に敗れたギリシャ人によって紀元前4世紀頃建設された都市で，標高200メートルの高台に位置する。
3) ヴァレッタ：ヴァレッタは，聖ヨハネ騎士団がロードス島から移ってきたときに騎士団本部とされ，騎士団によって計画的につくられた要塞都市で，現在はマルタ共和国の首都である。
4) 大気汚染：中国では経済発展で豊かになる一方で，環境対策が不十分であり，PM2.5

と呼ばれるディーゼルエンジンなどから排出される直径2.5マイクロメートル以下の超微粒子であり，ぜんそくや気管支炎を引き起こすなど人の健康に重大な悪影響を及ぼす健康被害が増えている。PM2.5 は，偏西風に乗って日本にも飛来し，健康被害が懸念されている。その他，中国や東アジアで多く使用される化石燃料によるオゾンの増加により，日本でも気候などへの影響が生じる可能性がある。

5）四大公害病：熊本県の水俣湾で発生したメチル水銀汚染による水俣病，メチル水銀汚染による新潟県の阿賀野川流域での新潟水俣病，三重県四日市市で発生した主に硫黄酸化物による大気汚染が原因の四日市ぜんそく，富山県神通川流域で発生したカドミウム汚染によるイタイイタイ病を指している。

6）ガバナンス（governance）：法的拘束力または上位圧力を行使して統治するガバメントに対して，集団が自らを健全に統治することである。

7）共助：互いに力を合わせて助け合うことである。

参考・引用文献

植村修一（2012）『リスク，不確実性，そして想定外』日経プレミアシリーズ日本経済新聞出版社，pp. 149-168。

坪郷實（2006）「参加ガバナンスとは何か」坪郷實編『参加ガバナンス―社会と組織の運営革新』日本評論社，pp. 13-29。

原田保（1999）『デジタルスタイル　21 世紀デジタル・ネットワーク社会の企業経営と個人生活』英治出版，pp. 9-18。

原田保（2013）「ビジネスモデルからフォーマットへの転換」寺本義也・原田保・中西晶『風狂が企業を変える！』芙蓉書房出版，pp. 37-88。

原田保・萩原功（2008）「インフルエンザウィルスとスケールフリーネットワークの価値転換モデル」『無形化する経営』同友館，pp. 108-132。

第2章
暮らしの場における安全・安心に関わる理論的検討

中西　晶

はじめに

　第1章では，本書の基本思想についての言及が行われた。まず，暮らしの場に見出される安全・安心に関わる課題として，今や「有事」と「平時」が結びつく時代が到来し，境界を越えたグローバルイシューとしての暮らしの場における安全・安心を考えなければならないこと，さらにICTに依拠するバーチャルな場がもたらす暮らしの危険と不安も考慮しておかなければならないということが指摘された。さらに，安全であり，安心を獲得するためのコンテクストデザインとして，「パーソナルライフスタイルデザイン」「コミュニティガバナンスデザイン」「リスクマネジメントデザイン」の3つのアプローチからコンテクスト転換の必要性を指摘した。

　本章では，第1章で提示した課題に関する理論的フレームワークについて，以下に述べる3つのアプローチとの関連性を想定しながら紹介していく。その第1が「有事」と「平時」の連続性を強く意識する「レジリエンス(resilience)」という概念である。この概念は，心理学，精神医学，エコロジーなどから工学，産業の分野までも幅広く使用されるようになった。第2が「相互依存ネットワーク(interdependent networks)」という考え方である。前章で大きな課題とし

て指摘したICTも含め，われわれの暮らしのなかには多様なネットワークが重層的に張り巡らされ，かつこれらが相互に依存しあっているという現象を改めて認識することによって，安全・安心に関する理解と対応の在り様が変わってくる。そして，第3に，「想定外のマネジメント(managing unexpected)」という姿勢と行為が不可欠になるということである。現代の複雑に絡み合った相互依存ネットワークのなかでレジリエンスを十分に保っていくには，個人，組織，コミュニティ，行政，政府といった主体が，われわれの認知的限界のもとでは，起こりえるすべてのことを想定することはできない。このことを取りあえず理解した上で，「想定外」の出来事に対していかに対応していくかを考えることが，安全・安心を実現していく上ではきわめて重要になる。

それゆえ，以下では，レジリエンス，相互依存ネットワーク，想定外のマネジメントという3つの視点から，「パーソナルライフスタイル」「コミュニティガバナンス」「リスクマネジメント」のデザインに関する理論について展望していく(図表2-1)。具体的には，第1が暮らしの安全・安心が追求する強靱さとしなやかさ，第2は相互依存化する暮らしのネットワークの安全・安心，第3は暮らしの安全・安心のための想定外のマネジメントである。

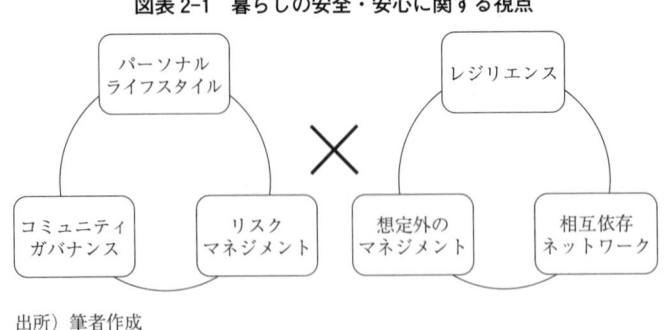

図表2-1 暮らしの安全・安心に関する視点

（パーソナルライフスタイル）
（コミュニティガバナンス）（リスクマネジメント）
×
（レジリエンス）
（想定外のマネジメント）（相互依存ネットワーク）

出所）筆者作成

第1節　暮らしの安全・安心が追求する強靱さとしなやかさ

　2011年，さまざまな危機を経験した産業界を中心として注目された言葉のひとつに「レジリエンス」がある。レジリエンスとは「しなやかさ・強靱さ」という意味であり，従来エコロジーや心理学・精神医学でも用いられてきた(小松原，2012)。レジリエンスという言葉には，生態系であれ，個体であれ，それら生命システムが内的外的攪乱に対して示す創発特性(emergent property)があると考えられる。暮らしにおける安全・安心を構築していくということは，このレジリエンスを追求していくことに他ならない。以下では，「パーソナルライフスタイル」「コミュニティガバナンス」「リスクマネジメント」という3つのアプローチそれぞれに対して，レジリエンスがどのように位置づけられるのかを明らかにしていく。

(1) 生きる力としてのレジリエンスの獲得

　心理学・精神医学においては，トラウマや貧困などのリスクのために精神保健上の問題を抱えた人の臨床研究で，それらのリスクを負いながら良好な社会的適応をとげた人がいたことへ注目した点からレジリエンスという概念が使用されるようになった。それゆえ，何らかの問題を抱え，困難で脅威のある状況にも拘らず，うまく適応する過程・能力・結果のことをいう(Masten et al., 1990)。精神医療の視点からは，レジリエンスとは「病気を跳ね返す力」である。「防御機構」「疾患からの回復力」や「自然治癒力」などをすべて抱合した概念であり，精神疾患の誘因となる出来事や環境にさらされたときには，それを跳ね返す力，あるいはいったん発病しても病気から回復していく復元力としている。

　また，Seligmanが主張するポジティブ心理学においては，「困難や逆境に対処する力」「人生の肯定的な側面を増強する力」「状況が良くても悪くても，しなやかな対応を可能とする力」などとしている。すなわち，逆境(と思われるもの)に負けず，「強くたくましく」生き抜いていく「生命力」そのものというこ

ともできよう．そこには，ある種の「打たれ強さ」という意味合いも含んでいる．類似概念として，「メンタルタフネス」「ストレス耐性」などもあるが，その相違は，前二者が「跳ね返す力」（事前防御）に注目しているのに対して，レジリエンスは「（疾病・脅威などに冒されても）回復する力」を明確に含んでいるところにある．

　これが，パーソナルライフスタイルにおけるレジリエンスの基本である．結婚，出産，育児，介護などのライフサイクル上のイベントや加齢，病気，外傷などにおける生活力の低下はわれわれに大きな課題を突きつける．上記の説明では，主として心理的・精神的なダメージに関する印象が強いかもしれないが，それ以外の身体的脅威についても同様のことがいえる．つまり，レジリエンスとは，まず人が「生きる力」「生き抜く力」という定義ができるのである．その意味では，平時における「健康な体と心」についても理解しておかなければならない．安全・安心の根幹は，その主体の存在が脅かされないことであり，個人がレジリエンスを維持するにはどうあるべきかを，本書の個別編では多面的に検討していくことになる．

(2) エコシステムにおけるレジリエンス

　エコロジーでは，レジリエンスは「ある状態を維持するために系が吸収できる攪乱の大きさ」もしくは「攪乱を受けて状態が変化してから元の安定に回復するまでの速度」と定義されている（宮下他，2012）．つまり，生態系において，気候や他の種の影響などによってダメージを受けても元の状態へ回復できる能力を備えていることを示す．風雨に打たれながらも，その花を見事咲かせることのできるような花壇はレジリエンスが高いということであろう．もちろん，攪乱がレジリエンスを上回ると，その生態系，すなわちエコシステムは死滅することになる．

　ここでは，「エコシステム」という言葉に注目すべきである．美しく強い花壇を育てるには，そこに咲く花のみならず，土壌や水分などの基盤，微生物や昆虫などの動植物，あるいは花を育てる人間など，さまざまな主体に目を配ら

なければならない。さらに，目を広げれば，「地球全体が1つのエコシステムである」という言説が繰り返し行われてきた。当然ながら，このことにも気づくであろう。花と蝶のたとえを出すまでもなく，われわれは相互に依存しあいながらエコシステムを構築している。そして，エコシステムは一朝一夕には形成されない。むしろ，平時においても常に変化しつつ安定を保っている。エコシステムにおけるレジリエンスとは，平時と有事を統合する概念である。

つまり，ひとつのイベントや主体が他のイベントや主体に大きく影響する場合があるということである。2011年3月11日の東日本大震災では，自然災害である大地震と大津波で多くの人々の生命が失われただけでなく，人工物である原子力発電所やサプライチェーンは大きく破壊され，生活世界の安全・安心は大きな脅威にさらされてきた。そのなかで，政府，企業，自治体，個人などの錯綜する意思決定と行為のなかで，ときにはその脆弱性を拡大していった。しかし，その一方で，被災地域での助け合い，ボランティアの活躍，TwitterやFacebookなどのSNSを活用した支援などが花開いたのも事実である。前章では，ICTがもたらす危険や不安などの負の側面を中心に描いていったが，本震災においてはソーシャルメディアがもたらすポジティブな側面も注目された。

前章で提示した住民主体のコミュニティガバナンスを考えていく上で，こうした経験はかけがえのない教訓となる。ただし，ここでいう住民とは，単にその地域に居住しているという意味ではない。むしろ，その「エコシステム」に積極的に関与する主体すべてをさすものである。レジリエントなエコシステムとしてのコミュニティを考えたとき，自助・共助・公助という言葉がしばしば提示されるが，これは平時と有事を通貫するコミュニティガバナンスのロジックとして重要である。

(3) レジリエンスのエンジニアリング

小松原(2012)は，こうした生命システムの特性であるレジリエンスが，工学システム(特に社会技術システム)にも導入されつつあることを紹介し，システ

ムの攪乱に対するアプローチとしては，以下の2つがあると指摘している。第1は，「ロバストネス(robustness)アプローチ」である。これは，攪乱要素を排除し，排除できない要素に対しては，攪乱されないための強固な備えを行い，安定を維持しつづける，という考え方である。これに対して，もうひとつが「レジリエンスアプローチ」で，これは，攪乱要素の排除が困難であるときにその要素による影響を局所にとどめ，仮に安定が損ねられても迅速にもとの状態に回復させる考え方である。

産業事故などでしばしば注目されるヒューマンファクターズ研究において，Hollnagel et al. (2006)が中心となって2000年代から提唱してきたのが，レジリエンスエンジニアリングである。従来のヒューマンファクターズ研究は，ヒューマンエラーをいかに抑止するかという点に注目するのに対して，レジリエンスエンジニアリングでは，ヒューマンエラーを含む攪乱を，構成員たる人間(の行為・行動)がいかに柔軟に受け止め，ダメージを受けたシステムをいかに早期に回復するか，という点に着目している。「人に頼る安全」を積極的に認めているところが従来の考え方とは異なる(小松原，2012)。

ヒューマンファクターズ研究から組織事故研究へと発展させたReason(2008)も，レジリエンスを高めていくときに，エラーや違反をする「潜在的な危険性としての人間(事故を起こす人間)」と調整，対処とリカバリーを行うヒーローとしての人間(危機を救う人間)の両面があることを確認している。

小松原(2012)のいうとおり，レジリエンスの概念や方法論は，「弾力」「回復力」ということで収束しつつあるものの，まだ確立はしていない。さらに，対象についても前述のとおり多岐にわたっている。したがって，学問的厳密性は未熟なものの，未曾有のダメージを経験した個人・組織・社会が「新たな一歩」を踏み出す標語あるいは象徴として，肯定的な世界観・人間観を含むレジリエンスという言葉は，暮らしにおける安全・安心を考えていく上でも非常に魅力的である。

日本においては，産業競争力懇談会(Council on Competitiveness-Nippon：COCN)レジリエントエコノミー研究会の報告書のなかで，レジリエンスとは「リ

スクが顕在化し社会システムや事業の一部の機能が停止しても，全体としての機能を速やかに回復できるしなやかな強靱さ」[1]をあらわすと説明している。また，ここでいうリスク要因として，自然災害や事故のみならず，あらゆるものを対象と考えるべきであるとしている。ただし，報告書では自然災害を中心に取り扱っていることにも留意しておきたい。

当該報告書はまた，「レジリエンスは，単なる防災や事業継続計画(BCP：Business Continuity Planning)ではなく，国家戦略，事業戦略の一環であり，社会システムや企業経営のなかに組み込むことによって，国家や事業の競争力の強化をはかる」と提言している。つまり，レジリエンスという概念は，リスクマネジメントにおいて重要であるのみならず，社会システム・企業経営における競争力の源泉という考えであり，BCPを超えた戦略の一環だと位置づけられている。BCPは，鳥インフルエンザのパンデミック懸念を経て，東日本大震災やタイ大洪水以降，強く注目を浴びたことがあるが，レジリエンスを追求するためにはそれだけでは十分ではないことが，個別編で明らかになる。

第2節　相互依存化する暮らしのネットワークの安全・安心

前章では，大気汚染や鳥インフルエンザなどの疾病がある種のグローバルなネットワークとしての広がりを持っていること，これに果敢に挑む安全・安心の復旧事業においても，同様にグローバルネットワークを形成していることを指摘した。また，ICTの進化が日常のものとなるなかで，国境を越えたサイバー攻撃が日々発生していることも事実である。

こうした事例をあげるまでもなく，われわれの暮らしはすでにボーダーレスでグローバルな相互依存ネットワークのなかで営まれていることを再認識しなければならない。もはや，われわれは多様な脅威を前提として生活することを余儀なくされている。しかし，他方で，こうした相互依存ネットワークのなかにあるからこそ，助け合い，お互い様といった信頼の絆が生まれることも事実である。

つまり，相互依存ネットワークとは，人間社会の特質そのものをあらわしており，また人間が作った人工物，あるいは人間が生存する自然環境との間にも，そのネットワークは存在する。それでは，この相互依存ネットワークという考え方は，パーソナルライフスタイル，コミュニティガバナンス，リスクマネジメントという3つのアプローチに対してどのような影響を与えるのであろうか。以下では，それぞれについて議論していく。

(1) パーソナルライフスタイルにおける他者の存在

　前章では，海の近くに好んで住むサーファーや原子力発電所に働く地元住民などの事例をあげた上で，ここでは安全・安心をある種の普遍的概念領域として捉えるのではなく，むしろパーソナルな個人の生き方の選択として，すなわちパーソナルライフスタイルを反映した個人的概念の領域として捉えるコンテクスト転換を主張した。つまり，一人ひとりが自立したライフデザイナーになることである。しかし，ここにおいて絶対に勘違いしてはならないことがある。それは，一人ひとりの個人の意思決定は他者の暮らす世界と完全に切り離しては行えないという事実である。

　このようなことは，決して有事に限ったことではない。本書でも取りあげる医療・介護などにおいても，この他者の存在という重要な事項を忘れてはならない。前述の自助・共助・公助という考え方は，確固とした自己の存在とそれを支える家族，近隣，同僚，企業，自治体，政府といったさまざまな他者の存在があってはじめて意味を持つ。この他者の存在を認識するとともに，自分が相手にとっての他者であることも理解しなければならない。

　それでは，例えば介護という活動について考えてみよう。日本においては，平均余命が80歳を超えるという少子高齢化社会のなかで，介護の問題はわれわれのパーソナルライフスタイルを考えていくことにおいても，避けては通れないイシューである。介護においては，その前提上，介護対象者という他者が必ず存在する。家族においてそれは，実母・実父の場合もあれば，また義父母の場合もある。そこでは，介護する人と介護される人との間に自己と他者との

関係が生まれている。そのなかで，それぞれがパーソナルライフスタイルを考えていかなければならない。年齢的に見ると，介護問題にぶつかるのは，油の乗り切った働き盛りのキャリア中期であることも多い。それゆえ，彼ら介護する人が働く企業では，どのような対応をとるべきかを検討することが望まれる。さらに，介護しながら働く人とそれに対応する企業に対して，企業や自治体がどのような施策をとっていくべきなのかが，大きな議論となる。また，介護問題というと，平時のイメージのみで考えがちであるが，2011年の東日本大震災の例をあげるまでもなく，有事においてこうした災害弱者を地域としてどのようにサポートしていくかという課題と密接に関連している。

このように，介護問題ひとつにしても，パーソナルライフスタイルを考える上で，他者の存在というものが明確になる。つまり，暮らしの安全・安心をトータルに検討していくためには，一人ひとりのパーソナルライフスタイルを閉じた世界で利己的・自己中心的に考えるのではなく，開かれた世界のなかに埋め込まれ，他者との関係性のなかで生かされている自己として展望していくことが求められている。

(2) ネットワークセントリックなコミュニティガバナンス

他者の存在を考えるということは，暮らしの安全・安心を考えるコミュニティガバナンスにおいても重要である。われわれが相互依存ネットワークのなかに埋め込まれていることは，すでに述べたとおりである。これらのことから，コミュニティガバナンスを見ていくときには，自己中心的，すなわち，「エゴセントリック」な視点ではなく，多様なつながりを考慮した上でのネットワークセントリック(神藤，2008)な視点が求められることになる。

東日本大震災やタイ洪水などの大規模広域災害において，ビジネスコミュニティでは，サプライチェーンの寸断や原子力発電所事故による計画停電，基地局の被災による情報通信網の断絶が大きな混乱をもたらした。また，地域コミュニティにおいては，政府・自治体や医療・警察・消防などの連携のあり方が大きな課題となったことも，記憶に新しい。また，近年「第5の戦場」と呼ば

れるようになった「サイバー戦争」の世界では，制度的・物理的な国境が無意味なものになっていることは，周知の事実である[2]。また，すでに鳥インフルエンザの感染におけるスケールフリーネットワークの問題を指摘した。これらは有事の事例であるが，平時においても隣接地域での行政サービスの格差などさまざまな問題が発生している。

　このことは，自然環境という面でも，制度的な面でも，われわれに対して「地域」や「コミュニティ」の概念の再考を促す。もはや，「境界」を前提としたガバナンスの発想では，暮らしの安全・安心を考えることは難しい。それゆえ，「ネットワークセントリック」なコミュニティガバナンスという発想が重要になる。それは，つまり，コミュニティ内におけるガバナンスをネットワーク中心に構築するだけでなく，コミュニティ間のネットワークガバナンスについてもコミットしていく姿勢を持つということでもある。そのためには，多様なコミュニティ主体の重層的なネットワークを認識し，自らの役割と責任を果たしていかなければならない。

　こうしたネットワークセントリックなコミュニティガバナンスは，当然ながら一朝一夕には形成されない。日常的な信頼関係の構築と情報の共有が何よりも大事である。そのためには，リアル，バーチャル双方において，交流の場を設けることが必要である。例えば，情報セキュリティの分野においては，ISAC (Information Sharing and Analysis Center) という仕組みがある。自治体向けの自治体ISAC，通信事業者向けのTelecom-ISACなどのコミュニティがあり[3]，日頃から情報セキュリティに関する情報交換を行っている。その日常的なつながりが構築されているからこそ，大規模なセキュリティ・インシデント発生時にも迅速な協力体制がとれるという発想である。

(3) ノーマルアクシデントに対抗するリスクマネジメント

　社会学者のPerrow (1984) は，巨大化した技術・組織の構造では事故は不可避であり，相互に強く関連した現代組織の構造（タイトカップリング）のなかではささいな潜在的なミスや逸脱が大事故につながる可能性が常に存在するため，

事故は不可避であるという「ノーマルアクシデント(Normal Accident：通常事故)」の理論を展開した。当時は，米国スリーマイル島の原発事故(1979年)，インド・ボパールにおける化学工場の爆発(1984年)などが起こり，その後も1986年にはスペースシャトルチャレンジャー号の墜落事故や福島第一原発事故(2011年)と同じく「レベル7」に位置づけられるチェルノブイリ原子力発電所事故が発生するなど産業事故が頻発しており，地域コミュニティにも甚大な被害をもたらしていた。相互依存ネットワークにおける負の側面が明らかになってきた時代である。

その後に，危機管理の研究でMitroff and Alpaslan(2003)は，「ノーマルアクシデント」に対して「アブノーマルアクシデント」という概念を提示した。2000年代に入って，同時多発テロやサイバー犯罪などを経験した結果，「ノーマルアクシデント」という概念だけでは語れない「悪(敵)意」の存在が明確に認識されたのである。彼はまた，ハリケーンなどの大規模自然災害の脅威についても指摘している(図表2-2)。

暮らしの安全・安心を深く検討していくためには，経験的・実務的な検討が

図表2-2　ノーマルアクシデントとアブノーマルアクシデント

発生源	事故の種類	危機の領域	具体例
人　間	ノーマル	人事面	ストライキ，優秀な社員の流出，職場内暴力や破壊行為
		物理面	産業事故，供給の中断，製品の問題
		経済面	不況，株価暴落，敵対的買収
	アブノーマル	犯罪	製品への毒物混入，誘拐・人質事件，テロ行為
		情報	情報漏えい，サイバーテロ，記録改ざん
		評判	風説の流布・中傷，ロゴの改ざん・流用
自　然	自然(ナチュラル)	自然災害	地震，洪水，火災

出所）Mitroff and Alpaslan(2003)，邦訳p.41を参考に筆者作成

不可欠であるが，一方でこうした専門家たちの議論についても，常に目を配っておく必要がある。そのためには，科学的，工学的な分野はもとより，社会学，心理学や疫学，エコロジーなどさまざまな分野の学問の力を借りる必要がある。その意味では，本章で提示するさまざまな概念の背景にある理論体系についても，その存在を認識しておくことが求められる。

現在，企業におけるリスクマネジメントの実務においては，前章で紹介した保険リスクの考え方はもちろん，さらに ERM (Enterprise Risk Management)，すなわち「統合リスク管理」が叫ばれ，Mitroff が列挙したようなさまざまな脅威に対して，詳細なリスク認識とリスク評価，そして対応策についての実務的な議論が積極的になされている。

経済産業省(2005)の『先進企業から学ぶ事業リスクマネジメント実践テキスト』において，ERM は，「リスクを全社的視点で合理的かつ最適な方法で管理してリターンを最大化することで，企業価値を高める活動」と定義されている。ここでは「企業」という言葉が使用されているが，地域やコミュニティなどにおいて，暮らしの安全・安心を考える上でも参考になるところが大きい。

しかし，他方では，ERM は詳細に過ぎるところもあり，安全・安心に対する脅威に対抗するという本来の目的を見失ってしまいがちであることが問題である。十分なリスクマネジメントを行えば，安全・安心は脅かされないという慢心よりも，むしろ重要なのは，ノーマルアクシデントやアブノーマルアクシデントがありうることを覚悟した上での対策であろう。

第3節　暮らしの安全・安心のための想定外のマネジメント

前章では，「想定内」と「想定外」を統合した上で，暮らしの安全・安心を考えることの重要性を指摘した。しかし，神ならぬ身のわれわれにとって，起こりうるすべての事象を「想定」することは不可能であるということも事実である。それゆえ，われわれは，こうした一見矛盾する命題に立ち向かわなければならない。そこで参考とされるのが，高信頼性組織(HRO：High Reliability

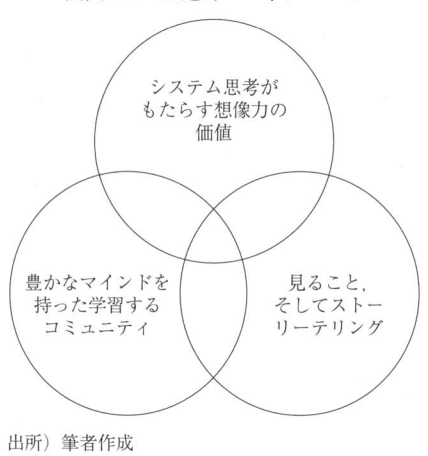

図表 2-3　想定外のマネジメント

（3つの円のベン図）
- システム思考がもたらす想像力の価値
- 豊かなマインドを持った学習するコミュニティ
- 見ること、そしてストーリーテリング

出所）筆者作成

Organization)の議論である[4]。

　前節で，Perrow(1984)のノーマルアクシデントの理論を紹介したが，他方で複雑な技術を取り扱い，関与者の多様な，時に相反する要求のなかで，高い安全性・信頼性を継続的に達成している組織もある。これは，高信頼性組織と呼ばれる。高信頼性組織では，常に不測の事態の兆候に目を配り，その芽を摘む活動が行われる一方，人間はすべてを「想定する」ことはできないと認識した上で，万が一想定外の不測の事態が発生したら，その抑制・収束に全力を傾ける。

　この高信頼性組織における組織実践や考え方は，暮らしの安全・安心を追及する個人，コミュニティ，自治体，国家においても示唆に富むことが多い。そこで，ここでは高信頼性組織の理論を参考にしながら，想定外のマネジメントについて，パーソナルライフスタイル，コミュニティガバナンス，リスクマネジメントの側面から検討していく。その視点は，「システム思考がもたらす想像力の価値」「豊かなマインドを持った学習するコミュニティ」「見ることとストーリーテリング」の3つである（図表2-3）。

(1) システム思考がもたらす想像力の価値

　まず，個人レベル，すなわちパーソナルライフスタイルについて考えてみたい。人生には多様な想定外がつきものである。逆にいうと，すべて想定内の人生などつまらないものとなるだろう。このことは，キャリア理論における「プランドハプンスタンス(計画された偶然)」を始め，「セレンディピティ」「シンクロニシティ」など，社会科学のなかに偶然を取り込もうとする動きからも理解できる。この「想定外(偶然)」は，時にわれわれのライフスタイルをプラスにもマイナスにも大きく転換させることになる。

　さらに，自らに起きた想定外の事象は，前節で説明してきたように他者からの影響であったり，「他者」に影響を与えたりすることも忘れてはならない。日常生活においても，一個人のちょっとした想定外が多様なところに影響を及ぼし，大事故や大事件につながることもあれば，世界を変えることもありえる。例えば，前章でサーファーの例をあげたが，彼が人生のなかで「想定外」の波にのまれたとすれば，地元の人々や海上保安庁は捜索に乗り出し，家族は不安に眠れない夜を過ごすかもしれない。あるいは，原発事故後に勢いを増した一般家庭での太陽光発電の利用は，自律分散型エネルギー革命への第一歩となるかもしれない。

　個人が自らのライフスタイルを選択するということは，その選択による影響関係を含めて検討するということである。つまり，自分の行為や意思決定が他のさまざまな事象と影響しあっていることを認識することのできる「システム思考」が重要なのである。システム思考は，自分と世界がつながっているという感覚とも言える。

　前述のとおり，われわれは神ではないので，世界のすべてを知ることはできないが，自分を起点に世界を想像することはできる。また，世界という空間軸のみならず，過去，現在，未来の影響関係，因果関係などを想像することによって，時間軸においても，より「想定外」に対応することが可能になる。

　このシステム思考をより身近な暮らしの安全・安心として考えてみるとどうだろうか。例えば，ハザードマップ上の危険地帯にあえて居住するということ，

近所づきあいをすること，交通ルールを守ること，仕事をきちんと遂行すること，寝たばこを好むこと等々，それぞれが日々の安全・安心にどのような影響を与えるのかを想像してみる。

　高信頼性組織の理論では，小さなミスや失敗などの問題でも，それが大きな危険の予兆であるとして正直に報告し，組織的に対応する。アメリカにおいては，こうしたシステム思考のトレーニングを小さいときから行っているが，現在，日本においては，このような取り組みを行っているところはごく少数である[5]。今後，パーソナルライフスタイルを描いていくときのツールのひとつとして考慮に入れておきたい。

(2) 豊かなマインドを持った学習するコミュニティ

　上記の「システム思考」は，Senge (1990) が「学習する組織」の中心概念として紹介したものでもある。「学習」は高信頼性組織においても重要な概念である。高信頼性組織では，失敗やミスから多くを学ぶ。また，万一「想定外」の事象が起きたらそれに対処しながら即興的に学んでいくことによって，能力を高めていく。さらに，平時からの情報や知識の共有（ナレッジマネジメント），継続的な人材の育成に熱心である。言い換えれば，高信頼性組織とは学習する組織でもある。

　こうした「学習」の大切さは，コミュニティガバナンスにおいても重要である。むしろ，暮らしの安全・安心という視点からすれば，コミュニティとしての学習の仕組みをどのように構築していくかが第1の課題といっても過言ではない。例えば，東日本大震災に伴う大津波の際には，明治・昭和といった過去の三陸大津波の歴史的なエピソードが「ここより下に家を建てるな」という石碑として刻まれており，それを守った集落は助かったものの，時代がすすむにつれてより低地に住宅が建設されていったという報道があった[6]。これは，過去に発生した津波の教訓をわれわれが学習することができていなかったということだろう。

　高信頼性組織の理論においては，微細な状況の変化に敏感に気づき，問題の

本質を突き止め，対処できる「マインド(mind)」を重視する。ルールやマニュアルは大事であるが，それができた背景や経緯を考えないで行動する場合は，マインドがない(マインドレス)と言われる[7]。例えば，東日本大震災後，多くの企業や自治体がBCPのマニュアルや災害対応のルールを設定したが，マインドを持ったコミュニティメンバーが不在であれば，その有効性は疑わしいものとなる。したがって，コミュニティガバナンスにおいても，ルールやマニュアルを作ることのみで満足してはならず，豊かなマインドを持った学習するコミュニティをどう育成し，維持していくかが大きなカギとなる。

　別の言い方をすれば，制度設計を行って満足するのではなく，その制度を暮らしの安心・安全を守るためにどのように用いていくのかに目を向けなければならないのである。そのためには，当事者意識を持ったコミュニティメンバーの主体的な活動が不可欠である。これがつまり「マインドを持って行動する」ということであり，われわれはそうした行動を通じて学習し，その結果をコミュニティにフィードバックできるようになることを目指すべきである。

(3) 見ること，そしてストーリーテリング

　前述のとおり，われわれ人間は，存在するリスクをすべて明らかにすることはできない。しかし，想定外も含めて，さまざまなリスクが発生しそうかどうかということに気づくことはできる。マインドとは，「気づく力」ということもできる。そして，早い段階で安全・安心を脅かす芽を見つけるためには，システム思考によってある事象が与える影響を想像することが大事である。そうした気づきや「想像力」の土台となるのが，まず先入観や予断を許さず物事をしっかりと「見ること」である。日常と違う何かにすぐに気がつき，適切な対応をとるということは，暮らしの安全・安心の基本である。

　1980年代には犯罪都市と言われたアメリカのニューヨークを再生させたジュリアーニ市長の施策は，小さなほころびも見逃さないというところから始まった。ジュリアーニ市長は1994年の着任後，警察官5000人を採用して徹底した徒歩パトロールを行い，落書きや未成年者の喫煙など軽犯罪の取り締まりを

行うとともに，迷惑防止条例の積極的な運用も図った。彼のやり方については，現在においても評価は分かれるが，いわゆる「割れ窓（ブロークン・ウィンドウ理論）[8]」（Wilson and Kelling, 1982）を背景に，徹底的に対応策を実践し，住民や観光客にとっては安全・安心な街，犯罪者にとっては犯罪を起こしにくい街となったのは事実である。

　高信頼性組織の考え方に基づけば，「割れた窓」というささいな兆候を見逃さずそれに対応する行動をとるというマインドに注目すべきである。また，「見ること」（住民・観光客にとっては見守られること，犯罪者にとっては「見張られること」）が重要な意味を持つことを示すものである。

　このように見ることは必要条件だが，しかしそれだけでは不十分である。われわれがとるべきリスクマネジメントの本質は，こうした活動を継続しながら，暮らしにおける安全・安心に関する知恵や知識を他者や次世代に伝えていくということである。

　その際に気づきを促し，「想像力」を掻き立てる方法が必要になる。そこで注目されるのが，ストーリーテリング，すなわち「もの語り」という手法である。例えば，堤防の小さな穴からの水漏れに気づき，自らの身を挺してオランダを洪水という国家的危機から救ったハンス少年のストーリーは誰でも一度は聞いたことがあろう。これは，19世紀にメアリー・メイプスドッジという作家が書いたフィクションなのであるが[9]，暮らしの安全・安心を考える上でも非常に示唆的である。ひとつの物語によって，われわれは「想像力」を掻き立てられ，「気づき」を得る。ハンス少年の物語は，日本人が読んでも，オランダにおける洪水の恐ろしさと安全・安心のための堤防の大切さを感じることができる。

　先に紹介した三陸大津波の石碑に関しても，実は何かの物語が存在していたのかもしれない。神話や民話などの歴史的に継承された物語には，ときに多様な教訓が含まれている。また現代社会においては，ICTによって地球の反対側にまでその教訓を伝えることも可能である。

　専門家による高度な科学技術を用いた測定・分析に基づく論理的なデータは

非常に重要であるが，なかなかわれわれの心に残らない。しかし，ひとつの「物語」ならば，小さな子どもの心にすら根をはり，大人になっても忘れにくい。だからこそ，暮らしの安全・安心においても，「ストーリーテリング」の有効性に注目する必要がある。

おわりに

　本章では，レジリエンス，相互依存ネットワーク，想定外のマネジメントという視点から，暮らしの安全・安心に関するさまざまな理論を展望してきた。本章で見てきたように，安全・安心を考えるためには，医学，工学，心理学，社会学，組織論，文化人類学，システム論，歴史学，政治学などさまざまな学問領域を複合した理論が必要である。

　逆にいえば，ひとつの理論では，暮らしの安全・安心の一側面からしか検討することができないということである。われわれは，このような限界を認識した上で暮らしの場の安全・安心を真剣に議論しなければならない。

　しかし，これはそれぞれの領域からの研究が無駄であることを意味しない。むしろ，安全・安心というテーマに向けて，それぞれの専門性を発揮すると同時に，その成果を共有し，重層化・複合化させていこうという思想こそが何よりも求められるものであろう。そして，そこで構築される理論を積極的に暮らしの場に還元していくことが大切なのである。つまり，理論と実践を常に往来しつつ，暮らしの場の安全・安心を実現していこうとする哲学というものがさまざまな理論の前提として存在することが，本書の出発点となる。

　以降の章では，個別編として，平時・有事双方において暮らしの場の安全・安心をさまざまな視点から紐解いていく。その背景には，本章で紹介したような理論を中心に，先人が築き上げてきた多様な研究があることを忘れてはならない。そして，事例編での考察を積み重ねることによって，今後の安全・安心を考える上での新たな知見を提供できることを期待したい。

謝辞

本章の内容は，科学研究費基盤研究(B)課題番号 23310115 の成果の一部である。

注

1) http://www.cocn.jp/common/pdf/thema47-L.pdf（2015年4月30日アクセス）参照。
2) 2000年9月11日の同時多発テロは，地政学的な「国家間の戦争」という概念から，宗教や信念によって結ばれた「ネットワーク間の戦争」という概念に変わるきっかけとなった。
3) 例えば，Telecom-ISAC については，https://www.telecom-isac.jp/（2015年4月30日アクセス）を参照のこと。
4) 詳細については，中西（2007）などを参照のこと。
5) 主として，MIT（マサチューセッツ工科大学）の Forrester 他が提唱したシステムダイナミクス（SD：System Dynamics）に基づくものが多い。SD は，メドウズらがまとめたローマクラブの『成長の限界』(1972) の研究において中心的な役割を果たしたことから見ても，システム思考の重要性がわかる（メドウズ，D. H.・D. L. メドウズ・J. ラーンダズ・W. W. ベアランズ二世著，大来佐武郎監訳（1972）『成長の限界─ローマ・クラブ「人類の危機」レポート』ダイヤモンド社を参照）。
6) 例えば，http://www.afpbb.com/article/disaster-accidents-crime/disaster/2798660/7188649（2015年4月30日アクセス）などを参照。
7) 「マインド」という言葉は個人にも使うことができるが，ここでは組織やコミュニティなどの集合現象を重視する。
8) 米国の司法刑事学者ケリングらが警察の徒歩パトロールの成果を調べるなかから提出された理論。文字通り一枚の「割れた窓」から始まる犯罪の多発，住民の不安，地域全体の崩壊へと至るプロセスを紹介したもの。つまり，1枚の割れた窓が放置されているところがあると，周囲はその場所は放置されているという感覚を持つ。するとそこによくない連中が集まる一方で，近隣住民は立ち寄らなくなってくる。したがって，悪いことをしても誰にも見られないという心理が働き，自動販売機荒らしなど器物を狙った軽犯罪が増えていく。さらに，十分な取締りがされないと，こんどはだんだん強盗・殺人など人を狙った凶悪犯罪が発生しやすくなる。1枚の割れた窓がそのままになっている地域は，いつのまにか犯罪が渦巻くきわめて治安の悪いところとなる。つまり，匿名性が保証され，責任が分散されている状態のもとで，人間は自己規制意識が低下し，「没個性化」が生じるため，周囲の人の行動に影響されやすくなり，情緒的・衝動的・非合理的行動が現われるということである。
9) メイプスドッジ，M. 著，石井桃子訳（1988）『銀のスケート─ハンス・ブリンカーの物語（改訂版）』岩波少年文庫（原著は1895年に出版）。

参考・引用文献

経済産業省（2005）『先進企業から学ぶ事業リスクマネジメント実践テキスト』
　　http://www.meti.go.jp/policy/economic_industrial/report/downloadfiles/

g50331i00j.pdf（2015年4月30日アクセス）。

小松原明哲（2012）「レジリエンス・エンジニアリングの概念とその展開」『ヒューマンインタフェース学会誌』14(2), pp. 83-88。

神藤猛（2008）『ネットワークセントリックな危機管理組織』内外出版。

中西晶（2007）『高信頼性組織の条件』生産性出版。

宮下直・千葉聡・井鷺裕司（2012）『生物多様性と生態学――遺伝子・種・生態系』朝倉書店。

Hollnagel, E., N. Leveson and D. D. Woods (2006) *Resilience Engineering: Concepts and Precepts*, Ashgate Publishing Company.（北村正晴訳（2012）『レジリエンスエンジニアリング―概念と指針』日科技連出版社）

Masten, A., Best K. and N. Garmezy (1990) "Resilience and development: Contributions from the study of children who overcome adversity," *Development and Psychopathology*, Vol. 2, pp. 425-444.

Mitroff, I. I. and M. C. Alpaslan (2003) *Preparing for evil*, Harvard Business School Pub, pp. 109-115.（DIAMONDハーバード・ビジネス・レビュー編集部訳（2005）「健全なる組織はクライシス感度が高い」『「リスク感度」の高いリーダーが成功を重ねる』ダイヤモンド社）

Perrow, C. (1984) *Normal Accidents*, Basic Books.

Reason, J. (2008) *The Human Contribution*, Ashgate Publishing Company.（佐相邦英・電力中央研究所ヒューマンファクター研究センター訳（2010）『組織事故とレジリエンス―人間は事故を起こすのか，危機を救うのか』日科技連出版社）

Senge, P. M. (1990) *The Fifth Discipline*, Doubleday Business.（枝廣淳子・小田理一郎・中小路佳代子訳（2011）『学習する組織―システム思考で未来を創造する』英治出版）

Wilson, J. Q. and G. L. Kelling (1982) "Broken Windows: The police and neighborhood safety," *The Atlantic Monthly*, 249(3), pp. 29-38.

第Ⅱ部

《個別編A》＝平時から行う有事の備えのための理論

第 3 章

相互依存指向の
安全・安心のためのインフラデザイン
―地域の未来のための安全・安心を指向するライフライン構築戦略―

原田　保
宮本　文宏

はじめに

　安全・安心の実現を検討する際に真っ先にあがるのは，インフラの整備対策であろう。インフラとはインフラストラクチャー(infrastructure)の略であり，産業や生活の基盤として整備される施設のことを指す。一般的には，道路や鉄道の輸送路，上下水道や送電線，湾岸，ダム，通信施設などの建築物や構造体のことである。

　確かに，災害時には復旧・復興のための生活の基盤となるインフラの早期復旧が何よりも重要となる。また，防災の観点からも，仮に災害が発生した際の被害を最小限に留めるために，耐震性や代替性を配慮したインフラ整備の考慮が必要不可欠である。近年の東日本大震災で明らかになったように，地域や都市の機能が複雑化した現代においては，そこでわれわれが暮らしていくための防災力を高めるインフラ整備が必要不可欠である。実際，現代の生活はインフラによって支えられており，それが機能しなくなった途端に水や食事などが入手できなくなる。このように，現在の社会においてインフラはライフラインとしてなくてはならない存在である。

　他方で，このインフラはこれまではさまざまな非難を受けてきた。それは，

インフラが公共事業として整備され，大規模な費用が発生するケースが多いからである。そこには利権が生まれ，時には入札談合や政治家や官僚と建設業との癒着が生じることもある。その結果として，例えば必要性があるかよくわからない空港や通る人がほとんどいない農道など，税金の無駄と言われるインフラが各地に作られてきた。さらに，環境保全の意識の高まりとともに，インフラは環境や景観を破壊するものとして批判を受けることになっていった。

こうした政治と金の問題や，環境保護の観点から，現在インフラはその在り様の見直しが迫られている。それが，「官から民へ」や「コンクリートから人へ」というキャッチフレーズが多くの人からの支持を集めたことに結び付いている[1]。

しかし，政治的なコンテクストからインフラの在り様を語ることはここでの主たるテーマではない。本章では，これからの社会において安全・安心のためのインフラをいかにデザインするのかを考察する。そのために，インフラとは何かを問い直し，またその本質的な課題を明らかにする。そして，その考察を通じて従来のインフラの捉え方から未来指向のインフラデザインに向けたコンテクストの転換をはかる。

そこで，本章では以下の構成にしたがって議論を展開する。最初に，インフラストラクチャーの定義と課題を示す。次に，インフラデザインの変遷と現在までを捉える。そして最後に，インフラのコンテクスト転換について考察し，相互依存指向のインフラデザインの可能性を述べる。

第1節 インフラストラクチャーの定義と課題―全体デザインの必要性

最初に，ライフラインとは何か，そしてそこにおけるインフラとは何かを明らかにし，現在の安全・安心のためのインフラが現在において抱える課題を提示する。そこでは，現在における地域の安全・安心の実現のためのインフラの在り様とは何かが問われる。

(1) ライフラインの捉え方

　ライフラインという言葉は，そのまま訳せば命綱という意味になる。これは登山や海での救命ロープのことである。また，生命線と訳される場合もある。これは命綱の意味として使用されると同時に，電気，水道，ガス，電話などの日常生活に不可欠な線や管で結ばれたシステムの総称として使用される。しかし，後者に関してはユーティリティ（utilities）が一般的に用いられる。また，生活を維持する社会基盤という意味ではここでの主題のインフラストラクチャーが使用される。ユーティリティとインフラストラクチャーの差異は，鉄道や道路網を含まないか含むかの差異である。

　ライフラインとは，命綱という意味から転じて，生命維持のために必要な施設や設備であると捉えられる。それは電気やガスなどのエネルギー施設や水供給施設を指している。これらは，いずれも人々が日常生活を送る上での必須の諸設備である。さらに，現代社会においては都市機能を維持するために，交通施設や電話やインターネットなどの情報施設も不可欠なものとなっている。

　このように，ライフラインとは時代や社会によって捉え方が異なる。100年前には，インターネットもなく，さらに遡れば電話のなかった時代には情報施設は普及しておらず，ライフラインという見方はされなかった。また，送電線が各都市に整備されたのはそれこそ現代に入ってからであり，日本において各地の一般家庭に普及するのは1950年代の高度経済成長期であった。さらに，現在でも世界を見渡せば電気やガス，水道が普及していない地域は数多くある。

　ライフラインを何と捉えるのかは，時代や社会状況に依存している。時代や環境が変われば，生活の維持に必要なライフラインも変わる。本章では，日本の都市と地方を含む地域におけるライフラインとしてのインフラストラクチャーについての考察を行う。それは，現在においてわれわれが日常生活を過ごすためのライフラインをインフラが担っているからである。このライフラインを担うインフラに対しては，平時における準備として何が必要なのか，また災害時にいかにして迅速に復旧させ，人命損失などの被害を食い止めるかが大きな課題となっている。

(2) インフラストラクチャーの定義と分類

それでは，インフラとは何なのか。インフラの課題とこれからのデザインを検討するためには，インフラの具体的な定義の確認が必要になる。インフラをいかに捉えるかによって，その課題と目指す姿へ向けたデザインが大きく変わるからである。インフラという言葉は広くさまざまに使用されており，また人によって解釈が異なっている。

多様なインフラを具体的に定義するために，ここではインフラとされるものをいくつかの集合に分類する。そして，これらを集合体ごとに解説することによって全体像を捉えていく（宇都他編，2013）。そこで，インフラを分類すると，第1には物質的インフラ（material infrastructure）があげられる。これは物理的な施設や構造物であり，道路や上下水道などのいわゆる有形のもののことである。物的インフラ（physical infrastructure）と呼ばれることもある。さらに，技術的インフラ（technological infrastructure/technical infrastructure）として，ネットワークやコンピュータなどのハードウェアなどを指す場合もある。

これらの物質的インフラに対して，教育や資格などを含む労働人口の属性，数，構造などは人的インフラ（personal infrastructure）に分類される。特に組織や地域の活性化などの議論においては，これらの人的インフラの整備や構築がテーマとなる場合がある。さらに，制度的インフラ（institutional infrastructure）として，成文化された規則や非公式の制約や保証の手続きなどがある（宇都他編，2013）。このように，インフラは定義によって捉え方が異なり，それゆえ全体を統一的に扱うことは不可能である。

こうしたインフラの定義と類似した概念として，社会資本や社会共通資本，ソーシャルキャピタル（社会的資本・社会関係資本）などがある（宇都他編，2013）。社会資本（social overhead capital）の捉え方も多様であるが，経済学の観点からは公共主体で整備される財であり，公共投資の集積として捉えられる。また，宇沢（2000）によれば，社会共通資本には，自然環境系，インフラストラクチャー系，制度系の3種類がある。それには，大気や森林や河川や土壌や水などの自然環境や教育や医療，司法や金融制度などを含むとされている。さらに，ソ

ーシャルキャピタルは，人々の協調行動によって社会の効率性を高める，信頼，規範，ネットワークなどの市民による自発的な参加を主とする社会的連帯を示す(Putnam, 2000)。それは，物質的インフラではなく，社会や地域における信頼による結び付きを意味しており，コミュニティとして語られることが多い[2]。

このように，インフラの捉え方は幅広く，視点やテーマによってその意味は大きく異なる。それは，インフラという言葉自体が抽象的で多様な見方を含むからである。こうした多様な見方があることは，何を社会や地域や生活の基盤と捉えるかによって定義が変わることを示している。ライフラインとしてのインフラを論じる上では，その前提からの在り様を検討する必要がある。それゆえ，これまでのインフラをテーマとするときに物質的インフラを中心に捉えることを前提とする視点による従来の捉え方からコンテクスト転換をはかることが必要である。

(3) インフラストラクチャーに求められるコンテクスト転換

それでは，なぜ今までこれらのインフラの分類において物質的インフラに注目が集まり，なぜこれがまた批判の対象になってきたのか。物質的インフラは私的財と異なり，各個人が共同消費することになるが，その際に対価を支払わない人を排除できず，ある人の消費によって他の人の消費を減少できない(非競合性)という，公共財の特徴を保持するからである(宇都他編, 2013)。こうした特徴は，ライフラインにとっては必要な要素であるが，経済活性化を目的とした公共投資の面から捉えられることも多い。それはKeynesによる有効需要の理論を支柱とする考え方である(Keynes, 1936)。

このKeynesが示した乗数理論とは，簡単に言えば，投資が増加することで経済全体の活動水準であるGDPがその乗数倍増加するというものである。その理論に基づいて，不況下においては，政府が積極的な財政支出を行うことによって支出を上回る需要が生まれて，経済回復と失業の回復が図られるという政策が展開された(井熊編, 2009)。これが古くはルーズベルト大統領によるニューディール政策を生み，戦後日本の建設業を中心にしたインフラ投資策とな

っていった。結果的には，全国へのインフラ建設は日本の高度経済成長を支える大きな要因として機能してきた。

その反面，行き過ぎたインフラへの設備投資には不要な公共投資の助長や，財政赤字の拡大や，政府の過度な干渉による市場の不活性化と非効率を生む危険性があることが指摘されている。こうした負の面が官製談合と言われる，政治とカネの問題を生んだ。公共事業に裏金のやりとりがつきまとい，人々の政治不信となっていった(山岡，2014)。

このような公共投資の問題から脱却するために，公共事業の見直しによる費用の削減と，民営化を推進する動きが強くなっていった。こうした潮流が「官から民へ」や「コンクリートから人へ」というスローガンになって，従来の公共事業投資による経済政策からの転換の訴えが人々の強い支持を集めた。

これは，従来の物質的インフラからのコンテクスト転換であった。しかし，問題は目指す方向性に対する転換後の具体的なイメージを描けなかったことにある。それは，単に公共投資を減らしてやみくもに民営化を推し進めることではない。必要なのはライフラインそのものに対する議論であり，短期的な視点で情緒的に捉えた議論ではない。

また，ライフラインに関するサービスなどの民営化が安全・安心において必ずしも有効な施策とならないことは，すでに民営化後の経緯が示している。このようなコンテクスト転換に必要なのは，全体の構想を明確に描いたデザインである。

現在，我が国の物質的インフラが直面する大きな課題として，これらの公共投資に関する問題以上に重要なのが老朽化の問題である。この老朽化に対応した整備点検や建て替えが，各地に設置されたインフラに必要となっている[3]。このインフラの劣化による事故はインフラクライシスと呼ばれている。これについては，監視などのサービス水準の低下によるサービスクライシスと，物理的損傷による事故の発生であるフィジカルクライシスに分類される(井熊編，2009)。物的インフラがモノである以上，経年で劣化して次第に壊れていくことは避けられない。特に，日本では財源不足から公共事業費の削減が進み，今

後インフラクライシスの大量発生が指摘されている。

　西村・宮崎(2012)によれば，インフラのストックは高度経済成長期の1960年頃から70年代にかけて年率10〜12％で増えていき，その後はやや緩やかになり，1990年代後半までは4〜9％での右肩上がりの伸びとなる。そして，2020年頃をピークにしてその後は減少していく。こうしたストックの増加に伴い，維持管理費は増え，2008年度は約4兆8,000億円となり，その後2021年度まで約4兆7,000億円台で推移していく。

　今後，更新投資が必要なインフラは2044年度まで右肩上がりに急増する。それは高度経済成長期と1980〜1990年代に建設されたインフラが耐用年数を迎えていくからである。こうした維持管理や更新が各地の自治体の財政の悪化を招き，特に財政力の弱い自治体の財政を直撃していく。そこに少子高齢化の進展が重荷となり，1人あたりのインフラのストックは増え続けて，これに伴い負担も増していく(日経コンストラクション編，2013)。さらには，東日本大震災の復興が急がれる一方で，40〜50年後に負担にならない方策が必要になっている(日経コンストラクション編，2013)。

　このように，インフラに関しては各地域が課題を抱えている。その課題に対して，いかなるまちづくりを行うかという，その全体計画としてのコンセプトとデザインが強く求められている。しかし，未だその答えはほとんど示されていないのが実態である。

第2節　インフラデザインの変遷と現在

　本節では，インフラの歴史を概観しながら，その変遷から21世紀型の都市と地域のインフラのデザインは何かを検討する。ここではローマ時代から近代都市パリの姿を経て，日本の関東大震災後の帝都復興のデザインを捉える。そして，日本においては全体構想(グランドデザイン)と生命線としての補給網というインフラに対する発想が生まれてこなかった背景を探り，そこから現在の日本のインフラが抱えている課題と今後の対応を考える。

(1) インフラの歴史―ローマとパリのインフラ計画

　インフラストラクチャーという言葉の語源を辿ると，元はラテン語で下部ないしは基盤を意味する「インフラ(infra)」と，構造や建造を意味する「ストゥルクトゥーラ(structura)」を合成した言葉である(塩野，2001)。特に，古代ローマ人はこのインフラ整備に並々ならない情熱を注ぎながら行ってきたことは歴史上よく知られている。これが現在においてもアッピア街道やローマ水道，コロッセウムなどとしてヨーロッパから北アフリカ，中近東の各地に遺跡として残っている。これらの多くは現在では観光地となっているが，今でも生活に使用されているものもある。この点からも，ローマ人の技術力の高さをうかがい知ることができる。また，当時整備されたローマ街道はその後のヨーロッパ全体の礎を築いたと言われる。

　さらに，ローマ人がインフラとして捉えたのは，こうしたハード面での物質的インフラに留まらず，安全保障や治安，税制から医療，教育，郵便，通貨まで幅広い範囲にわたる(塩野，2001)。これらはローマがかつてヨーロッパからアフリカ，西アジアにまで領土を拡げていった一千年を超える歴史を通じて築かれたものであり，後世に残された遺産である。

　これらがローマによって生み出されたのは，このような巨大な帝国を維持する上でインフラが不可欠な存在であったためである。有名なローマ街道も，その整備の第1の目的は，各地の駐屯地から軍勢の派遣が必要なときに目的地まで軍団を移動させるためであった。こうした兵站(ロジスティックス)をローマの統治者は最重要視していた。

　そして，これがパックス・ロマーナと呼ばれる長期にわたる統治を可能にした。巨大な帝国の領土を維持するには軍事的な優位性と統治の仕組みと情報網と，各地への交通網が必要であった。当時蛮族といわれた周辺の部族は，常に反乱の機会をうかがっていた。一旦事が起きたときには迅速にその地に向かい，火種が大きくならないうちに反乱を鎮火させてその地を平定する必要があった。それゆえ，ローマはライフラインとして，インフラを帝国の全土に張り巡らせた。

また，ローマ人は，都市での生活を快適で豊かなものにするために，実用性にこだわり，堅牢性や有効性を追求してハードとソフトの両面におけるインフラ整備を発展させていった。そして，これをただ単に構築するだけでなく，維持するという強固な意志を持ってメンテナンスし続けた(塩野, 2001)。

　しかし，やがて時代の流れの中で，かつて繁栄を誇った帝国は衰退し，それとともにローマへ周囲の蛮族の侵入が繰り返されるようになった。それにしたがい，多くのインフラは整備する余裕がなくなり次第に放置されていった。その結果，物資的インフラは役目を果たせなくなった。これは同時にローマの国家としての衰退を象徴しており，滅亡の途を加速させていった。

　その後，ローマ帝国亡き後の世界では，かつてローマの偉業と讃えられたインフラの土木工事技術や制度は失われていった。各地を結んだローマ街道は，中世になると各地が分断統治されることで役目を果たさなくなっていった。交通の速度はいちじるしく遅くなり，物と人の流れは狭い地域内に閉じていった。水道橋のような大建造物は「悪魔の橋」と呼ばれ，悪魔が一夜にして建てたものと見なされた(Ohler, 1986)。

　こうした時代が長く続き，各地の都市は不衛生で雑多な状態になっていった。庭の排水は道路に流しっぱなしとなり，ゴミや汚物が通りに投げ捨てられ，これが河川に流れ込んだ。その河川の水を生活の飲料に用いていたため，衛生状態は劣悪であった。これは，ローマ時代にローマが上下水道を完備していたこととは対照的である[4]。

　こうして，やがて19世紀になって産業革命の時代を迎えると，さらに都市には各地域からの流入者が増えて，都市の過密な状態を招いた。また，人と物の流れが活発になり，馬車による交通渋滞が各都市で慢性化していく。当時は，パリもまたこうした人口過密都市のひとつであった。現在は花の都として知られるパリも，かつては雑多な長屋からの汚水と糞尿とが入り混じり，交通が麻痺した不衛生な都市であった。このような状態は，フランス革命後も全く変わらず続いていた。このような状態から現在のパリの姿が作られたのは，19世紀初の大規模な都市計画によるインフラ整備によっている。

それを行ったのは，ナポレオンⅢ世の命を受けたオスマンであった。オスマンは都市全体をシンメトリーに配置して，その道路の幅を拡げ直線化した大通りと道路網を放射線状に配置し，広場と公園の整備を行った。これによって，それまでの複雑な路地はなくなり，区画で整理された。また，家々には上下水道を敷設し，建物の高さや屋根の形状，外壁も同じ石材にして，景観の上での統一をはかった。

　こうして，大掛かりに整備され，パリは生まれ変わった。われわれが目にする現在のパリの姿はこの時に誕生したのである。このオスマンの都市計画によって，パリは「世界の首都」と呼ばれるまでになり，近代都市計画の見本となった。その見本となったものが，オスマンがデザインしたインフラとしての交通網を中心にした街路であり，都市の空間であった。

　やがて時代は20世紀を迎え，自動車の時代となる。人口は都市へ集中し，物流網はさらに全国規模で広がっていった。こうした環境から，上下水道や交通網などの物理的インフラを意識した都市デザインが不可欠になった。やがて，電話の発明やガスや電気の普及によって，20世紀は近代都市にとって各種インフラはライフラインとして生活と切り離せないものとなった。そして，インフラを中心にした都市と地域の設計が行われるようになっていった。

(2) 日本におけるインフラの歴史と特徴

　それでは，日本ではいかにインフラの普及と近代都市のデザインは進んでいったのか。結論を急げば，日本では都市とインフラの全体のデザインへ向かう視点は生まれなかった。その結果，日本の都市も地域も，社会基盤全体のデザインがなされないままに，飛び地が生まれ，全体として整備されることなく現在にまで至っている。

　また，近代化における重要な要素である兵站（ロジスティックス）という概念が生まれず，そして理解もされないままに軽視されてきた。これが近代戦を戦う上でのライフラインの不備を招き，結果として各地での悲惨な状況を招いてしまった。第二次世界大戦当時，日本は太平洋の島々から東南アジア，そして

中国の各地域にまで戦線を広げておきながら，それらを拠点として結び付けることによって軍備品や救援物資を補給するという概念が生まれず，輸送網が無計画なままに各戦闘地域は放置された。その結果，各地域で軍隊は飢餓と病気に苦しみながら全滅してしまった[5]。

本来，ライフラインを意識したインフラのデザインには，拠点と拠点を結び付けて広域にわたる全体像を俯瞰しながら全体構想を描くことが必要であった。しかし，これが日本では行われずに，全体構想に基づく都市計画やインフラは存在しなかった。それでは，なぜ日本にはこのような考え方が存在しなかったのか。

そこで，日本におけるインフラ構築の歴史を遡ると，大和朝廷の飛鳥の都市計画にたどりつく。現在の飛鳥(村名は明日香)は古墳などの遺跡が点在する鄙びた田舎の風情を漂わせている。しかし，かつては大和朝廷の宮都が置かれて，中国大陸や朝鮮半島から多くの人が訪れる地域であった(原田・宮本，2014)。飛鳥川の流域に広がるこの地を灌漑して土木工事を行い開拓したのは，朝鮮半島から渡来した人々であった，と考えられる(和田，2003)。やがて，唐の長安をモデルに，東西と南北に大通りを敷設して，街区を碁盤の目のように配置する都市が造られる。それは飛鳥の藤原宮から平城京に受け継がれ，後年に平安京として完成する(黒崎，2011；寺沢，2003)。これらの日本の古代都市のインフラデザインには，儒教が色濃く影響している。都市の各機能の配置の仕方などの全体構造は，儒教の教典に基づいている[6]。

こうした大陸から伝わった全体構想は，交易が少なくなり，大陸の影響度が低くなるにつれて，失われていった。日本では戦乱を経て，国内でいかにそれぞれの領地を護るかがインフラ構築の中心になっていく。やがて，江戸幕府が国内を平定すると米を中心とした陸路と海路による物流網が整備されていく。その間に鎖国が続いて海外との交流は限定されることになる。この結果，兵站(ロジスティック)の概念は生まれず，それゆえ大規模なインフラデザインの構想は描かれなかった。

インフラ構想が生まれ難いことには，これらの時代的な背景によることと同

時に，日本の精神的風土が影響している。それは日本がもともと自然災害が多く，繰り返し訪れる地震や台風に対抗するよりも，それを受け入れ，この世を仮の宿と捉える感覚や美を儚い一瞬のものと捉える文化に結び付いている[7]。こうした点が，堅牢な構造物をつくることに意識が向きがたく，長期的なインフラによる都市や地域を広範囲に捉える全体設計が生まれなかった理由だと考えられる。

　その間に，ヨーロッパでは産業革命が起こり，パリの近代都市化を始め都市と周辺の地域は大きく姿を変えていった。鉄道が発明され鉄道網が敷かれ，都市と地域が結ばれて都市には多くの人口が流入した。それは衛生状態の悪化と疫病の流行を招き，これらを防ぐために，都市では病院や上下水道の設備が進められた。また，産業の進展とともに交通網の整備が不可欠となり，各国では物流のために道路を設置し，各地を結んでいった。さらに，海外との貿易のために，大型の船が発着できるように海岸の整備が進んだ。このように，産業革命以降ヨーロッパでは急速に都市化が進み，同時に国家によるインフラ整備が本格化していった。

　こうして，産業革命によるヨーロッパの近代化とは異なる形態で日本の近代化は進んでいった。日本における近代化は，ペリーの浦賀への来航から始まったと言われる。それ以前から，日本では地域の農村と都市部の商業が発展しており，安定的な生産と消費の均衡化により社会は維持されていた。しかし，欧米諸国のアジア進出によって，社会の在り様を変えることを余儀なくされた。近隣の中国を始めとしてアジア各国が欧米列強の武力の前に植民地化されたため，それら欧米の力に対抗するため，日本でも近代化を進めることが必要不可欠になった。こうした外圧によって，日本では西欧の近代化を輸入し，富国強兵と殖産興業を掲げ，それまでの日本の社会を短期間のうちに変えていこうとした。

　これは，それまでの精神風土や社会構造を根底で維持しつつ，近代化を接ぎ木し，日本の風土に合うように編集していくことであった。そこでは，西欧が，近代化の過程での必然性として大規模なライフラインとインフラ整備を行いな

がら産業発展を遂げたのとは異なり，日本では近代化を輸入するかたちでそれらの整備が進んでいった。日本の場合には，そこに暮らす住民にとって，近代化はお上のすることであって，受け入れることが唯一の選択肢であった。

その構造は，欧米列強と衝突した第二次世界大戦に敗戦して，その後の復興から高度経済成長を経てバブル経済にいたっても全く変わらなかった。それまでと変わったのは，民主主義がアメリカの占領政策によってもたらされた点である。これが，インフラ施設と物流網が各地に設置されて，やがて東西冷戦を背景に経済発展が加速して消費文化が人々の生活に入り込んでいった。その間に，都市部や地方の各地域のインフラと住環境の在り様は何も議論されないままにインフラが各地に造られて，建設ディベロッパーと住宅メーカーが規格品の住宅を販売した。人々はそれらを消費物として購入しそこに住み，満員電車に揺られながら会社と家を往復する生活を築いていった。

それが日本の現在の風景と，全体として未整備で全体設計のない状態を生んでいる。また，それが日本の物理的インフラとして，「近代前期の都市計画すらまともに行われず，本来そこで考慮されるべき，都市と地域のライフラインの確保や住宅問題，安全問題がほとんど議論されないまま，近代化が進められた」(蓑原他，2014, p.99)と言われる所以である。

(3) 近代日本の都市計画とインフラ整備

日本で東日本大震災のような大地震が起き，都市と地域の復興が問題になるときに，名前があがるのが後藤新平である。1923 (大正12) 年に起きた関東大震災後，壊滅した帝都の復興において，復興計画策定を推進したのが後藤である。当時，後藤は内務大臣と帝都復興院総統を兼務し，広く人材を登用し，未曾有といわれた首都圏の災害からの復興にあたった。

そのときの後藤の構想は，「大風呂敷」とも評される雄大さを持ち，日本初の近代都市計画として後世評価され，後藤は現在，「近代日本の都市計画の父」や「東京をつくった男」と称されている (後藤新平研究会編, 2011；山岡, 2007)。その後藤が描いたビジョンは，帝都復興をルネサンスになぞらえ，欧米最新の

都市計画を採用し,「我国に相応しき新都を造営」するというものであった。それをわずか4カ月の在任期間のうちに, 具体的な復興計画の策定から特別法の制定など, さまざまな重要事項のレールを敷くことを成し遂げた(越澤, 2011)。

　こうした復興構想の背景には, 関東大震災前の, 東京をはじめとする各地での都市問題の深刻化がある。明治維新後, 幕藩時代の城下町のままで人口が急激に増加したことによって, 必要なインフラが整備されずに都市は過密化していってしまった。下水道は昔のままで不衛生な長屋が広がり, 道路は舗装されずに交通はあちらこちらで麻痺していた(越澤, 2011)。帝都復興の責任者に任命された後藤新平は関東大震災の復興において, こうした都市問題に取り組み, 帝都復興計画として結実させた。

　実際には, 後藤による帝都復興計画は政治的な思惑から多くの反対にあい, 当初の計画からの大幅な縮小を余儀なくされた。しかし, 後藤たちが構想したインフラデザインによって現在の東京の姿が創り上げられた。それは, 具体的には区画整理による密集地域の緩和, 幹線道路や生活道路の整備, 河川運河の強化と公園の設置など, 安全に配慮した近代都市化を志向したものであった。同時に, 隅田川に架かる橋梁などのインフラを整備する際には, 都市の美観や景観に配慮したデザイン性の高い設計と意匠を行ったことでも知られる(越澤, 2011)。

　しかし, こうした関東大震災後の復興で示された都市計画とインフラの全体構想は, その後には活かされなかった。第二次世界大戦では東京をはじめとして各地の都市圏は空襲によって壊滅的な打撃を受けた。この戦災の復興には, 帝都復興事業に見られたような全体デザインはついになされなかった。

　さらに, その後の高度経済成長期には, 地域全体をどうするのかといった構想はなく各地のインフラ設置が主目的になっていった。それは経済成長を優先し, 産業基盤の整備を急ぐとともに, 公共事業投資によって建設業界を中心に産業を発展させるためであった。これは, 国土改造計画として知られる日本の各地にインフラ設備を建設し, 日本全国を隅々までつなぐ計画であった。

それは，当時技術的難易度が高いとされたダム建設やトンネル工事などを実現し，輝かしい未来へ向けての人と技術の結晶として捉えられた。この計画は，地域間格差をなくそうとした点で戦後民主主義を体現した動きとしても捉えられる(山岡，2014)。その結果として，日本の土木建設は世界的に飛び抜けた技術力を発展させた。こうして，各地域はトンネルや橋でつながり，また上下水道が隅々にまで整備されることになり，その結果として各地の生活の衛生面や利便性は格段に向上した。

しかしその反面，それは日本の景観を大きく変え，これまでの自然環境を壊し，各地の景観を同じものにしていった。これは各地にインフラがつくられる一方で，その周囲の住環境の整備は考慮されずに民間の不動産業者や住宅メーカーに丸投げされたことに起因している。そのために，日本のどこへいっても住宅メーカーのカタログから抜け出したような住宅が何の脈絡もなく雑多に立ち並ぶという統一性やデザイン性のない町並みを見ることになる。かつての国土改造計画は日本各地にこうした同じ風景を生み出していった。

さらに，現在と今後の最大の問題として，先にあげたインフラクライシスの問題がある。高度経済成長期と1970年代を中心に数多く設置されたインフラはすでに耐用年数を超えてきており，これらの維持管理と整備のために必要な費用が莫大になっている。しかし，インフラを構築した当時と異なって，現在の日本は財政的余裕が失われている。その結果，各地のインフラは放置され，かつて安全のために設置されたインフラが次第に安全を脅かす凶器へと変わりつつある。また，自然災害に対して物理的インフラが果たしてどれほどの効果を持つのかという疑問符もが投げかけられている。

こうした環境の変化や事例が示す重要な点は，個々のインフラの有効性や機能を中心に捉えることではなく，各地域の安全と安心を護ると同時に生活そのものをどのようにデザインするかである。そのためには，インフラ全体のデザインと生活の在り様が問われてくる。それは，日本が近代化に向かう過程において地域の全体像を描いて，広くインフラを捉えデザインするという視点が欠けていたことを示している。そして，それは現在も続いている。

このように，インフラに現在求められているのは全体構想であり，またこれを実現する行動力である。しかし，これが東日本大震災の被災地の復興計画や見直しが迫られる各地のインフラの整備計画では未だ示されない。必要とされているのは，都市や地方を含めた各地域におけるライフラインの確保と安全問題である。これはすなわち，これからの時代に向けてのビジョンである。そのためには，広い範囲でそれらを複合的に捉え，個々の暮らしの面から，国と各地域が役割に応じて，インフラの全体構想をデザインする視点が必要である。

そこで，今後いかなる全体構想が求められているのかを問い，これへの検討を行っていきたい。この検討においては，大きく3つのコンテクスト転換を提示する。そのひとつは主体転換であり，これでは主体者に関する考察が行われる。続いて価値転換としてのインフラの基本価値の捉え方について考察が行われる。最後に関係転換として主体間の関係付けの在り様を考察する[8]。

第3節　インフラのコンテクスト転換に向けて—相互依存指向のデザイン

本節では，これまでの議論を踏まえて地域におけるインフラの全体構想のためのデザインを考察する。本節では，原田・三浦編(2010)が示すコンテクスト転換のフレームを用いて，インフラデザインの提言を行う。このコンテクスト転換のフレームは，コンテクストに着目してその転換によってブランド価値を形成するコンセプトを示すものである。それをインフラデザインに用いることによって今後求められるインフラの在り方を提示する。これがすなわち，主体転換と価値転換，関係転換の3つの観点における従来のインフラのコンテクスト転換である。

(1) 主体転換としてのインフラのコンテクストデザイン

現在の日本では，公共事業としてのインフラ重視の流れは変化している。これが「官から民へ」や「コンクリートから人へ」のスローガンになって多くの

人の支持を集めた。それが実際にどれほどの実効性を持つかということとは別に、これらが支持を集めた背景には日本経済の低迷に対する変革への期待がある。そのために、無駄な公共事業を減らして、民間の参入を阻んできた規制を撤廃し、市場経済の競争を取り入れることが政策としてあげられてきた。これを行うことによって国の財政負担の軽減と同時に価格やサービスの質の向上と合理化を図るという狙いである。しかし、こうした民営化政策が、期待に応えられたかを問うならば、実例が示すのは必ずしも期待通りの成果ではない。

　もともと、民間企業が事業として投資する前提は収益への期待のためである。企業は、収益獲得のために合理化を進め、不採算が見込まれれば、速やかに撤退する。こうした効率性と効果性を重視する市場経済においては、長期にわたる投資や公益性を必要とするインフラは事業として馴染み難い。現在の市場の制度に対して、公益性が高いサービスをそのまま当てはめようとすることには無理がある。

　このことは、アメリカのカリフォルニア州での電力市場自由化の例で示されている。この電力自由化の狙いは、発電所間での競争を生み出すことで電力料金を低下することであった。しかし、その期待は裏切られ、逆に住民に大きなツケが回された。この電力自由化は、カリフォルニア一帯にわたる電力不足と大規模な停電を発生させた。それは自由化を利用し、一部の企業が大きな利益を市場から得ようとしたためである[9]。この事例は、市場のデザインが不十分であれば、その間隙間を縫って一部の企業が自社の利益獲得に走り、結果として公共性を損ない、インフラの機能が低下する可能性があることを示している(McMillan, 2002)。民間企業がインフラ事業を担う際に、それがライフラインの意味を持つ場合には十分な注意を払う必要がある。他にも民営化によって起こる弊害として、経済の効率化によって、地方の不採算分野が切り捨てられ、投資が都市圏に集中することが見られる[10](井熊編, 2009)。

　このように、インフラのデザインにおいては、主体者をどのようにするのか、特に公平性や持続性を意識した役割と関係性のデザインが必要となる。これは単純に官か民かの二択を示すものではない。そのためには、それぞれが担うべ

き最適な役割を，地域の状況に応じてデザインする必要がある。そうした観点から PFI (Private Finance Initiative)[11] や PPP (Public Private Partnership)[12] の手法を活用し，官と民の多様で柔軟な役割分担の選択と，仕組みを構築していくことが有効である。

　ただし，こうした関係性を築く上での前提として，各地域で暮らしサービスを受ける側の住民が，受け身の存在でなく自らの生活を護るという観点から，主体的な関わりを持つことが求められる。従来の公共事業のインフラ投資を中心に官僚と大手建築業と政治家が築いてきたシステムでは，サービスを受ける住民は単なる脇役でしかなかった。

　このシステムを変えるためには，住民自らが主体者であると意識して，その上でインフラ設置や維持に積極的に働きかける存在へと転換すること不可欠である。それは，与えられることに馴れて権利を主張するだけの単なる消費者という存在から脱却して，地域の将来に責任を負いながら意思決定に参加し働きかける主役に変わることである。それは公（パブリック）の視点から自分たちの生活と地域に真に必要なものは何かを問いかけて，同時に政治に参加したり自ら考えて行動したりする，いわば成熟した市民という存在である。そうした市民が地域をつくるとき，従来の政官民の癒着のシステムは変わるだろう。

　今後のインフラのデザインでは，第1には，提供側を全面的に公共団体としての官が担うのでもなければ，「官から民へ」といったキャッチコピーのように単純に民間企業へ主体を移し変えるのでなく，それぞれの特長を生かした最適な関係と主体のデザインが必要になる。また，第2には，インフラによって有形無形のサービスを受ける住民が，受け身の存在から責任と義務を負う成熟した主体者として関わりを持つように意識を転換することが必要である。これこそが主体転換としてのコンテクスト転換である。

(2) 価値転換としてのインフラのコンテクストデザイン

　インフラデザインにおいては，主体転換に続いて必要なのは価値転換である。「コンクリートから人へ」というスローガンが示したのは，その政治的思惑を

超え，従来のインフラ重視の価値観からの脱却に対する多くの人の期待の大きさであった。この期待感が示すように，コンクリートが象徴するハードとしての物的インフラから，人的インフラや制度的インフラなどを含んだ広い視野からインフラを捉える視点への転換が求められている。こうした広いインフラの捉え方では，かつてローマ人がハードなインフラだけでなく，ソフトなインフラを重視したのと同じく，建造物としてのインフラに集中せず，社会を構築し維持するための基盤として，インフラを位置付けている。

それは現在，日本が人口減少に向かっており，かつての高度経済成長期のように各地に物的なインフラを数多く設置することができなくなっているからでもある。ライフラインを支えるインフラには持続性が強く求められるが，維持管理コストの増大と国や各自治体の財政逼迫によって維持すること自体が難しくなっている。その要因は，全体デザインのないまま，無計画に無数のインフラを設置したためである。

この全体デザインの不備を示すのが，各地域でみられるスプロール化現象である[13]。この現象は，無計画に都市が郊外へ広がっていった結果として生まれた。このように，住宅や施設が離れて点在することによって上下水道や道路などのライフラインが長く非効率となり，維持費も高くなる(谷口，2014)。また少子高齢化とともに，郊外の不便な住宅地は住民の数が減り続けており，孤立した世帯が増えている。そのため，そこに必要なライフラインの維持が大きな問題となっている。

このように，インフラの維持をどうするかの課題がこれからの世代にのしかかっていく。さらに多くのインフラが整備されず放置されることも予測される。この姿は，かつて建造したインフラを維持できず，放置したことによって周囲の部族からの侵入と襲撃を許し，衰亡を加速させたローマ帝国の末期の姿と重なる。

現在と今後の社会環境を考えたときに，将来の維持を視野にいれたインフラの在り方を検討する必要がある。その時に必要なのは，持続可能性(Sustainability)の視点に立ちながら，現在の世代だけでなく，将来世代を意識したイン

フラのデザインすることである。それには，経済，社会，環境，そして技術のそれぞれの側面からの検討が必要である(宇都他編，2013)。また，これから求められるインフラ整備には，環境への考慮が不可欠である。将来世代のためにも，地球温暖化や生物多様性などの環境問題に応えていく必要がある。それは，人口が減少して財源も減る中で，将来世代にツケを残さずに環境に負荷をかけず，社会に必要なインフラを整備し，維持する方法が問われているからである。そのためには，従来のインフラの捉え方のコンテクストを転換する必要がある。それは物理的なインフラ整備だけに捉われず，社会や環境を支える人の関係や制度などの多様な視点でインフラを捉えながら全体をデザインすることである。

このように，生活の基盤としてインフラを捉えた時に重要となるのが，地域のコミュニティや，地域間のネットワークや，それぞれの地域が培ってきた水や森や土などの自然環境である。その一環として近年着目されるのが，太陽光などの再生可能なエネルギーを，ICTを活用しながら効率的なエネルギー利用による生活を実現するスマートシティ構想である。また，市街地を特定のエリアに集めて，公共交通利用を推進するコンパクトシティ化もこれからの地域のモデルのひとつである。これらは，ICTを有効に活用し，ライフスタイルを変えていこうとする取り組みでもある。そうした取り組みは，かつてのように大量に生産し大量に消費するライフスタイルからパラダイムシフトすることを意味する。つまり，ライフラインとしてインフラのデザインを問うことは同時に，自らの生き方を反映したライフスタイルと，その基盤となる地域の在り方を問い直すことである。それが，従来のインフラの価値からのコンテクスト転換である。

(3) 関係性転換としてのインフラのコンテクストデザイン

こうしたインフラのコンテクストの価値転換は，関係性転換につながる。それは，ひとつには時間的文脈における関係性転換であり，もうひとつには空間的，地理的文脈での関係性転換として示される。これらに加えて，3点目には統治においての関係性転換がある。

まず，時間的文脈における関係性の転換とは，価値転換で示したように，現在ここで暮らしている世代の視点からだけでインフラを捉えるのでなく，将来世代も含む時間軸から捉えることである。特に，今後人口減少が進むことが予測される日本においては，将来を想定したインフラの計画を考える必要がある。物理的インフラについては将来にわたる効果が期待される反面，その維持が将来世代の負担にもなってくる。そのインフラを撤去する時がくれば，それもまた大きな負荷となる。さらに，安全基準やライフラインの捉え方自体も時代とともに変化していく。現在前提としている安全・安心が将来も同じとは限らない。

　このように，時間的コンテクストからインフラを捉えるということは，現在に生きるわれわれが単独に存在しているのではなく，むしろ過去から将来にわたる時間の流れの中に存在していると捉えることである。そして，これにより，現在の時間にとらわれず，未来を意識した上でインフラをデザインすることにつながるだろう。

　2点目の空間的かつ地理的コンテクストにおける関係性転換とは，地域が単独での防災の実現を目指すのではなく，他の地域との連携によって安全・安心を実現するという視点への転換である。それは自治・自立という視点から相互支援・共存への視点の転換でもある。

　従来のように，自分たちの地域を中心に考え，国からなるべく多くの補助金を獲得して物的インフラを設置し維持することによって自らの地域の安全・安心を確保する方法は，次第に有効性を失っている。こうした経済が停滞する中での特定の地域のエゴは孤立を招き，結果的にライフラインを損なう。また，東日本大震災の例からわかるように，大災害は限られた地域で発生するのではなく，広域に複数の地域にまたがって発生する。これらの点から，今後の社会で求められるのは周囲の地域を含めた全体のライフラインの確保とインフラのデザインである。そのためには，各地域が相互に信頼のネットワークを拡げ，災害の予防と発生した場合に支援し合える関係を築くことが不可欠になる。

　また，こうした関係の構築こそが真の自立を促すことに結び付く。それは，

自立を誰にも頼らず単独で生きることではなく、むしろ困ったときに頼れる関係を築くこととする捉え方である（安冨, 2011）。このような相互依存の関係を地域間で築くには、それぞれの地域の違いを独自性と捉えて、これらを尊重しながら各地域が特徴を維持する必要が生じる。こうした異なる特徴を持った地域同士の結び付きが、想定の困難なさまざまな災害に対応するには有効だからである。

　それは、戦後の復興期から高度経済成長期を通し形成され、現在も続く経済成長至上主義からの転換を意味する。これまで戦後の日本を築いてきた国土改造計画から脱却し、合理性や効率性による画一性を、多様性や複雑性に変えることである。戦後において、日本は国土改造計画を柱に、日本全土を北から南までインフラで繋ぎ、「日本の奇跡」とまで言われる経済発展を実現した。それは、都市と各地方のインフラ設置により人々の生活を便利にし、地域間格差を縮小した（山岡, 2014）。

　しかし、その反面では、戦後の日本全土のインフラ整備は、地域がそれぞれ持っていた自然や文化などの環境の独自性を消していった。経済成長の追求と物理的インフラの設置が、効率化と合理化を推し進めた結果、日本全国の風景は同じになっていった。その風景は、日本各地どこへ行っても、住宅展示場から抜け出たような住宅が混じり合って立ち並ぶ模造品のような町の風景である。また、これはその町の郊外の道路沿いに、大型のショッピングモールとパチンコ店や大手の量販店の建物が立ち並んだ風景でもある。

　こうした風景を生み出したのは、全体構想の欠如である。今まで、国は各地にインフラを設置し、宅地整備と住宅建設を大手のディベロッパと住宅メーカーに丸投げしてきた。それらの企業は、消費者のニーズをコマーシャルで喚起し、建物を販売していった。これがスプロール化現象を各地で生み、各地の景色を同じ景色にしていった。それは快適さや便利さと安全が、同じ基準を考えるマーケットの理論に基づく、機能主義的な価値によるからである（蓑原他, 2014）。こうした同一の風景にあわせて、人の生活そのものも同じかたちになっていった。

こうした画一的な風景や同じ価値観に基づく生活の同化に対して，これからの期待として，各地域がそれぞれの特長を活かしたデザインを追求することが求められている。それは消費のコモディティ化により生活そのものをコモディティ化することであり，経済的価値による基準だけで豊かさを捉えることからの脱却を示す。そこで求められるスタイルは，合理性や効率性では測りきれない生活の在り様を探究することである。

　これについては，Jacobs が都市を組織立った複雑な問題と捉える視点と重なる(Jacobs, 1961)。Jacobs は，オスマンが推し進めたパリ市の都市計画などのインフラデザインの方法を，合理性と整合性を重視し，機能的で画一的なデザインとして批判した。そこで Jacobs が重視したのは，近代的な都市計画が重視しない，人々の暮らしであり，人と都市の間で築かれる多様で多彩な生活から生まれる生きた都市の姿である(Jacobs, 1961)。

　こうした視点は，近年のランドスケープデザインなどの動きに地下水脈のようにつながっている。ランドスケープデザインとは合理的な視点から単独にインフラを設計するのではなく，町並み全体を捉え，そこで暮らす人と町と自然が風景としてつながり，かかわりあうことを指向する。それは，経済性からではなく，どう生きるかという問いを起点に，自然と人との共生の中から地域の在り方を，歴史や地理の面から探る動きである(西村，2013)。なお，これについては各地域が独自の色でそれぞれの風景を描くことである。

　このように，関係性の転換としては，地域と地域，人と自然という空間的，地理的なコンテクストから新たな価値に基づくインフラデザインのモデルを創造することが期待されている。しかし，そのモデルを実現するためには，国と地域の関係を変えていく必要がある。それが関係性転換の 3 点目としての統治の転換である。

　これまでインフラをめぐる統治の議論では，予算をめぐって国か地域のいずれが権限を持つかで争われてきた。地方自治体は国に陳情し交付金を獲得しインフラ設置を誘導し，国の権限で地域にインフラを設置してきた。それが現在は財源不足とともに，構造改革を名目に，各地域に維持などの予算負担を課す

ようになってきている。そのいずれも予算と権限をめぐる陣地の取り合いであった。

こうした関係から脱却し，国と地域それぞれが役割を果たし，相互の連携を築く関係への転換が必要である。その関係では，各地域を超えた全体構造を国が計画し，それぞれの地域に応じた具体的な計画は各地域で主導する。これについては，各自治体と国で予算をめぐって争うのではなく，また責任を押し付け合うのでなく，それぞれの役割に応じた協働の関係を築くべきである。こうした関係性が生まれることで，各地の風景は多様で豊かなものとなり，そこでの生活は，自然やその土地の歴史や人の関係といった本当の意味でのインフラに支えられた多彩で生きたものになると期待される。こうした在り方が，特に東日本大震災で大きな被害を受けた被災地の復興において必要とされている。

このように，これからのライフラインとしてのインフラを考え，デザインする上では，従来の在り方から，関係性のコンテクストを転換する必要がある。それは，時間的にも空間的にも統治の面においても，相互に支援し合う関係を構築することである。

おわりに

本章では，現在から未来に向けてのライフラインのためのインフラのデザインと構築について考察してきた。それは主体転換，価値転換，関係性転換の3つのコンテクスト転換であり，これまでの日本に欠けていた，ライフラインとしてのインフラの全体構想を描くことである。そのためには，それぞれの地域の住民が，自ら住まうこととは何かを問いかけ，将来世代に対する責任を持ち，公（パブリック）を意識した主体性を発揮することである。そして，そこから自然と人の暮らしが結びついた地域の基盤をデザインすることである。また，こうしたデザインによって地域がお互いに支え合う相互依存のネットワークが生まれる。国と地域の関係もお互いが補完し合う関係として描かれる。それらの姿は，地域同士の水平関係と国と地域と住民の垂直関係が縦糸と横糸となって

組み合わさり，未来に向けて地域の姿を描くこととなる。

　こうした姿は，これまでの大規模な公共投資によって全国各地にインフラを築くという在り様から大きく変わる。そうしたインフラ事業の手法は政治家や官僚や大手の建設業者の利権に結びつき政治腐敗を招いてきた。その一方で経済発展に寄与し，日本を経済大国へおしあげた。しかし，これからの日本は人口減少と公共投資の財源不足が引き金となって，これまでに建設したインフラを維持すること自体が困難になっていく。これと同時に，社会の成熟とともに物の豊かさを追求し，人と同じものを得たいという消費社会の価値観は，高度消費社会に向かい変化していき，経験や自己の充実感などのコトづくりへと向かっていく。

　これは，大量生産と大量消費の生活から自然や環境との共生を重視するスタイルへの変化を意味する。かつて，国土改造計画が目指した理想の社会は，今や価値を変えつつある。これからは，戦後の高度経済成長期の価値観から脱却し，新たな価値の実現と関係構築を志向するコンテクスト転換が期待される。

　このように，本章で提示した3つのコンテクスト転換は，1つひとつ単独のものではない。それぞれがお互いに関連し合い，時には重複する。これらの根底には，私たち一人ひとりが，未来に向けて意識と生活の在り方を変革することの必要性が存在する。本章ではこの点に焦点をあて，過去のライフラインとインフラの姿を捉え，将来へ向かう在り方への考察を展開した。これが，地域が持続可能で多様性に富んだ場所になることであり，地域デザインの視点につながる。

　こうした点を述べるため，総体としてのインフラとライフラインについて検討してきた。個々の具体的な事象より，むしろ全体の概念の捉え方と考え方を中心に見てきた。それらを確認した上で，インフラに関しては，個々の内容ごとに考察する必要がある。なぜなら，道路網と上下水道，水や電力のネットワークなどが抱える課題や対応方法はそれぞれ個別のものであり，異なるためである。また，都市の設計とデザインについても数多くの議論が行われている。そこからさらに都市と地方の関係についても新たな視点で捉える必要がある。

これらの点は，地域デザイン学会での検討や議論をはじめ，今後の研究に期待したい。その際に，安全と安心の面からライフラインとしてのインフラの全体像を捉えた，本考察がひとつの手がかりとなることを確信する。ここでは，社会資本やソーシャルキャピタルがより大きな視点を集めることになるであろう。また，ライフラインやインフラの捉え方も広く変化していくだろう。地域で暮らす人たちが，その地域と地域を超えてお互いに支援し合い，臨機応変に変化し，新たな地域像を創造してき，それが未来に向けての全体構想となることを期待する。

注
1）「コンクリートから人へ」は民主党が当初，選挙公約として掲げたキャッチフレーズであった。その結果，2009 年に圧倒的多数で民主党は政権を奪取した（山岡，2014）。
2）コミュニティの特徴については，第 4 章を参照のこと。
3）例えば，2012 年に起きた中央自動車道の笹子トンネルの天井板落下事故は設備点検不足が原因のひとつである。この事故では 9 名の命が失われ，道路の閉鎖により物流や旅客移動に大きな影響を与えた。
4）ただし，一部の商業都市などでは都市文化を発達させ，近隣と都市との交流で栄えた場所もあった。そうした地域のひとつがフランドル地方であった。当時，現在のゲントやブリュージを筆頭に，都市文化と藝術が発展した。その内容については Huizinga（1919）に詳しい。
5）第二次世界大戦中の日本の軍人の死亡理由は，戦闘における死者よりも，物流網の不備による各地での飢餓や病気で亡くなった人の数の方が圧倒的に多いことが分かっている。それは物資が不足していたこともあり，現地調達を原則としたことに拠る。大本営といわれる中枢側の戦略と戦術の場当たり性を示す例といえよう。現実には埋まらないギャップを埋めるために持ち出されたのが，精神性であった。なお，こうした日本の軍事的失敗の理由については野中らの「失敗の本質」を参考とされたい（野中他，1984）。
6）現在の明日香村の西北部，現在の橿原市に位置する藤原宮は，飛鳥時代当時は，新益京（あらましきょう）と呼ばれた。その特徴としては，日本の歴史上最初の条坊制の都城である。この条坊制とは，東西と南北に直線道路を敷設し，その間に街区 1 コマ 1 コマをかたち作る，碁盤の目のように都市をデザインする。その呼び名の通りに，東西の並びを条，南北の並びを坊と呼ぶ。東西の中央に北南に貫くかたちで朱雀大路を配置し，東側を左京，右側を右京と呼ぶ。周囲を城郭で囲み，中央に天子の宮を置き，東西南北それぞれに祖先の霊を祀る宗廟，土地の神を祀る社稷，朝

廷，市場を置く。このように条坊制による王城設計は，儒教の教典に基づいて都市の配置を決める（原田・宮本，2014）。
7) 中世末期に流行った浄土思想からもその志向が読み取れる。
8) コンテクスト転換のフレームについては，原田・三浦編（2010）参照。
9) その原因は，自由化を利用して一部の企業が発電所を買収し，発電力量を意図的に減らすことで電力市場での電力価格を高騰させ，大きな収益を得ようとしたためである。
10) 国鉄の民営化などでも，そうした地域の切り離しの例を見ることができる。
11) PFIとは，公共施設などの建設，維持管理，運営に際して，従来のように公共が直接施設を整備せずに民間資金を利用して民間に施設整備と公共サービスの提供をゆだねる手法を示す。
12) PPPとは公共施工などの設計，建設，維持管理及び運営に，民間の資金とノウハウを活用し，公共サービスの提供を民間主導で行うことで，効率的かつ効果的な公共サービスの提供を図るという考え方である。
13) スプロールは蚕食（芋虫が葉を食い荒らす様子）のことである。そこから転じた。日本で多く見られる現象であり，計画的都市化が十分行われなかったために起きた（谷口，2014）。

参考・引用文献

井熊均編（2009）『グリーン・ニューディールで始まるインフラ大転換～エネルギー，交通に，百年に一度の巨大マーケットが生まれる！』日刊工業新聞社．
宇沢弘文（2000）『社会的共通資本』岩波書店．
宇都正哲・北詰恵一・浅見泰司・植村哲士編（2013）『人口減少下のインフラ整備』東京大学出版会．
岡田栄造・山崎泰寛・藤村龍至編（2013）『リアル・アノニマスデザイン～ネットワーク時代の建築・デザイン・メディア』学芸出版社．
黒崎直（2011）『飛鳥の都市計画を解く』同成社．
越澤明（2011）『後藤新平～大震災と帝都復興』筑摩書房．
後藤新平研究会編（2011）『震災復興　後藤新平の120日～都市は市民がつくるもの』藤原書店．
塩野七生（2001）『すべての道はローマに通ず～ローマ人の物語X』新潮社．
谷口守（2014）『入門都市計画』森北出版．
寺沢龍（2003）『飛鳥古京・藤原京・平城京の謎』草思社．
西村隆司・宮崎智視（2012）「分野別社会資本のストックと維持・更新投資額の将来推計」東洋大学 Working Paper, No. 6，
　　https://www.toyo.ac.jp/uploaded/attachment/2603.pdf（2015.7.29 アクセス）．
西村佳哲（2013）『ひとの居場所をつくる～ランドスケープ・デザイナー田瀬理夫さんの話をつうじて』筑摩書房．
日経コンストラクション編（2013）『インフラ事故～笹子だけではない老朽化の災禍』日経BP社．

日本規格協会（2001）『ISO 9001 品質マネジメントの国際規格』日本規格協会。
日本規格協会（2005）『JIS ハンドブック ISO 9000』日本規格協会。
野中郁次郎・戸部良一・寺本義也・鎌田伸一・杉之尾孝生・村井友秀（1984）『失敗の本質〜日本軍の組織論的研究』ダイヤモンド社。
原田保・三浦俊彦編（2010）『ブランドデザイン戦略』芙蓉書房出版。
原田保・宮本文宏（2014）「飛鳥・藤原の宮都とその関連資産群」原田保・浅野清彦・庄司真人編『世界遺産の地域価値創造戦略』芙蓉書房出版，pp. 249-251。
蓑原敬編（2011）『都市計画　根底から見なおし新たな挑戦へ』学芸出版社。
蓑原敬・饗庭伸・姥浦道生・中島直人・野澤千絵・日埜直彦・藤村龍至・村上暁信（2014）『白熱講義これからの日本に都市計画は必要ですか』学芸出版社。
安富歩（2011）『生きる技法』青灯社。
山岡淳一郎（2007）『後藤新平　日本の羅針盤となった男』草思社。
山岡淳一郎（2014）『インフラの呪縛〜公共事業はなぜ迷走するのか』筑摩書房。
吉川真司（2011）『シリーズ日本古代史③　飛鳥の都』岩波新書。
和田萃（2003）『飛鳥─歴史と風土を歩く』岩波新書。
Huizinga, J. (1919) *Herfsttij der Middeleeuwen,* Random House.（堀越孝一訳（1976）『中世の秋』中公文庫）
Jacobs, J. B. (1961) *The death and life of great American cities,* Random House.（山形浩生訳（2010）『アメリカ大都市の死と生』鹿島出版会）
Keynes, J. M. (1936) *The General Theory of Employment, Interest and Money,* Macmillan Cambridge University Press.（山形浩生訳（2012）『雇用・利子，お金の一般理論』講談社学術文庫）
McMillan, J. (2002) *Reinventing the Bazaar: A Natural History of Markets,* New York: W. W. Norton and Company.（瀧澤弘和・木村友二訳（2007）『市場を創る：バザールからネット取引まで』NTT 出版）
Ohler, N. (1986) *Reisen im Mittelalter,* Artemis, München.（藤代幸一訳（1989）『中世の旅』法政大学出版局）
Putnam, R. D. (2000) *Bowling Alone: the Collapse and Revival of American Community,* Simon & Schuster.（柴内康文訳（2006）『孤独なボウリング──米国コミュニティの崩壊と再生』柏書房）

第4章

ICT活用による
地域防災コミュニティデザイン
―暮らしを守るためのコミュニティ構築戦略―

宮本　文宏

はじめに

　東日本大震災以降，さまざまな領域で防災意識の高まりが見られる。それは未曾有の災害を目の当たりにし，われわれがごく当たり前のものと捉えてきた日々の生活が危ういものだとあらためて気付かされたからである。われわれが暮らしているこの足下は，大陸プレートの結節点に位置し，火山帯の真上にある。この地震列島の上の私たちの暮らしは，いつ何時，日常から非日常に変わるか分からない。

　こうした危機意識ともに，コミュニティへの関心が高まっている。震災以降，防災をはじめ，さまざまな分野において，コミュニティに関わる議論が広がってきている。その状況は，さまざまな願望や期待をコミュニティに託し，規範的価値を描いているかのようでもある(齋藤，2013)。

　何故コミュニティかといえば，地域の人々の結びつきをもとに，相互扶助によって安全・安心を自衛する集まりとしての期待からである。それは東日本大震災の復興活動において，被災者同士が助け合う姿や，ボランティア活動の様子が世界に発信され，多くの賞賛を集めたことに拠る。そうした姿とは反対の国や自治体，電力会社といった，旧来の組織の対応の不手際への失望が，コミ

ュニティへの期待に拍車をかけた。

　そこで，地域の防災を行うと同時にコミュニティを実現する方法として，着目されるのがICTである。コンピュータを用いた情報通信技術の総称であるICTは，インターネットの登場以降，急激に発展し，現在は第4次産業革命（Industory4.0）を迎えていると言われている[1]。このICTを用いて地域防災に取り組むと同時に，コミュニティを創造する動きが，現在の大きな潮流になっている。各地の地域再生の取り組みに注目が集まり，ICTによる新しいまちづくりがブームになっている。

　それでは，何故ICTがコミュニティを実現する方法として着目されるのか。また，防災におけるコミュニティへの期待は，何を実現することを目指すのか。そのためのデザインとはどのような姿か。本章ではこれらの問いに対して，コミュニティに関する先行研究とICTの活用事例をもとに考察する。それは，コミュニティの現在を問い，地域における防災の在り方を探ることである。そこから，これからのコミュニティとそのデザインを模索する。具体的には，第1が地域防災のためのコミュニティとICTについて，第2が地域コミュニティ創造について，第3が地域防災コミュニティデザインへ向けたZCTデザインモデル[2]の活用についてである。

第1節　地域防災のためのコミュニティとICTとは—課題提起

　最初に，地域防災とコミュニティが結び付き，そこにICTが呼応する枠組みを明らかにする。その枠組みから，ICTによるコミュニティの実現の根底にある理想の社会の姿とは何かを捉える。そこで，求められる地域防災の在り様は何かを問いかけ，コミュニティとICTの繋がりのコンテクストについて考察する。それらの考察から，災害に対する備えとして，地域の人々の結びつきを創造する必要性からコミュニティが注目されることが明らかになる。ICTはそうした地域防災のための地域コミュニティ創造に活用される。そこからの

課題提起として，その地域コミュニティの在り方とは何かを問う。

(1) 地域防災への住民の期待と課題

　普段の暮らしが変わりなく続いている時には，安全・安心は意識されにくい。安全・安心が強く意識されるのは，身近な危機を感じたときである。大災害を経験すると，現在の安全・安心がこれからも続く保障はなく，強固な基盤と感じていた日常が災害によりあっという間に失われることを，身近なこととして感じるようになる。

　近年，大災害が増加していることもあり，災害への備えや災害時の対応の拠点として，地域への注目と期待が高まった。反面，地域防災は2つの課題を抱えている。その課題のひとつは，現在多くの地域で人と人との結びつきが希薄になっていることである。資本主義と市場経済が発達した国々では，その経済成長の過程で地域のつながりを解体していった。市場経済の発達とグローバル化の流れは，市場を広げ，経済的な繁栄と激しい競争社会をもたらした。その一方で，従来の血縁や地縁という共同体の関係性は希薄になっている。無縁社会という言葉がクローズアップされたのは，そうした顕われのひとつである。無縁死とは，誰も引き取り手がなく孤独死することであり，2010年時点で無縁死した人が年間3万2,000人に達している（吉原，2011）。

　もうひとつの課題は，防災の考え方の見直しの必要性である。それまで防災といえば，国や地方公共団体が整備するインフラに頼ってきた。防災の中心は大規模な土木工事によって，河川や湾岸を整備し，有事の際の道路網や安全施設を確保するハードウェア対策であった。実際，戦後国土改造とともにつくられた，ダム建設や防潮堤など，防災設備が災害の被害を防ぎ多くの人命を救った事例は数多く存在する。しかし，土木工事は有効な方法であっても，その設計思想を超えた災害には無力である。

　このように，地域防災を実現するには，今後の防災の在り方を模索し，地域住民のつながりを再生する必要がある。そのためには，国を中心とした従来のハードウェア頼りの防災ではなく，暮らしの安全と安心を護るために地域の人々

の結びつきによる防災の実現が期待される。そこで，安全訓練や非常用の防災用品を地域や各自が事前に準備することにとどまらない，有事の備えと対応を示す。その地域防災において注目を集めるのがコミュニティであり，その実現方法としてのICTである。

(2) 地域防災のためのコミュニティとICT

　コミュニティは，地域と防災をつなぐキーワードとして注目される。それは，グローバリゼーションの進展と市場経済の浸透によって解体した地域の共同体の連帯を再び創り出す期待からである。ただし，ここで使われるコミュニティは共同体と異なる存在である。共同体が古くからの地縁や血縁という意味を色濃く持つのに対して，コミュニティにはそのような意味合いは薄い。本書で用いられるコミュニティは，相互性や互酬性による関係を重視し，共有と共感を意味する，つながりの共同体である。

　もともと，このコミュニティという言葉は地域防災に限らず，時代や場所，視点によって多様な使われ方がされてきた。しかし，現在用いられているコミュニティという言葉には，それまでとは異なる意味合いや期待感が含まれている。ここでのコミュニティは，地域防災の観点から，地域の連帯を創造する場を意味する。そこに，国や都道府県などの公的な組織とは違う，防災の拠点としての期待が持たれている。

　その連帯を実現する方法がICTである。ICTは，もともとコンピュータ関連の技術を示す言葉である。その言葉のとおり，各種情報をインターネットなどの情報基盤によってつなぐ情報化技術の総称であり，サービスやビジネスそのものをあらわす。特にインターネットの普及以降は，生活のさまざまな面に浸透し，ビジネスのスタイルや人の行動を大きく変えた。そのICTの活用が，地域コミュニティの連帯をつくり，災害に備えた準備や，災害発生時の対応を実現するものとして期待される。

　このように，コミュニティを地域の連帯を再生する概念と捉え，その実現のための方法としてICT活用を捉える見方が，地域に関する議論でみられる，

近年の特徴的なパターンである。特にコミュニティとICTは，地域活性化や再生の取り組みの中で頻出するキーワードになっている。それはコミュニティもICTも共に，つながりやネットワークという点で共通するからである。その一方でコミュニティが物理的な連帯を中心とするのに対し，ICTはコンピュータの仮想空間でのネットワークという違いがある。しかし，いずれも地域の連帯を創造することにより，地域防災をはじめとする地域の課題を解決するという期待が持たれている。

(3) 地域を解体するICT，コミュニティを創造するICT

このように，地域の連帯を生み出す技術としてICTは注目される。それを示すように，多くのICT企業は，地域再生やコミュニティ創造に対して，企業をあげて取り組んでいる。各地域もそれに応えて，ICTを活用し，防災をはじめ，高齢化対策，地域医療，地域ビジネス創造などの，地域が直面する課題への対応に積極的に役立てようとしている。

そのようなICT企業による地域のコミュニティ創造として，数多くの事例を見ることができる。例えば，徳島県の事例として，住民にICカードを配布し，各家庭のテレビと紐付けした地域防災の取り組みでは，災害時には個人名をテレビ画面に表示し避難指示を行っている。他にも岐阜市では，災害時に情報を迅速かつ正確に収集するため，災害時の避難場所にモバイルカメラを設置し，リアルタイムに情報をPC上で確認できるようにした。

これらの例が示すように，災害情報配信システムや，デジタルサイネージを用いた公共施設での情報表示など，ネットワークとデータを活用した地域の防災の事例は増えている。また，地震や集中豪雨に備え，雨量や水位などを監視するシステムなど，地域のニーズに応えるさまざまな技術やサービスが増えている。このようにICTは，地域の課題を解決する技術として着目される。だが，同時にかつての地域の連帯を解体し，グローバル化や市場経済化を推し進めた最大の技術がICTである。すなわち，グローバル化を推進する技術も，地域の人々の結び付きをつくる技術も，ICTである。つまり，ICTは両義的な存

在と言える。

　なぜなら，ICTは，事象を抽象化し，データとして扱うことを特徴とするからである[3]。現実の関係性は，コンピュータ上では原子化したデータとデータの関係に置き換わる。そこでは，地縁や血縁のような古くからのつながりの意味は排除される。人は地域の関係性から解き放たれた個としての存在になる。さらにインターネット網の発達は地理的な距離や，時間の制約を無化する。そこで人は，国境や地域を超えたコンピュータのネットワークでバーチャルにつながる。このようにICTは，意味を主体とする古くからの地域の共同体を解体した。データ化しやすい資本をあつかい，金融や資本市場をグローバルに広げた。これらの市場が真っ先にグローバル展開したのは，実体のない，数字が最もコンピュータ上で扱い易いデジタルなデータだからである。ICTはこうしてグローバルビジネスを推進する基盤を創り出し，金融取引を中心とした市場経済を支えてきた。

　それが現在，ICTはコミュニティ創造のための技術として地域活性化で用いられるようになっている。かつてICTによって解体した地域の共同体を，再びICTを用いてコミュニティとして再生しようとしている。それは，グローバルな展開で地域の関係から離れ，個となった人を再び結びつけ，関係を築こうとしている動きにも見える。それでは，地域防災から見た時，コミュニティ再生はICTを用いることでどのように可能になるのか。そのときの地域コミュニティはどのような姿として描かれるかを次節で紹介する。

第2節　地域コミュニティ創造とは何か―コミュニティ研究の流れと事例紹介

　本節では地域コミュニティデザインを検討する上で，コミュニティ研究の流れを確認し，ICTを活用した現在の地域コミュニティを考察する。そのために，何故，コミュニティに高い関心が集まるのか，その背景と構造を示す。次に現在，さまざまな分野で用いられているコミュニティの特徴を分類する。それら

の特徴から,期待される地域の防災のためのコミュニティと,そこでのICT技術の活用方法を,具体的な事例を通して考察する。

(1) コミュニティへの関心の背景と構造

　Bauman(2001)によれば,コミュニティという言葉には,その語感に良いものと感じさせるところがあるという。コミュニティが何を指すにせよ,コミュニティには加わることはよいことだという認識を多くの人に抱かせる。それは温かい場所を連想させ,居心地の良さや快適さをイメージさせるという。

　このように,コミュニティに対する関心の高さは,日本に限らず世界的な潮流である。近年,コミュニティは多くの場面で用いられ,他の集団と区別する概念という以上に,さまざまな期待や願望が投影された特別な存在として扱われている(齋藤, 2013)。つまり,コミュニティは,もともとの語義を超え,理想社会というコンテクストを持った概念となっている。

　そうしたコミュニティへの関心の高さには,グローバル化の影響があることが指摘されている(Bauman, 2001 他)。ここでのグローバル化とは国家や地域などの従来の境界を越え,さまざまな取引や活動が行われ,経済活動が地球規模に拡大していく現象をさす。インターネットや通信衛星などのネットワーク網などのICTの発達によって,膨大なデータの流れが実現し,それを用いて国際金融システムが発展した。国を超えて企業がビジネスを展開することが当たり前になり,資本の国際的流動性が増加していった。国を超えた世界規模での競争が常態となり,その結果世界的な分業が加速化していった。

　そうしたグローバル市場の拡大は,経済的発展と同時に労働市場のグローバル展開をもたらした。国境を越えた労働競争が起こり,労働条件の悪化や雇用不安をもたらしている[4]。格差は拡大し,貧困の意味が変わり,先進国内であっても餓死者が生まれるようになっている(伊豫谷, 2013)。それに対して,国によるセーフティネットは機能せず,かつての福祉国家という理念は後退していった。

　こうした状況は,それまで国に期待していた社会保障が頼りにならず,自己

責任で対応せざるを得ないという圧力を個人に与える(例えば齋藤, 2013)。防災に関しても，国や公共による土木工事が絶対的な安全・安心をもたらさないことを露呈した。さらに，その後に続く災害から災害復興時において，国や県はその対応の不備や不手際を明らかにした。

そうした公的な機能の弱体と同時に，それまでに公的なもの以上に個人を支えてきた会社という組織におけるつながりが，グローバル化によって変質してきている。日本ではそれまで会社主義や会社共同体と言われる程に，会社と従業員が一体化した関係を築いてきた。それが戦後の日本においては強固な共同体として機能してきた。しかし，その関係は，経済成長の終焉とバブルの崩壊とともに，企業の成長が鈍化し，グローバル化による競争に直面する中で，成立しなくなっている。成果主義が導入され，職場のお互い同士が競争し合うライバルと見なされるようになっていった。さらにICTの発達は職場の風景を変え，職場の年長者が若手を教え，指導するという徒弟的関係がつくりづらくなっている。それまでのすり合わせを中心とした工場の組み立て技術は，デジタル技術に置き換わり，熟練といわれた経験による技術が重視されなくなっている。

また，消費社会の進展により，全てのモノは換金可能な消費物として扱われるようになった。消費文化では，労働ではなく消費活動がその人の価値を示す行為となる。そこでは，自己を主張するためには，どのような商品を購入するかという消費行動を通して他者との違いを示すことが推奨される。そのように消費活動が社会の中心になった社会では，人は何を購入するか自己決定する単独の消費者であることが求められる。その結果，それまでそれぞれの人が帰属していた共同体は，自己決定を阻害する要因として解体されていった(内田, 2014)。相互扶助は有償のサービスに置き換わり，消費の対象になっていった。

こうしたグローバル化の進展と社会の変化による不安感が，コミュニティへの関心へと向けられた。社会的な構造変化は，同一性(identity)や帰属意識を持ち難くし，自己責任が強調されることが，かえってかつての地域の共同体や，他者との共有・共存への注目を集める。それは古き善き時代への懐古や共有(シ

ェア)を重視する価値観としてあらわれる．こうして，コミュニティが関心を集めていった．そのコミュニティの姿は，人々の自発的意志に基づく結社としてのアソシエーションと，理想の共有をはかり親密な関係の集団としてのコミューン(齋藤, 2013)が結びついたものとして捉えられる．それがさまざまな分野でコミュニティが広がった理由である．

(2) 社会学と政治学上のコミュニティの特徴と分類

本項では，これまでにコミュニティがどのような分野でどのように扱われ議論されているか，その主な内容を整理する．そうすることで，本論のテーマである地域防災におけるコミュニティの姿を立体的に浮かび上がらせるためである．

第1にコミュニティが議論される代表的な分野は社会学である．そこで特に有名なのは，Tönniesが1887年に発表した「ゲマインシャフトとゲゼルシャフト」に関する考察である．この論では，血縁や地縁などの本質意志に基づき結合した集団を，感情的に融合した前近代的集団として共同性組織(Gemeinschaft)と分類する．それが歴史的発展を通じて，利益組織(Gesellschft)に移行するとした．利益社会は目標を実現するための組織であり，各自が役割を分担し，指揮命令系統に基づき行動することが求められる(Tönnies, 1887)．そこから，前者をコミュニティとして，後者をソサエティとして分類する見方が一般的である(例えば濱野・佐々木, 2011)．そこでコミュニティは，地域性と連帯を特徴する集団として捉えられてきた．

また，Tocquevilleが建国期のアメリカ合衆国に見たのは，タウン(town)という地域の共同体を中心とした自治の仕組みである．それが，コミュニティの連帯の特徴を示すものとして捉えられている(Tocqueville, 1835)．Tocquevilleがそこで着目したのは，市民が自力で地域の問題解決に取り組むアソシエーションとしてのコミュニティの存在であった．

その存在は欧州の中世の教会やギルド，自治都市，村落共同体などの伝統的中間集団とは異なる．アメリカの各地に存在するコミュニティは，市場経済の

発展と民主主義を支える中間集団として機能していた。それがアメリカの社会の特徴として，新たな民主主義を成立させているとTocquevilleは考察した。このように，コミュニティは自発的な結社であると同時に，地域性と連帯により，統治権力と個人間の中間組織として機能すると捉えられる。

しかし，そうしたコミュニティは，1900年代末のアメリカにおいてその解体の危機が指摘された。それは当時，アメリカ社会の変容の姿として描かれた。その原因は，社会環境の変化に起因する。それは，都市のスプロール化やモータリゼーションの発達によって，地域の人間関係の希薄化が起きたためである。さらに，マスメディアの発達が情報の流れを一方的にし，価値観の多様化や世代間での意識の違いを進行させたことなどによって，アソシエーションとしての自主的な連帯の絆を弱めていった。そうして，かつてTocquevilleが新たな民主主義社会の理想として描いた社会を変容させた(Putnam, 2000)。このように，社会学におけるコミュニティに関する議論は，社会の変化の中でのコミュニティの変遷を捉える。

また，政治思想の分野においてコミュニティを捉えると，自由主義(liberalism)に対抗する共同体主義(communitarianism)という思潮が示される。自由主義が自己と他者の自由を重視し，個人の権利と平等を護るために自己決定に重点を置くのに対して，共同体主義は社会的な紐帯を重視する。それは，共同体における人と人のつながりを個人の自由の抑圧を捉えるか，人を文化的・歴史的な文脈をもつ共同体の中に位置づけられた存在と捉えるかの見方の違いである。後者の見方に立つ共同体主義は市場自由化に対して，そこでの人間観が共同体の関係から離れた原子化した人間を描いているとして批判する。その代表的論者として著名なのがM. J. Sandel[5]である。

一方で，この共同体主義には，自由主義側からは，共同体が個人の自由を抑圧するものとなる危険性が批判されている。それは，共同体主義が，国家自体を共同体と捉え，その再生と同一化を主張していくことで，愛国主義(Patriotism)やナショナリズム(Nationalism)に陥りやすいという批判である。

さて，ここまで社会学と政治思想におけるコミュニティの捉え方を確認した。

次に，このコミュニティ創造の実現方法として語られることが多いICTに関して，その歴史的変遷と現在の姿を確認する。そしてICTを活用したコミュニティ創造の事例を紹介する。

(3) ICTとコミュニティの繋がりの歴史と現在

　ICTの歴史を簡単に振り返ると，1960年代のPC（パーソナルコンピュータ）誕生を契機とする。やがてApple社のMacintosh，Microsoft社のWindowsがPCとして圧倒的な成功を収め，ビジネスから個人にまで幅広く普及していった。そこにインターネット網が1990年代以降，急速に広がり，世界規模の広域ネットワークとなっていった。インターネット網にPCが繋がり，PC間で相互に情報がデータとして受け渡されるようになった。電子メールが一般的になり，ハイパーテキストがWorld Wide Web（WWW）として発展していった。

　こうして，誰もがブラウザによって，文字だけでなく画像や音声などのデジタルコンテンツをデータとして閲覧し交換できるようになった。このように，インターネットによってデジタルなもの同士がつながるようになっていった。

　こうした発展の流れから，近年，ICTにおいて注目されるキーワードがIoT（Internet of Things）とIoE（Internet of Everything）である。IoTは日常の身近なさまざまなコンテンツやデバイスがインターネットにつながることを示し，IoEは生活がインターネットと切り離せないものとなることを示している。それは携帯電話を一人一台持つことが当たり前になり，インターネット網が整備され，爆発的な勢いで普及したことが影響している。その結果，一人ひとりがメディアとして情報を発信し，常にインターネットを介してつながり合う環境が実現した。それが加速化し，家電製品から腕時計などの身の回りのモノまでさまざまなデバイスがインターネットの端末として捉えられるようになっている。

　また，センサー技術の発達とGPS情報による位置の把握は，ICT活用の可能性を大きく広げた。さらにCloud技術によって，インターネットを介してアプリケーションを容易に活用できる環境が生まれた。こうして，事業者自ら

がハードウェアやソフトウェアを自前で所有しなくても，使用したい分だけ使用できるようになったことで，ビジネスの在り方が大きく変わった。それまでのような高額なシステム投資が不要となり，簡単にICTを活用してビジネスを実現することが可能になった。

　さて，そうしたICTの発達の過程で，ネットワーク上の仮想の場としてのコミュニティが生まれた。インターネット上のブログなどの電子掲示板を始め，FacebookやTwitter，Google+などのソーシャル・ネットワーキング・サービス（Social Networking Service：SNS）はコミュニティ型の会員制ネットワークサービスに分類される。SNSは世界中の人を繋ぎ，規模を拡大していった。その中心は，インターネットコミュニティと呼ばれる，情報を共有するネットワークサービスである。インターネットコミュニティでは，そこに集まったメンバー間での情報のやり取りを目的とする。それは現実のコミュニティとは違い，参加も離脱も可能であり，血縁や地縁という前近代的な要素がない。そこにあるのはバーチャルな連帯性のみであり，参加してもそこでの関係に縛られることがない。出入りは自由で，コミュニティ自体が生成と消滅を繰り返すバーチャルな場である（原田・宮本，2013）。

　このようにICTの発達と普及によって，SNSやポータルサイトなどの情報交流機能による情報の発信や伝達ができるようになった。また，センサー技術やGPS機能により位置情報の把握などが容易にできるようになった。これらの技術革新が，ICTを活用した地域コミュニティの再構築の期待に繋がる。なぜならICTはその言葉通り，コンピュータという技術（テクノロジー）を用いた，コミュニケーションのための基盤であり，方法だからである。ICTの活用とは，地域のつながりとしてのコミュニケーションを新たに創造することに結びつく。

　こうしたICT活用は，東日本大震災以降の防災を考える上での大きな要因となっている。ひとつには，コンクリートと鉄といったハードウェア中心のそれまでの防災を見直し，ICTやソフトウェアを用いた防災方法に目が向けられるようになったためである。もうひとつにはICTを活用したコミュニティ創造の取り組みが推進されるようになったためである。それは，東日本大震災

以降，それまでの政府や官庁主体のトップダウンによる防災体制が見直されるようになったためである。それが ICT の活用に結びつき，オンライン上にコミュニティをつくることで，それを起点として，地域による防災実現を目指す活動が各地域で活発に行われるようになった。

そうした活動の事例のひとつが，岡山市の地域 SNS を核にした取り組みである。そこでは官民でポータルサイトを立ち上げ，人的ネットワークとの相互補完により地域課題の解決を目指している。また，防災対策にとして ICT 技術を活用し，電子タグと IP カメラを組み合わせて，児童の登下校の状況の確認などを行う児童見守り育みシステムを運営している。

また，新潟県の佐渡市では，ICT を活用した医療ネットワークを実現している。この「さどひまわりネット」は，地域が直面する，高齢化と過疎化による医療の場の医師不足という課題に対して，地域コミュニティを創り課題解決をはかった事例である。具体的には新潟県の佐渡島で島内の病院や診療所，調剤薬局などの医療関連施設を ICT のネットワークでつなぐことで，それぞれで記録された，地域の住民の過去の医療記録データを相互に共有する仕組みである。

その仕組みから，患者が過去にどのような治療を受け，医薬品を処方されたか，介護の様子はどうだったかなどの情報を統一して確認できる。そうすることで適切で細やかな医療を施すことができ，健康管理の指導や予防サービスを提供することが可能になる。そうして，島全体が仮想的なひとつの病院として機能することになる。

このような事例以外にも，スマートシティ構想が各地域で実証実験されている。それは，ICT により情報化を推進し，新しいまちづくりを目指す。その活動は，環境に優しく持続可能なエネルギーを活用し，ICT のさまざまな技術を用いて，魅力あるまちづくりを目指している。

これらの ICT を用いた地域のコミュニティ構築の事例に共通するのは，地域の課題を解決するために ICT を活用し，そこで暮らす人たちの繋がりを創成することを目的とする点である。それはグローバリゼーションによって希薄

になった地域の人々の連帯を，ICTを用いて新たなかたちとして創造し，信頼の絆を構築する取り組みである。そこではコミュニティは，国や行政などの公共とは異なる中間組織として，地域の人の帰属する場所であることを目指す。

それでは，そうしたICTを活用した地域コミュニティ創造は，有効に機能するといえるのだろうか。数多くの事例が見られるが，それらは地域の課題を解決できているのか。地域コミュニティ創造のための具体的なデザインとは何か。地域コミュニティを検討する上では，これらの問いに対する考察が必要である。

第3節　地域防災コミュニティデザインへのZCTデザインモデルの活用

これまでの考察から，さらにこれからのICTとコミュニティの関わりについて，地域創造の観点から検討を行う。そのために，まずコミュニティデザインについて，あらためてその目的や狙いを述べる。さらに具体的な方法論としてZCTデザインモデルを活用した地域コミュニティのデザイン方法について述べる。そこから，ICTの活用についてその可能性と問題を示し，今後の地域防災コミュニティが目指すデザインを事例とともに検討する。

(1) コミュニティデザインが目指す姿とは何か―コミュニティデザインの取り組み

コミュニティのデザインとは何を意味し，どのような行為をさすのか[6]。まず，デザインとは，記号(Sign)の表出や，表示要素の選択という行為や，下絵や素描，図案などの表現活動を示す。そこから派生し，目的実現のために，記号の組み合わせを計画し，設計するという意味がある。それはまた，従来のものの見方や制度を変え，新たな価値として創造する行為である(紺野, 2008)。コミュニティをデザインすることは，そうした価値創造としてのデザインを意味する。

このコミュニティのデザインとは，関係性を生み出すプロセスを計画し創り

出すことである．コミュニティデザインでは，コミュニティという場や関係性を構想する．さらにその実現に向けて人を巻き込み，実際に場をかたちづくり，社会的課題の解決をはかる．また，つくるだけでなく，コミュニティが適切に機能し，継続的な運営を行う必要がある．重要な点はコミュニティに関わる人がその価値を認識し，持続するつながりを生み出すことである．

　それは組織を構成するのとは異なり，強制力に拠らない関係性を設計することである．組織(organization)には目的やミッションが明確に存在するのに対して，コミュニティはテーマを中心にする．組織は目的の実現のために整理と分類によって組み立てられ，役割を分担した階層構造をつくる．他方，コミュニティは階層構造化を目指さない．組織においては，例えば企業であれば顧客を獲得し利益を生み出すために，指示命令系統を明確にする．各従業員に役割を与え，組織として構造化する．そこでは基本的には経営トップが判断し，決定する権限と責任をもつ．コミュニティのデザインの場合には，そうしたトップからの指示や強制を伴わない．むしろ参加者の自主性を重視する．

　また，コミュニティは，共同体とも異なり，地縁や血縁などのようにあらかじめそこに存在する関係性によるものでもない．かつての地域の共同体は，所与のものとしてそこに存在していた．このように，共同体においては意図的に関係性をデザインする行為は不要である．それに対してコミュニティは，地域性より連帯性を主とする．コミュニティをデザインすることは，その連帯を新たに創り出し，連帯が持続することを目指す．

　これらの組織や共同体とコミュニティとの違いは，コミュニティが強制力によらず，また特定のコミュニティへ排他的に所属するのではなく，複数同時に関わりを持つ点にある(齋藤，2013)．それは，コミュニティが連帯と同時に，自由を保持する特徴を持つことを示す．そこに参加することも離脱することも強いられて行う訳ではなく，個人の自由な判断と選択に委ねられる．その点が，コミュニティを創造的で魅力あるものにすると同時に，コミュニティをデザインする上での難しさになっている．自由と連帯は，時には衝突し，矛盾する概念であるからである(Bauman, 2001)．

このように，コミュニティをデザインする際には，自由と連帯のバランスをどのように捉えて，実現するかが問題となる。そのバランスを欠いて自由を高めればコミュニティは空中分解し，逆に連帯を強めれば孤立した集団となってしまう。それでは，実際にコミュニティをデザインする上ではどのような方法が有効なのだろうか。

(2) 地域コミュニティデザインの方法論—ZCT デザインモデルの活用

　地域コミュニティをデザインする方法として，ZCT デザインモデルを提示する。この ZCT デザインモデルは地域デザインのフレームワークであり，ゾーン（Zone），コンステレーション（Constellation），トポス（Topos）の3つのデザイン要素から構成される（原田他，2014）。

　この ZCT デザインモデルで地域コミュニティをデザインする際には，まず境界をどこに描くか，というゾーンデザインが重要になる。特に地域コミュニティの場合には，もともと，領域や境界は存在しないので，新たに描きだす必要がある。そのため，どこにコミュニティの境界を定めるかが戦略的な行為となる。

　これまで見てきたように，現在着目されるコミュニティは地域の共同体と異なり，地縁や血縁のように，あらかじめ存在する関係を前提としない。そうした点からコミュニティは，共同体組織（Gemeinschaft）の特徴である感情的なつながりを持ちながら，その特徴である前近代的な結合を要因としない。それでは利益組織（Gesellschft）と捉えられるかといえば，指揮命令系統を中心としない点でその特徴に合致しない。このように，地域コミュニティは，かつて Tönnies（1887）が分類した2つのモデルには一致しない。それぞれの要素をあわせ持つ存在と捉えられる。そのため，地域コミュニティの場合，感情的なつながりを連帯として新た創造する必要がある。それは，参加者の関係性を描き，コミュニティの範囲をどうするか，外部とどのように連携するかなどをゾーンとしてデザインすることである。

特に，コミュニティは行政単位の地域の枠組みに依存しない。例えば防災を考えたコミュニティをデザインする際に，現在の行政の市区町村の区分とコミュニティを一致させることは必ずしも有効とは言えない。むしろその区分に縛られず，想定される災害に対して，それをどのように防ぎ，対応するかを考えた結びつきの境界を描く必要がある。何故なら多くの行政区分は，行政上の統治や管理の都合によってひかれた区分であり，それが防災の目的に有効に機能するとは限らないからである。場合によっては，現在の行政の区分が足枷となることもある。そうした，行政では対応できない防災などの課題に対応するためにこそ，新たなコミュニティの創造が求められているともいえる。

　また，コミュニティのゾーンは物理的に近接している必要はない。そのため，ICT などの技術を用いた関係性構築が有効となる。なお，その関係性構築については，コンステレーションデザインとして後述する。

　コミュニティのゾーンデザインにおいて重要な点は，それが新たな創造的行為であることである。従来の共同体が，地域の物理的な場所や空間や，血縁などの伝統的な関係に縛られるのに対して，コミュニティはその関係で人を強く縛るものではない。むしろ参加者をいかに集めるか，そこでの関係を意図的に創り出すことを意図して，コミュニティの領域（ゾーン）をデザインする必要がある。その際に意図する必要がある点は，コミュニティは結合と同時に，分解も容易であり，参加者の選択に委ねられるという点である (Bauman, 2001)。

　このように，コミュニティは従来の地域性の色が薄く，既存の行政区分や物理的な場所を超え存在する。さらに現在，期待されるのは，創造性が高く，活力を生み，社会的問題の解決の方法となるコミュニティである（紫牟田編, 2012)。そうしたコミュニティをデザインし実現するには，ゾーンをどのように描き，関係を構築するかが大きなポイントとなる。

　次に，ZCT デザインモデルのデザイン要素の 2 点目であるトポスは場所を意味する。それは，地域コミュニティにおいては，テーマと場を示す。このテーマとは，ゾーンを設定する際に，つながりのコンセプトとなるものである。具体的には，地域における防災や，医療や観光・交通や，農林水産業の活性化

などといったそれぞれの地域が抱える社会的な課題を指す。コミュニティ創造の第一の目的は，それらの問題解決のために，人をつなぎ，相互の連携の場を生むことにある。行政などの公的な機関や企業や個人などの単独での対応が困難な地域の課題に対応するために，コミュニティは創造される。そのために，テーマをどのようなメッセージとして表現し，どのように発信し，共有するかは，参加者の共感を生むための重要なデザインとなる。そのテーマは関わる人にとって身近なものであり，積極的に関与したいと思わせるコンテクストを有する必要がある。伝え方においても，実現することに期待が抱け，社会の変化にプラスとなるような思いを込めた発信が必要である。

また，場とは実際に人と人が交流する場所をさす。ただし，それは単に物理的な場所のみを意味しない。それは遠山・野中（2000）があげるような，知識創造のプロセスにおける「場」である。これは，現実の場だけでなく，バーチャルな空間や，経験の共有などの心理的空間をも意味する。そうした知識創造の文脈から捉えた理想的な場とは，独自の意図や目的，方向性や使命などを持った場所である。その場には，参加者のコミットメントが存在し，本質的な対話が行われる。それはまた，境界が閉じておらず開いており，参加者が自由に出入りでき，相互作用によって新たな知が生み出され続ける場所である。

こうした場とテーマをトポスとしてデザインすることが，地域コミュニティのデザインの重要な要素である。それは新たなコンテクストを創造する行為である。地域コミュニティの創造とは，テーマをもとに人が協働する場を新たに創り出す行為である。地域防災をテーマとする場合には，参加者が対話し経験を共有できる場をデザインすることが求められる。

続いて，ZCTデザインモデルの3点目は，関係性をデザインするコンステレーションデザインである。ここで重要となるのは，アクター（人）とインフラストラクチャー（基盤）のデザインである。それは地域コミュニティを創造する際の実現のための方法でありアーキテクチャ（構造設計）である。アクターは，コミュニティの核となる存在であり，インフラは関係性を構築するためのネットワークのつながりである。

コンステレーションをデザインするにはまずアクターとして，つながりの拠点(HUB)となる人の存在が必要となる。なぜなら，コミュニティは組織と違い，地位や権威に基づく指示命令では機能しないからである。つまり，組織では，人はその人が誰かという固有名詞の存在であるより，その地位や権利によって存在が示される。それは，組織は継続性を重視することから，特定の個人ではなく，システムとして全体が機能するよう設計されるためである。

一方でコミュニティの場合には，人と人との有機的なつながりから構成され，維持自体は目的にしない。地位の上下はなく，指示命令ではなく，共感と対話と合意を主とする。そのためには，参加者一人ひとりが当事者として主体的に参加することが必要である。このようにコミュニティを成立させるには，参加者を結集するゾーンが存在し，トポスとしてのテーマや場が機能し，それらを発信する主体者としてのアクターの存在が不可欠になる。関係の軸となり，人をつないで場をつくり，自らの行動を通して，他の人の行動を促すアクターの存在がなければ，コミュニティは生まれず，持続することもない。

また，このアクターの不在が，多くの地域コミュニティが立ち行かなくなる原因でもある。こうしたコミュニティが抱える問題については後述するが，特に官公庁を主体とする地域コミュニティが，構築後に活性化せず停滞し，数年間で消滅していく原因は，アクターが地域主体ではないからである。意志を持ったアクターの存在がコミュニティ創造の一歩となる。ただし，それは組織における統制とは違い，共感を主とするものであり，その個人の思いや魅力が大きな要素となる。

次に，関係性構築で必要なのは，コミュニティをつくり運営するためのインフラストラクチャーのデザインである。魅力的なアクターが存在し共感を呼ぶテーマがあっても，参加者を集め，関係を生み出すには，情報交流を支える基盤が必要である。かつてそうした関係を生み出してきたのは，それぞれの地域における生活空間や地縁であり，家族などの血縁であった。また古くから人が集まる拠点として，地域の広場などの公的な施設が用いられた。

それらが現在では，人と人の関係を築く基盤として，ICTが活用されるよ

うになっている。このICTによって，物理的な制約が解消され，多様な人を同時につなげられるようになった。その変化がIoTとIoEに代表される。それらは，モノとモノ，人と人の結びつきのネットワークの発達を実現し，コンステレーションデザインの重要な要素として機能する。このように地域コミュニティをデザインする際には，ZCTデザインモデルを活用することが有効である。同時にこのZCTデザインモデルは，現在の地域コミュニティが抱える問題点を明らかにする。続いて，その地域コミュニティの問題点を示し，これからの目指す姿を考察する。

(3) コミュニティは果たして理想社会といえるか—コミュニティの課題

これまで確認してきたように，現在，地域防災のためにICTを活用し，コミュニティを実現する取り組みが数多く見られる。そうした事例ではICTの活用に注目が集まる。だが本来，そこで実現を目指す地域コミュニティが有効といえるのかを問う必要がある。それは，地域コミュニティ全体のデザインを問うことである。近年のICT活用による地域コミュニティ創造においては，ICTに焦点が当たることで，コミュニティ全体のデザインが見失われている場合も見られる。それでは，コミュニティが持つ魅力を活かせなくなってしまう。

その原因のひとつには，現在のICTを活用した地域コミュニティ創造の取り組みが，政府や中央官庁がスポンサーとなり，大手のIT企業が支援し，推進する形態をとる場合が多いことにある。そこでの主体は政府や官公庁であり，あるいはIT企業であって，地域のアクターが不在のまま進められやすい。また，国が主体となることで，組織としての役割が強まり，閉鎖的なつながりを生み，もはやコミュニティと呼べない場合がある。

ではなぜ，国が積極的に地域コミュニティ創造を支援するのか。また，それがコミュニティの特徴を損ねるのは何故か。そうした国による積極的な推進からは，大きな2つの意図を読み取ることができる。

ひとつには，地域コミュニティを公共組織の末端組織として位置づけ，地域に対して自己統治による自助を求める意図からである。ただし，それは地域の自治による住民の直接参加や自律を促すことではない。それと反対に中央の権限を一部委譲しつつ，活動成果を評価し，資源配分の調整によって監督権限を強化する動きである(齋藤，2013)。それは間接統治によって，今まで中央の行政が担ってきたコスト負担を地域に負担させることが目的である。

　このように，国による地域コミュニティ成立に向けての取り組みは，行政組織としての階層的な指示命令系統の中にコミュニティを位置づけて，上位からの監視を強化するねらいがある。地域が直面する，貧困や犯罪，教育や育児などの多様な問題に対して，行政が直接介入せず，地域コミュニティの自己解決に委ねる。そして，地域コミュニティを統治のための末端組織として位置づけることで，国や自治体の責任や経済負担を軽くする。国による積極的な地域コミュニティ推進の動きには，そのような意図が働いている(齋藤，2013)。

　しかし，そうした地域コミュニティを国の公共サービスの階層構造に組み込むことは，コミュニティを組織化することであり，コミュニティが本来持つ特徴を損なう。それは，コミュニティのゾーニングを狭く捉え，場を閉じたものとすることである。そこでは，アクターが不在となる。その結果，基盤としてのICTだけが突出し，バランスを崩したデザインとなる。

　また，国が地域コミュニティ再生を支援するもうひとつの意図としては，政治的な文脈がある。それは，パトリオティズム(郷土・共同体愛)を刺激し，それをナショナリズム(愛国心)に組み込もうとする働きかけである。それは，東日本大震災後の繋がりの合唱や，政府が主導する美しい国日本というキャッチコピーから読み取ることができる。それらの動きは，郷土に対する愛着心を利用し，共同体感情を喚起してネーション(国)と地域共同体との同一化を進めるものとして捉えられる(齋藤，2013)。

　こうした，かつての村落共同体における人の結びつきをふるさととして描き，そこへの回帰を唱えることは，人の感情に訴えやすく，グローバル化の進展による競争社会に疲れた人たちを取り込む。しかし，そこで描かれる過去の共同

体像は，想像によって美化された姿であって，現実に存在したものとは異なる。実体は封建時代以降，村落を中心にした共同体内部では，伝統や因習による閉鎖性と集団による抑圧が強く働いてきた。それは外部を排除する閉鎖性としての強固な絆を形成した。そうした因習からの離脱と葛藤を多くの近代文学作品が大きなテーマとして扱ってきた[7]。それを再び理想化し，強い絆の実現を地域に求めることは，同調圧力として，その関係に入らない人たちへの排斥や圧迫となって働く。さらに，そのようなコンセプトでデザインされたコミュニティではICTが，閉じた関係を築き維持するためや，他者への監視のためのツールとして機能しやすくなる。

一方で，地域の住民側に閉鎖と隔絶に向かう指向が見られる。それがいわゆるゲイティド・コミュニティである。このコミュニティは，物理的にも精神的にも周囲と交わらない孤立したゾーンとなる。物理的には壁や塀でその地域を囲い，警備会社などに委託した厳重な監視体制を張り巡らす。

それはその居住地の安全を維持し，限られた人たちで集団を形成し，特別な場所としての資産価値を高めるためである。そのつながりは周囲の地域から切り離された，限定した地域で形成される。こうしたコミュニティは，古くからある地域と離れた場所に他から人が集まり新たなまちづくりが行われる際に発生し易い。また，グローバルなビジネスの成功者は，他からの干渉を嫌い，限定したメンバー間のコミュニティを指向する(Bauman, 2001)。そうした新たなコミュニティは，伝統や歴史などの過去のコンテクストは持たない。その代わりに，先端のICTを活用したさまざまな取り組みが成される。だが，そのコミュニティは囲われた限定的なゾーンとしてデザインされており，周囲の地域とは没交渉となる。

このように，防災のための地域コミュニティ創造というとICT活用に目が奪われるが，その目的やコンセプトと全体のデザインによっては，コミュニティという言葉の意味とは全く違った存在になる。このように，ICTは用いられ方によっては創造的な場を生み出すこともあれば，外部を排除する仕組みや，監視の方法ともなり得る。今後，期待される地域コミュニティの姿は，お互い

が助け合い，人と人のつながりを生む，創造的な場である。

　そうした地域コミュニティの実現のためには，ZCT デザインモデルを活用し，その実現の目的やビジョンや価値を明確にし，ゾーンやテーマ，アクターをデザインする必要がある。それらのデザイン要素が結び付いたところでコミュニティは創造される。ゾーンやトポスデザインとしての，アクターやテーマや場が存在することによって，そのコミュニティは成立し，生きたものとなる。

(4) **オープンなコミュニティの実現は可能か─コミュニティのコンテクスト転換**

　これからの地域の防災をテーマにした地域コミュニティのあるべき姿を考えるヒントとして，Hack For Japan の事例を紹介する。このコミュニティは，東日本大震災後の復興活動において，ICT 技術者が自主的に会社組織の垣根を超えて集まることで生まれた[8]。そのコンセプトは，「コードで繋ぐ，想いと想い」である。このコードという言葉は，プログラムのソースコードを意味する。想いとは，復興に向けて想いをつなぐことである。それは，開発者と被災地の方の想いであり，開発者同士や開発者とデザイナーの想いや，被災地の方同士の想いなどのさまざまな「想い」である。その想いというコンテクストをプログラムというコンテンツで表すことを示している。

　このコンセプトが示す，このコミュニティの特徴は，ICT の技術者が自らの持つ ICT を最大限に発揮し，地域復興に活用しようとした点である。それが地域や組織を超えたオープンで自主的な結びつきとして，人の輪を広げ，創造的な場を生み出した。その活動内容は，ネットワーク上のオンラインとリアル（現実）のそれぞれの場で，お互いにアイデアを出し合い，プログラムを組み立てながら，プレゼンテーションし，ツールなどを作成していく。その活動成果が IT 技術をベースにした，放射線量のチェックができる Android アプリケーションや，ガイガーカウンター制作技術や，写真復元サービスなどの作成と無償提供である。

　その最大の特徴は，このコミュニティをデザイン要素をハッカー（Hacker）と

いうコンテクストとした点である。このコンテクストによって，コミュニティのアイデンティティが決まり，オープンで創造的な場とすることに成功した。HackとはHackerの略語であり，日本で誤用されて定着したイメージとは反対に[9]，元は技術者に対する敬称をあらわす。Hackerとは本来，ものを生み出す人であり，創り出す人である。そして何よりも自由と自発的な助け合いを信条としている人のことを指す言葉である(Raymond, 2011)。

Hack For Japanが目指したHackerとは，その本来の意味である。Hackerは，自らの意志で動き，他者と意見をシェアし，現在の常識に縛られない。自らが良いと感じたことは行動し，手を動かして作ってみる。それでも駄目だったら，また改良し，作り変えていく。自身をそうしたHackerと位置づけるICT技術者が集まった。その原動力は，東日本大震災に直面し，自らが為し得ることを通して震災復興に貢献したいという思いである。それが人を動かし，人を集めた。そうして，それぞれの組織や立場を超えて人が集まるコミュニティとなっていった。

この事例が示唆するのは，人の思いを起点に，その思いに共感した多様な人によって，オープンなコミュニティが形成されるということである。そのコミュニティの繋がりの核となるのは，自由を尊び，何か為したいという思いと，それを実現する熱意を持った，行動する個人である(及川，2012)。このHack For Japanでの講演の言葉を借りれば[10]，その活動の原点には，自らの持つ力を通して社会に貢献し，自らが生きていることの存在証明を行うという志と情熱がある。その志に共鳴した人が集まり，オープンなコラボレーションが生まれる。そうした仲間同士のネットワークが，個人では成し得ないことを達成する(及川，2012)。

そのコミュニティは排他的なつながりではなく，国や公共団体などのスポンサーを前提とした関係でもない。また，それは地域などの物理的な近接性に縛られない。そこには立場の上下関係や，支配と被支配の権力関係は存在しない。相互に支援し合う互助の精神が，場を創り，その場に参加した人が影響し合うことでお互い学び，成長するコミュニティである。コミュニティをデザインす

ることは，同質な人同士の集まりを境界で囲って集団化することではない。コミュニティをデザインすることとは，人の想いに共感した，異なる背景を持った人同士の結びつきを生み，創造性を発揮する場にしていくことにある。それが地域コミュニティとして，地域における防災などの課題解決を実現する。ICTが真に力を発揮するのは，そうしたコミュニティの場においてである。

こうしたコミュニティは，生成し拡張し消滅する生態系(エコシステム)の比喩(メタファー)として捉えられる。外に向けて広がり，変化し続けていく姿が，これからのコミュニティだと言える。そこに「地域性を打ち破り，新たなかたちでの『連帯性／共同性』に基づく，創発的なコミュニティ」(吉原, 2013)となる可能性がある。そこにあるのは信頼のつながりであり，そのつながりは人々を縛るものではない(Bauman, 2001)。

このように，地域コミュニティは，地域を狭く捉え，関係性を固定的なものとして描くことではない。また，地域コミュニティは中央からの統治のための形態ではない。思いの共有を軸にした，創造的で常に変化を繰り返す生態系としてのコミュニティが，これからのコミュニティの在り方である。そのコミュニティは，新たな在り方として，コンテクスト転換を行うことでもある。

おわりに

本章では，近年注目されているコミュニティを取り上げ，コミュニティを実現する方法として着目されているICTの活用について述べてきた。また，地域防災のための地域コミュニティのデザインについて，ZCTデザインモデルをフレームワークとして活用した方法を考察した。

本章で考察したように，コミュニティと言っても，そうして捉えられる中に，さまざまな可能性や意味が含まれている。そこで何を理想とするかは見方によって異なる。そこには地域の防災のために，お互いが支援し合う創造的なコミュニティの可能性がある。その一方で，閉鎖的で排他的な場に向かう危険性もある。また，政府の意図によってナショナリズムに転化することもある。

本章で示したのは，地域防災のための地域コミュニティのデザインとはそのように一言で捉えられない拡がりと多様性を持つということである。特に現在は，コミュニティ創造がICT活用とともに語られることが多い。だがその時重要なのは，ICTに目を奪われるのではなく，前提として，そのコミュニティ全体をどのようにデザインするかである。そのひとつの方法が，本章で取り上げた地域デザインにおけるZCTデザインモデルをフレームワークとして活用し，コミュニティデザインを行うことである。本論におけるこれらの視点が，今後の地域防災コミュニティの実現の戦略と方法のヒントとなることを期待する。

注
1) 第一次が水力や蒸気機関の工場の機械化としての第1次産業革命，第二次が電力の活用による第2次産業革命，第三次が生産工程の自動化による第3次産業革命で，それに続く，第4次産業革命（Industory4.0）を起こすものがICTのCloudなどと言われている。
2) ZCTデザインモデルについては，本章第3節で説明する。
3) こうした特徴を示すのが，データへの論理的操作を意味するACIDである。このコンピュータサイエンスの用語は，コンピュータ上のデータ操作の信頼性を確保するためにこれ以上は分解できないという意味の原子性，不可分性（Atomicity），一貫性（Consistency），独立性（Isolation），および永続性（Durability）の各頭文字から構成された言葉である。
4) 現在は，国を超えての労働競争が起きている。例えば，日本で車の部品を生産する工場で働く労働者は，中国で同じく部品を生産する工場で働く労働者と競うことになる。
5)「白熱教室」というタイトルで講義の様子がテレビで放映され，その講義内容と同時にアクチュアルな講義スタイルが注目された。
6) このデザインという言葉は，記号を表出する行為や，表示する要素の選択という行為や，下絵や素描，図案などの個人の表現活動を示す。そこから派生し，より広義には，目的を実現するために，記号（Sign）の組み合わせを計画し，設計するという意味がある。それはまた，従来のものの見方や制度を変え，あらたな価値として創造する行為である（紺野，2008）。コミュニティをデザインするということは，後者のデザインを意味する。
7) 日本近代文学は特に共同体的なつながりを代表する"家"との関係をテーマにしてきた。島崎藤村の「夜明け前」などがあげられる。
8) そのハッカーとして，代表的な人物が，大学でLinuxOSを開発し，無償提供した，Linus Benedict Torvaldsである。Linuxは多くの「ハッカーのOS」といわれている。

その彼の自伝著書のタイトルが『Just For Fun』（邦題：『それがぼくには楽しかったから』2001，小学館）である。
9）逆に日本では一般にはHackerという言葉には，コンピュータ技術を悪用して他人のコンピュータに侵入・破壊を行う人という否定的なイメージがつきまとう。これは誤用が日本で定着したものであって，そうした破壊行為を行う存在はCrackerと呼ばれ，Hackerと区別されている
10）Hack For JapanでのMIT石井教授の次の言葉からの引用。「技術者は，技術者だからこそできることを通じて社会に貢献し，自分の生きていることの証を，自己の存在証明をしている旅をしているのだと思います。志と情熱さえあれば，オープンなコラボレーションを通して，その志に共鳴する仲間を集めて，個人では不可能だったとてつもない貢献をものすごいスピードで成し得るのです」（及川，2012，p.175）。

参考・引用文献
伊豫谷登士翁（2013）「豊かさを共有できた時代の終焉」伊豫谷登士翁・齋藤純一・吉原直樹『コミュニティを再考する』平凡社新書，pp.47-88。
内田樹（2014）『街場の共同体論』潮出版社。
及川卓也（2012）『挑まなければ，得られない』インプレスジャパン。
紺野登（2008）『知識デザイン企業』日本経済新聞出版社。
齋藤純一（2013）「コミュニティ再生の両義性」伊豫谷登士翁・齋藤純一・吉原直樹『コミュニティを再考する』平凡社新書，pp.15-46。
塩見直紀（2003）『半農半Xという生き方』ソニーマガジンズ。
紫牟田伸子編（2012）『クリエイティブ・コミュニティ・デザイン　関わり，つくり，巻き込もう』フィルムアート社。
遠山亮子・野中郁次郎（2000）「『よい場』と革新的リーダーシップ：組織的知識創造についての試論」『一橋ビジネスレビュー』48（1-2），pp.4-17。
中原淳（2012）『経営学習論』東京大学出版会。
原田保・浅野清彦・庄司真人（2014）「世界遺産の統合地域戦略デザイン」原田保・浅野清彦・庄司真人編『世界遺産の地域価値創造戦略』芙蓉書房出版，pp.23-43。
原田保・宮本文宏（2013）「ソーシャルメディアによる地域ブランドの創造」原田保編『地域デザイン戦略総論：コンテンツデザインからコンテクストデザインへ』芙蓉書房出版，pp.219-236。
濱野智史・佐々木博（2011）『日本的ソーシャルメディアの未来』技術評論社。
三浦展（2011）『これからの日本のために「シェア」の話をしよう』NHK出版。
吉原直樹（2011）『コミュニティ・スタディーズ』作品社。
吉原直樹（2013）「ポスト3.11の地層から」伊豫谷登士翁・齋藤純一・吉原直樹『コミュニティを再考する』平凡社新書，pp.89-124。
渡辺京二（2005）『逝きし世の面影』平凡社ライブラリー。
Bauman, Z. (2001) *Community;Seeking Safety in a Insecure World,* Polity Press.（奥井智

之訳（2008）『コミュニティ　安全と自由の戦場』筑摩書房）

O'Reilly, T. (2005) *What is Web 2.0?*
　　http://oreilly.com/web2/archive/what-is-web-20.html（2015年3月6日アクセス）．

Putnam, R. D. (2000) *Bowling Alone: the Collapse and Revival of American Community*, Simon & Schuster.（柴内康文訳（2006）『孤独なボウリング―米国コミュニティの崩壊と再生』柏書房）

Raymond, E. S. (2011) *How To Become A Hacker*（山形浩生・村川泰・Takachin 訳（2011）『ハッカーになろう』）
　　http://cruel.org/freeware/hacker.html（2015年3月12日アクセス）．

Tocqueville, A. (1835) *De la démocratie en Amérique, I*, Gallimard.（松本礼二訳（2005）『アメリカのデモクラシー』第1巻上・下，岩波文庫）

Tönnies, F. (1887) *Gemeinschaft und Gesellschaft*, Leipzig: Fues.（杉之原寿一訳（1957）『ゲマインシャフトとゲゼルシャフト―純粋社会学の基本概念』岩波文庫）

第5章
災害医療の
ネットワークセントリックなシステムデザイン
―国の防災・強靱化の中核的システム構築戦略―

神藤　猛

はじめに

　21世紀の今日，東日本大震災のような大規模自然災害や，国境を越えて伝播する地政学的脅威，さらには地球規模の環境破壊に的確に対処し安全・安心な社会を構築することは，国際社会の秩序と安定，グローバル経済の持続可能な発展にとって必須の要件となっている。従来の危機管理が前提としてきた世界は，被災環境が複雑であっても，一定の秩序と予測可能性の存在を仮定していた。しかし，人々が自分では気付かないさまざまな影響の下にある今日のグローバル化した生活では，複雑な社会の因果関係は絶え間なく変化し，第1章で指摘された「有事」と「平時」が相互に融合した判然としない(blurring)様相を創り出している。そのため，危機は流動化して拡大伝播し，もはや個人の直感，経験則，知性のみでは乗り切れない時期に来ている(Snowden and Boone, 2007)。

　今日の社会のリスクは非常に複雑に絡み合い，一国の政府が単独で管理し軽減できる範囲を超えたグローバルなリスク(金融危機，国際紛争，世界気候変動，異常気象，感染症パンデミックなど)を含んでいる(世界経済フォーラム，2013)。そのため伝統的なリスクマネジメントの手法だけでなく，政府ICTシステム

を広く包含する強靱化施策など，社会システム全体のレジリエンスの向上を図り，リスク事象が発生した場合の破壊的衝撃を抑制し，コスト効率性に優れた復旧活動にシフトする体制が重要になる。特に安全・安心に関する強い要請と相俟って，大規模災害から感染症パンデミックに至る，多様なインシデント（incident：重大事故）に有効に対処する，災害医療システムの構築は喫緊の課題となっている。

　本章では，災害救援活動の中心となるネットワークセントリックな災害医療システム（神藤，2008a）を，単独の機関では解決できない災害問題の解決を担い，国の防災・強靱化の中核となるシステムとして捉える。多数の傷病者が発生し，地域の医療資源が不足する状況の中で，最も緊急性の高い傷病者を最初に治療する平時の戦略から，緊急性が高くかつ救命の可能性のある重篤の傷病者に医療資源を集中する有事戦略のコンテクストの転換と，その深層にあるシフティング体制の構築戦略を論究する。

　第1節ではネットワークセントリックな災害医療システム，第2節では災害医療戦略とプロセスデザインの実際，第3節では安全・安心な災害医療ためのシフティング体制の展望が論じられる。

第1節　ネットワークセントリックな災害医療システム

　首都直下型の巨大地震やテロなどの大規模事故災害（Major Incident）では，広域災害医療の成否が，医療システムの自律的な運用に強くかかる点で，平時の救急医療とは大きく異なる。災害医療の速やかな立ち上げは，安全・安心な社会の最も重要な課題となる。ネットワークセントリックな災害医療システムは，従来の中央に集中する指揮統制に依存した階層型システムと比較して，組織行動の速度も速く，力も大きく，生存能力も高いことを明らかにする。

(1)　大規模災害と災害医療プロセスの構築

　災害は大きく分けて自然災害，人為災害，特殊災害に分類される。Gunn

(1990)による災害の定義では「人と環境の生態学的な関係における広範な破壊の結果，社会が対応するのに非常な努力を要し，被災地域からの援助を必要とする規模で生じた，深刻かつ急激なできごと」(p.23)とあり，多くの場合，広範大規模な破壊により多数の集団に被害が及び，残存する救急医療体制では対処できない。したがって，傷病者の救護活動，応急処置と搬送など，広域・多方面の資源の動員が必要になる。傷病者が短時間に大量に発生し，必要な資源が大幅に制約されることから，被災の内容，地理的条件，環境，自然条件などさまざまな条件の中で医療資源を最大限に活用し，各傷病者の必要に応じて適切な医療を施すことが重要になる。特に災害急性期の，予防し得る死(Preventable Deaths)の回避は最大の課題になる。

被災地の厳しい環境の中で災害医療を成功させるためには，傷病者の迅速な判定と選別，適正な病院の選定と確実な医療搬送を満たす，災害医療プロセスの構築が大前提となる。また大規模災害では，医療能力や病院施設の準備とともに，傷病者に最初に接する消防の救急隊員，救急救命士，混乱する道路を交通統制する警察官との連携など，関係各機関の円滑な協働を可能にするクロスファンクショナルな調整機構が必要になる。

特に被災地では，災害医療組織の他に，自治体，消防，警察，自衛隊，民間の災害医療チームDMATなどさまざまな組織が関与し，非常に複雑なオペレーションが展開される。そのため，災害における単独の専門機関では解決できない問題を担う，複数の部門や各専門組織を横断する調整機構として，関係機関が能動的に自らの役割を果たしながら，緊密に連携できる協働の枠組みが求められる。

災害医療システムの世界標準ともいえる英国のMIMMS(大事故災害への医療管理支援：Major Incident Medical Management and Support)では，自然災害，大事故，テロ攻撃など多様なハザードを想定し，医療資源の損失を最小限に止め，中核となる医療プロセスの運用継続と早期拡充を担う組織が，いかなるインシデントにも対応可能なようにデザインされている。現場では，まず被災現場を正確に評価(Assessment)し，安全(Safety)を確保して，トリアージ(Triage：重

軽傷のふるい分けと緊急度に応じた並び替え）を行う。次に傷病者搬送(Transport)と病院の治療(Treatment)を行う中核となる3T医療システムが構築される。その結果，多機関の協働を調整する指揮情報伝達(Command and Communication)を含み，その頭文字をとったCSCATTTの全過程が，目標時間内に優先して実施すべき災害医療プロセスとして開始される。

　災害医療プロセスは，トリアージ(Triage)，医療搬送(Transport)病院の確定的治療(Treatment)の3Tを中心に設計され，各プロセスは自律的かつ円滑に機能するよう構築される。これにより被災地の厳しい制約の中で提供可能な医療サービスのレベルに応じ，傷病者は緊急群と非緊急群に選別され，搬送，治療に携わる災害医療チームの増強と拠点病院の活動が割り当てられる(Advanced Life Support Group, 2005)。その特徴的な行動方式は，適切な傷病者を緊急度，重症度に見合った適切な医療機関に搬送し，最善の医療を施す理念に基づき，医療資源を割り当てる点にある。

(2) ネットワークセントリックな災害医療システム

　被災直後の現場では多数の人々に被害がおよび必要な情報も破壊され，被災者のうち誰がまだ救出されていないのか，トリアージを受けた傷病者がどの経路でどの医療機関に搬送され，現在，いかなる状態なのか誰にも掌握できなくなる。トラッキング問題が多数発生し，医療の供給と需要が破壊され，ライフラインも途絶している状態では，被災者を救出しトリアージを行い，搬送後直ちに治療を開始する。本格的な災害医療を軌道に乗せるためには，多くの時間が経過することが多い。

　重篤な傷病者の治療では，時間が決定的な要素となる。このため，災害現場のトリアージでは，救命不可能な傷病者に時間をとりすぎないこと，救命の可能性が非常に低い者よりも救命可能性の高い重篤な傷病者から順に救護搬送に当たることが災害医療の本則となる。災害医療の危機管理で重要なことは，傷病者が適切な病院で確定的治療を受けるまでの医療プロセスの意思決定サイクルの流れと，最速の組織行動を創り出す点にあり，これが円滑に行くことで救

命率は大きく向上する。

　この問題を解決する従来の調整機構は，常に中央が危機管理の構造，機能，情報を把握し，一元的な指令統制による機能中心型のシステムとして，平時の環境変動があまりないか，あってもパターンの変化が予測可能で，概ね経験則に従い推移する場合に，全体最適を担保する事ができた。他方，このような一元的に最適化された調整機構では，大規模災害の医療活動のように，行動が多岐にわたり短周期で変動する多目的な状況下では，無力となる場合も少なくなかった。

　被災地では，社会インフラが破壊され，予期しない異常事態が多発する。被害が甚大なほど，情報が破壊され発信もない混沌とした状況であり，完備完全な意思決定は不可能に近く，むしろ非効率になる。その場合，絶え間なく変化する危機的状況に即応して生存者の救命に必要な意思決定を確実に行うことが問題となり，たとえ最適性の保証がなくとも，十分に実用に供し得る最善の意思決定と迅速な行動を至短時間で繰り返し反復できることが最も重要になる。

　近年，この問題解決の方法として，大規模災害のように環境が絶えず変化し，何が起きるか予測し難い環境の中で互いに知識を共有するネットワークから生まれる，被災状況の共通の認知(Shared Awareness)をもとに意思決定を行い，地理的，組織的に広範囲に分散したシステムの構成単位となる組織モジュールを，利用者と提供者の取り決めに応じ動的に結合し，それらを協調的に動作(Self-Synchronization)させ，俊敏(Agile)に問題を解決するシステムとして，ネットワークセントリックな危機管理組織が考案され，軍事分野で成功を収めた(神藤，2008b)。

　このシステムは，一部機能が欠落しても，最善の満足化基準に基づく自律的意思決定を行い，運用の継続性(BCP)を維持して被害局限を図り，被災地から波状伝播する破壊的影響を押さえ込む。その際，医療，消防，警察，自治体などの連携組織が共有する知識情報基盤(Awareness)と，多機関協働のコラボレーションから生まれるセンスメーキング(Sense making：今何が起こっているかの体験を理解可能な世界観に転換し，共通の被災観に織り込む)が危機管理を成功

させる重要な鍵となる(Weick and Coutu, 2003)。

　米国の多機関協働調整システム(MACS：Multi-Agency Coordination System)は，地域の災害支援活動に大きな影響を与える調整統括機構として，大規模災害の影響を早期に阻止し，国や地方など関係機関の円滑な協働を可能にしている。MACS は，知事などの直接補佐を目的に，関係機関の連携協働の責任を根拠に各機関の緊急対処手順を円滑に実施するため，相互の協力と連携に必要な施設，装備，人員及び行動，通信連絡手段を組み合わせる協働のシステム(調整機構)として構築されている。急性期の被災地の変化に的確に応ずるためには，かかる機構により組織モジュールを臨機に結合して，災害医療組織が関連機関と協働して，迅速な災害医療活動を行う仕組みが求められる。

　その場合，関連行政システムのクラウド内にあって，災害医療組織の柔軟な能力の組み替えと融合が可能なネットワークセントリックな災害医療システムが有効となる。医療搬送では，ドクターヘリ，航空機空輸を活用し，搬送に際してネットワークのハブとなる中継地点に患者を安定化させ搬送する SCU(Staging Care Unit)や，ビークルに同乗する救護班を置く。また，通常被災地内での医師の確保は困難が予想されることから，被災地外から相当数の災害派遣医療チーム(DMAT)が投入される。

(3) 自律分散型システムの特性を活かした災害医療

　今日，ネットワークセントリックな危機管理システムはクラウドコンピューティング技術を導入し，その発展を益々加速させている。そこでは組織の運用を固定的な組織構造により，決められたように機能させる機能管理系のみで考えるのではなく，個別の危機に対応する多様な組織が存在し，それらが結合された結果，総合的な危機管理が成立するアーキテクチュアに基づき，クラウド内に構成される臨機のネットワークを活用した，独自の危機管理系を構築する仕組みに発展している。その結果，意思決定主体をより危機の場に近い組織に分散しておき，各モジュールが外部環境とのインターラクションを通して自律的に行動し，自らの目的や任務，環境，他の組織の挙動を認知しながら全体と

してまとまった秩序を形成し，多様な変化や危険に柔軟に対応する，緩やかに結合した自律分散型の組織が成立する．

この運用は，複数の組織が単一の意思決定機構から詳細な指示を受け，厳密に正確な行動をする結果生まれるものではなく，危機管理の知識創造という観点から，渦中にある主体が自己を固定的に捉えず，他の主体との相互作用の中で絶えず学習を行い，自らに立ち戻り拡大した知識情報基盤の上で行動する事を意味する．またこのように，組織の境界を越えて組織行動を結合するためには，組織の境界は弾力的で在らねばならず，ここに固定的なプラットフォームという概念から離れて，組織の境界を弾力化・流動化するネットワークという概念が導入された基本的な動機がある．

災害医療では，対策本部などから詳細な指示を受けることなく，プロセスを自律的に構成し運用することが，医療継続のキーポイントとなる．被災現場の災害医療のプロセスは，重篤の傷病者に残された少ない時間で確実な医療を提供できる，高い信頼性が求められる．そのため常続的な情報収集と，傷病者の位置やバイタルサインを精確に追跡監視する搬送制御が必要になる．また，不測事態が多発する被災環境では搬送計画は乱れがちであり，受け入れ先病院の緊急事態の発生など，過酷な環境条件の変動にシステムが素早く適応して医療を持続する変化に強いシステムが求められる．さらに，一度システムが立ち上がれば，休むことなく24時間運用され運用を継続しながら被災地の要求に合わせ，プロセスを臨機に再構成できる段階的な拡張性が求められる．そのため，絶えず環境に適合し医療を継続する，強靱性に優れた自律分散型のシステムが有効になる．

自律的で自己完結的な運用に着目する理由は，急性期の災害医療が孤立した医療組織の集合体からなり，大規模災害への耐性を考えた場合，常に順調に稼働する3Tのサブシステムだけを前提にする事が出来ない点にある．自律性の概念は，さまざまな状態のサブシステムを含みながら医療を継続する広域災害医療の要求と合致する．そこでは，各医療モジュールがそれぞれ独立した状態で作業し，その場の状況に適応的な対応を行いながら，全体としてまとまった

破綻のないプロセスを構成することが求められる。自律分散型の災害医療システムがこのような要件に優れているのは，① 自律的制御性：他のいかなる医療モジュールが機能不全であってもそれ以外の医療モジュールは原則的に影響を受けず，自己完結的に運用を継続する，② 自律的協調性：他のモジュールが機能不全であっても，残余のモジュールが，相互に各々の目的を充たしながら協調する，③ 自律的機能性：災害医療のシステム内に機能変更・拡張，不調の各モジュールが常在する前提に立ち，どの程度の機能があれば，時々の医療の総需要を満たし，医療を継続できるかを重視した段階的な運用を行う3つの特性による。

さらに重要なことは，災害医療プロセスの深層には，人々が不測の事態をいまだ芽の段階(軽微なインシデントの段階)で察知し，拡大を防ぐ体制が敷かれている点にある(中西，2007)。事態の拡大防止が困難な場合には抑制に力を注ぎ，抑制が利かないときには，システムの強靱性を活用して迅速に復旧を図る，組織に根付いたマインドが運用の継続性を担保する。そのため現在の状況で何が問題なのか，どのような対策があるのか，妥当と思われる解釈を絶えず継続的に更新し深めようとする，不測の事態に備えた戦略を生み出すマインドがある(Weick and Sutcliffe, 2001)。

第2節 災害医療戦略とプロセスデザインの実際

戦略の策定と実現にかかわる，計画(Plan)パターン(Pattern)ポジション(Position)パースペクティブ(Perspective)計略(Ploy)の頭文字をとった，Mintzberg(2008)の戦略の5Pの概念(図表5-1)をテンプレートとして使用し，災害医療戦略は何を実現するために策定し，実行するのか，いかなる価値を最大化するのか，戦略の目的は何か，災害医療プロセスが実現すべき最終的成果とその関係を，災害の実相に基づき議論する。

(1) 災害医療と戦略の5P

　平時の救急医療は医の原点として、かつすべての国民が生命保持の最終的な拠り所とする、根源的な医療として位置づけられている。災害時には、さらに臨機応変の鋭敏な意思決定と生命の危機管理が求められる。トリアージと搬送を含む病院前救護は、災害医療の際だった特徴であり、傷病者の生死を左右する極めて重要な領域であり、重篤の傷病者が拠点病院に搬入されれば、一転して戦場に化す。治療すべき傷病者の数が、利用できる医療資源を大きく超えると予測されるときは、救護、搬送、治療の優先順位を決定しなければならない。すなわち緊急性と生存の可能性を同時に考慮し、優先順位の決定に勝算をもたらす戦略が求められる。

　Mintzberg(2008)は戦略の定義にふれ、戦略を目的と目標、その達成に必要な方針と計画のパターンからなり、どのような活動に従事し、どのような組織にすべきかを表明したものとして、組織は将来の計画(Plan)を展開し、また過去の集積からパターン(Pattern)を見いだす。前者を意図された戦略、後者を実現された戦略と呼んだ。Chandler(1962)は、意図された戦略として、組織は

図表5-1　ミンツバーグの戦略の5P

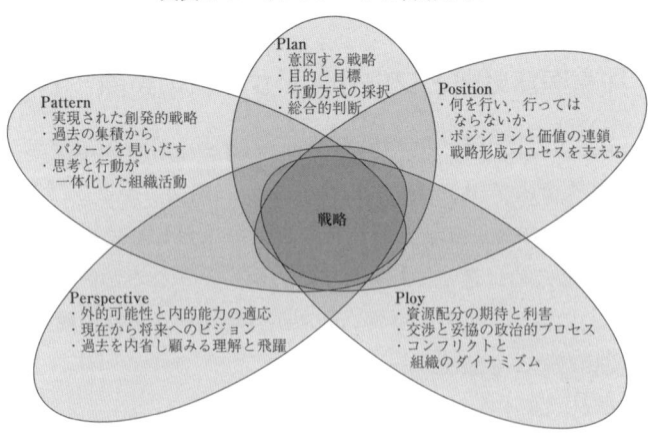

Plan
・意図する戦略
・目的と目標
・行動方式の採択
・総合的判断

Pattern
・実現された創発的戦略
・過去の集積から
　パターンを見いだす
・思考と行動が
　一体化した組織活動

Position
・何を行い、行っては
　ならないか
・ポジションと価値の連鎖
・戦略形成プロセスを支える

Perspective
・外的可能性と内的能力の適応
・現在から将来へのビジョン
・過去を内省し顧みる理解と飛躍

Ploy
・資源配分の期待と利害
・交渉と妥協の政治的プロセス
・コンフリクトと
　組織のダイナミズム

戦略

出所）Mintzberg(2008)を参考に筆者作成

基本的な長期目標と目的を決定し，さらにこれを遂行するために必要な行動方式を採択し，諸資源を割り当てる。その結果，組織は戦略に従うとした。

　Mintzbergは重要な疑問として，実現された戦略は最初から明確に意図したものばかりではなく，行動が集積され学習する過程で，戦略の一貫性やパターンが形成される創発型の戦略があり，戦略は計画的に策定されると同時に創発的に形成される。したがって，効果的な戦略とは予期せぬ出来事への対応力と予測能力を兼ね備えた，2つの戦略の組み合わせであるとした。

　戦略家は新たな情報に接したとき，今までの情報と記憶を含め，全体系を直観的に把握する。論理的思考を順次つなぎ合わせるのとは対照的に，無関係に存在する記憶を集積し，あるときは即座に，無関係な記憶の間の関連を洞察する。戦略の形成は人間の認知及び社会的プロセスの中で最も洗練され，微妙かつ先験的で，黙示的な知識を含む複雑なプロセスである。その意味で，戦略家は日常業務から自分を切り離す人物ではなく，逆にその中に没頭し，そこから戦略的メッセージを読み取る人物であるとした。

　そこには，Selznick(1957)がDistinctive Competenceと呼んだ，戦略を独自性のある組織のコンピタンス(Competence)から構想し，組織を取り巻く外的可能性と内的能力の適合を戦略に反映させ，戦略実行後のはるか先まで影響を与える基本理念から観た，パースペクティブ(Perspective)としての戦略がある(Collis and Montgomery, 1995)。さらに，戦略が外の世界と接する境界として製品・医療サービスなどが顧客と出会う場所には，特定の市場における特定の製品・サービスの位置づけとしてのポジション(Position)があり，その識別を生む源泉として，Porter(1996)は戦略の本質は何を行い，何を行わないかの決定にあるとし，戦略は，他の組織とは異なる一連の業務活動を伴う，独自性のある価値の高いポジションの創造であるとした。これに対し，Mintzbergは，ポジショニング自体は戦略形成のプロセスとは異なり，その真の役割は戦略形成のプロセスを支えるところにあるとしている。また組織が置かれた環境に目を向けた場合，組織は独立に機能するのではなく，サプライアー，競合相手，顧客など多くのステークホルダーと複雑に影響し合いながら機能する。そのた

め戦略の形成は，不安定な環境，競合する目標，見解の違いや資源の希少性など，期待や利害が入り混ざった不透明な要素を含む，優れて政治的なプロセスとなる。そこには，時として価値観の異なる個人やグループ間で進行する，交渉や妥協に必要な計略(Ploy)がある。

(2) 医療プロセスのデザインと災害医療の実相

実際，災害医療戦略を必要とする被災地では，傷病者が大量に発生し，医療需要が供給能力をはるかに超える本質的特徴を有する。重篤の傷病者の治療には，時間が決定的な要素となる。外傷治療では受傷から1時間が最も貴重な時間とされ，外傷死亡例の多くは受傷後2時間以内に起きる。この間，捜索救助に手間取り，あるいはトリアージの混乱や救急資材の不足，必要な検査や画像診断の選択に時間が経過すれば，全身状態は急激に悪化する。また24時間以降の生存者の発見は極度に少ない(辺見監修，2000)。

実際に阪神淡路大震災では，107の医療機関に7,888人の傷病者が殺到し，3つの中規模の医療機関(病床数140～190)に3,000人が集中した。病院の態勢は，電気・ガス・水道のライフラインの途絶により緊急手術，人工透析は約半数の病院で不能であった。多くの人々が病院に殺到した結果，傷病者のふるい分けトリアージがうまくいかず，多数のパニックになった軽傷者の中に無言の重傷者が埋没し，結果として，重篤の傷病者の2次トリアージが効果的に成立しなかった痛恨の事例がある(内閣府，2000)。

このため図表5-2に示すように，限られた医療資源での救命を最優先する戦略に基づき，ふるい分け(1次トリアージ)を行い，傷病者を緊急群(赤，黄)及び非緊急群(緑，黒)に色分け選別し応急手当を行う。現場では，気道開放，意識，呼吸，循環の理学的評価に15秒，全身観察による解剖学的評価と合わせて2分以内に行うことが目標となる(JATEC：日本外傷学会・日本救急医学会，2004)。重傷者の救命には病院の総力を結集する必要があり，専門医が多数の軽傷者に忙殺された場合，重篤な傷病者への対応は困難となる(辺見監修，2000)。そのため大量に発生する軽傷者は，拠点病院へは搬送せず，救護所などでの大量の

標準型の治療で対応し，希少な高度の医療資源を節用する計略(Ploy)が用いられる。

この一見非合理に見える計略が，医療の需要と供給の均衡が破壊された災害医療では，最も緊要な時期に，最も医療を必要とする重篤の傷病者に希少な医療資源の集中を可能にする。重篤な傷病者を救い，多数の軽傷者の間で発生するパニックを沈静化する「最大多数に最善を尽くす」(the greatest good for the greatest number)パースペクティブ(Perspective)に基づいた有事の災害医療戦略を実現する。そして災害で発生した多数の傷病者を，適切な時間内に緊急度・重症度に見合った医療機関に搬送し，適切な治療を受けられるようにする"the right patient in the right time to the right place"が戦略の実現に必要な災害医療計画の骨子(Plan)となる(JPTEC協議会編，2005)。

そのため，治療優先度を決定する2次トリアージにより，直ちに処置を要する傷病者を最優先治療群の赤に，多少の治療の遅れで生命に別状のない傷病者を，準緊急治療群の黄に識別し安定化処置を行う。急性期医療では緊急群の急性病態が速やかに進行するため，傷病者に与えられた選択の余地は限られてい

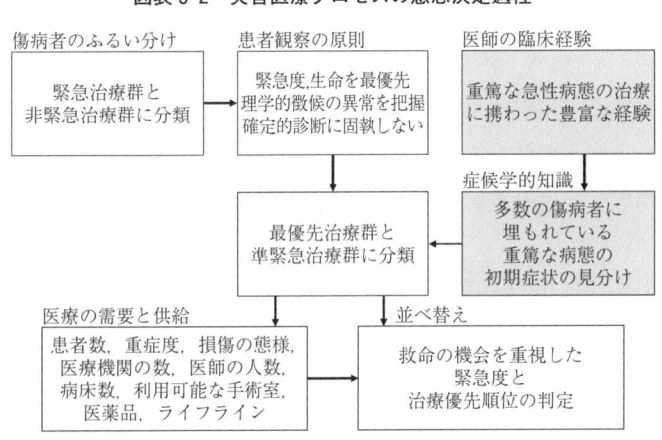

図表 5-2 災害医療プロセスの意思決定過程

出所）筆者作成

る。緊急性の高い傷病者の初期治療，該当科への振り分けと重篤な病態の見分けが大切であり，軽症に見える初期症状に隠された重篤な傷病の判定には，広い症候学的知識と十分な臨床経験が求められる。実際，過去の集積から傷病のパターン(Pattern)を見出す，重篤な病態の治療に携わった豊富な経験がなくては，多数の類似の傷病者の中に埋もれた，重篤な病態の初期症状を見分けることは困難とされる。

戦略のポジショニングを，医療の需要と供給に応じ医療サービスを異なる方法で行うこととするならば，ポジショニングは傷病者の問題解決のための戦略形成の支柱となる。鍵となるポイントは，意思決定の起点となるトリアージで，重篤な傷病者に集約される高度な医療と，多数の軽傷者に必要な標準的医療の2つのポジションに傷病者を確実に分離し，医療プロセスを2つのタイプに特化させ，大量の傷病者の殺到による致命的混乱を回避する点にある。

第1の高度集約型の医療プロセスは，救命を中心的なバリューとして設計され，傷病者の独自の病態に合わせ，重篤な傷病者と広域に分散する拠点病院を臨機に結合し，限られた資源と時間の中で特殊な救命問題を解決するプロセスとして構築される。第2の大量治療型のプロセスは，避難所の多数の軽傷者に均質な治療を速やかに，隈無く行きわたらせる診療システムとして構築される。復旧・復興に必要な軽傷者の早期社会復帰をバリューとして設計され，通常の定型的治療を大量の医療セットで提供し沈静化を図る。傷病者を2つのタイプに確実に分離し，拠点病院に重篤な傷病者を集中させ，大量の軽傷者を複数の避難所に分散するデザインが，殺到する多数の軽傷者の中に重篤の傷病者が埋没することのない災害医療の構造を創り出す。

(3) 災害医療戦略と価値の最大化

大規模災害は，時間と場所，規模と内容，起こり方など，すべてが予期しない条件下で発生する。道路の混乱，通信手段の壊失など，利用できる資源と搬送手段が限られる中で，トリアージポストに多数の傷病者が集中し，次々に送り込まれてくるような流動的な状況では，トリアージ統括者は，注意深く時間

をかけ詳細に計画するよりも，実現可能な望ましい計画を頭の中でイメージをし，そのパターンに沿って行動できる能力が求められる。

組織は行動により記憶され，行動は採用される組織ルーティンにより説明できると見るならば(Nelson and Winter, 1982)，トリアージはこのような不確実な環境の中で，限られた医療資源で最大の医療効果を上げるための技術として，多年にわたる医学知識と経験の蓄積の中で，傷病者の経過を即座に把握し対応する組織ルーティンとして発達してきた。災害医療プロセスに本質的につきまとう不確実性を縮減するため，トリアージは，被災現場，救護所，搬送前，病院選定前，医療機関入り口，診療科待合室，手術室待機室など，3Tプロセスのさまざまな場所で繰り返し行う時間的位相を含めたものとなる。また災害医療組織は，このようなトリアージタグの色による情報の伝達とそれに基づく行動に関して，統一した解釈と一定の基準を整え，その管理情報と傷病者情報を通じて，災害医療における共通の表現，理解，組織行動を結びつける特別の情報構造を備えている(山本・鵜飼監修, 1999)。

ただし，トリアージによる傷病者の合理的選別は，最も本質的なことではあるが，被災環境の複雑さと混乱は，しばしば計画的コントロールを不可能にする。このため3Tプロセスの統括者による，ポジショニングの基本ルールの遵守は，個々の傷病者の選別よりもはるかに強固な意思を必要とする。災害医療を成功に導くポジションに到達することと，多数の傷病者を選別する重圧に耐え，そのポジションにとどまることには大きな違いがある。プロセス統括者は業務から自分を切り離す人物ではなく，逆に災害医療組織のおかれた状況に密接に関与し，傷病者の流れを掌握し，そこから災害医療プロセス全体の戦略的メッセージを読み取る戦略家の姿となる。

災害医療の本質的な問題は，最優先治療群(赤)と待機治療群(黄)とに分離された緊急治療群を搬送トリアージする時点で出現する。医療搬送は時間的な制約が大きく，現場の混乱，交通渋滞による搬送の遅れは，傷病者にとって致命的なリスクになる。したがって，地理的条件と病院の損壊の程度に応じて，重傷者を直近の医療機関へ最速搬送(Scoop and Run)を優先するか，重中等症者

への応急処置と損傷部位の固定などを行う安定化処置(Stabilization)を優先し，その後に搬送するかを決断する．その場合，緊急手術で救命可能と判断された重篤な傷病者は，直近の病院へ直送する．近隣の医療機関では十分な対応が困難と判断された緊急治療群(赤)には応急処置を行い，可能な限り安定化させ準緊急治療群(黄)の状態にして，確実に対応が可能な遠隔の高次医療機関に向け，ヘリコプターなどの航空医療搬送によるトラウマバイパスが計画される．

トリアージは治療優先順位を決定する一方で，順位の低い軽傷者は，医療の機会を重傷者に譲ることになるので，災害医療全体の所要の中で最善の順位が追求される．特に外傷による重篤な急性病態は時間の経過とともに急速に進行し，病院の根本治療による以外，途中でこれを改善することは期待できない．重篤な傷病者は，適切な時間内に適切な医療機関への搬送が必須になる．結果として，1次トリアージで軽傷者とそれ以外にふるい分け，振り分けられた傷病者を2次トリアージで緊急度・重症度に従って並び替える治療優先順位の決定は，傷病者全体の予測死亡率の増加を最小限に抑える医療を可能にする．このとき，戦略が何を意図し，いかなる価値を最大化するのか，その深層には① 全ての人にとって，生命は最も価値の高い基準であり，傷病者一人ひとりの生命は平等である，② 生命は四肢に優先し，四肢は機能に優先し，機能は美容に優先する，③ 全ての人にとり平等な価値を有する生命の最優先を，全体として最大化すべき社会的最善化の基本原理とする要諦がある．限られた医療資源で，最大多数に最善を尽くす理念に従う，全傷病者の予測生存率の最大化が戦略の目的となる．

第3節　安全・安心な災害医療のためのシフティング体制の展望

ネットワークセントリックな災害医療システムのように，部分が全体と重要な関係を持ち，ネットワーク自体が全体的な性格を帯びる場合には，災害の混乱の中で，システムが中核的機能を遂行し続け，衝撃に耐え，適応し，その後，望ましい平衡状態に回復するシステムの強靱性は社会に大きく貢献する．複雑

多様なリスクとその衝撃に耐える，平時と有事のシームレスな災害医療のシフティング体制を展望する。

(1) 災害医療プロセスの危機管理

助かる命を確実に助ける災害に強い社会の実現のためには，被災地での救助，行方不明者の捜索，必要な人員や物資の輸送など，人命救助と行方不明者の捜索活動が第一義となる。輸送網が寸断され，ライフラインも途絶している状態では，救助活動を軌道に乗せるためには国の救援が必須となる。国の支援活動も，急激に増大する災害関連業務の錯綜，混乱，渋滞により，被災者および被災地域に必要な活動が滞る可能性があり，厳しい被災環境において，自己完結的な行動能力を有する警察，消防，自衛隊の各部隊が，本来の所掌以外の支援を求められる場合も少なくない。

地域災害医療システムの強靭性の評価では，関連するさまざまなリスクを，社会システム全体の組織的文脈において定義する必要がある(Kaplan and Mikes, 2012)。ここでは，災害医療システムを取り巻くリスクを正確に識別するため，リスクを図表5-3に示す次の3種類に特定し議論する。

図表5-3 社会システムのリスク構造

	内部リスク	戦略リスク	外部リスク
リスクの内容	プロセスの崩壊や人為的なミスなど社会で予防可能なリスク	戦略的効果とリスクを比較し，社会が自ら進んで取るリスク	自然災害や 政治紛争，マクロ経済変動等，国や社会の影響力と制御を超えるリスク
リスクへの対応	組織内で発生，排除と回避は可能	リスクの発生確率を下げ，リスク被害の抑制は可能	事象発生は防止出来ない，影響の緩和に絞って管理
リスク管理モデル	内部監査機能	リスク緩和のための資源配分	社会システム全般の強靭性を強化 シナリオ・プランニングとウォーゲーム

出所) Kaplan and Mikes (2012)を参考に筆者作成

これには，① 内部リスク：災害医療システムの内部で発生し，本来制御可能で，排除し，回避すべきプロセスの崩壊や人為的ミスなどの予防可能なリスク，② 戦略リスク：潜在的な行政効果とリスクとを比較した際に，災害対応の関係機関が合理的に判断し，戦略的に得られる大きな効果のために，戦略実現の途上で遭遇を予期するリスク，③ システムの外部リスク：大地震などの自然災害，大規模事故災害，マクロ経済変動など，必ずしも政府の影響力や統制力が及ばない外部事象から生じる，人間の影響力や行政組織のコントロールを超えるリスクがある。外部リスクは非常に複雑に構成され，政府が単独で管理し軽減できる範囲を超えたグローバルリスク（金融危機，国際紛争，気候変動，異常気象，感染症など）を含む。

　医療システムが直面するリスクの質的な違いを理解するために内部リスクの構造を見ると，医療技術は飛躍的な進歩を遂げているものの，災害医療を取り巻く環境は不確実性を避けて通ることが出来ない。医療は経験に基づく知識，創造的な洞察力，直観的な認識が重視され，医師の臨床決断には，大量の複雑な情報を単純化しようとする認知作用と教育，訓練，経験を通じて形成されたバイアスとの複雑な相互作用が指摘されている。そのため不適切な行為のコンプライアンス・リスクに加え，医療判断の破綻によるリスクに対応するため，医療プロセスを監視し，望ましい規範へ導く規則，統合された組織文化によるコンプライアンス・モデルなど，内部監査機能によるリスク統制を見直し，発生をコスト効率的に排除する積極的な予防策が必要になる。

　戦略リスクは，医療組織が総合的に判断し，より大きな戦略上の利益を得るため，計画の途上で出現が想定されるリスクをいう。例えば，航空医療搬送は，時間的変動要素のリスクが最も高く，航空輸送（気圧，加速度，震動，騒音）の負荷が傷病者及び医療行為に加わり，地理的条件や交通条件，あるいは天候・気象などの環境変動による搬送の限界や，移動中の通信の輻輳など技術要素も影響し，医療搬送は後方遠距離になるほど把握が困難になる

　特に，広域緊急医療搬送では，危機的事象発生のシナリオの選定が難しく，システムが複雑化するにつれ，小さなエラーやメンテナンスの問題発生が避け

られない。またインシデントが生起しても、原因をいくつかの問題に特定することが困難で、危機事象が引き起こす結果事象、特に損失の見積もりは、実際にインシデントが発生しないと非常に難しい。戦略リスクの克服には、目標に複雑に関係する複数リスクの相互干渉に関して、正負双方向の評価が行われる。リスク対策と運用計画のポートフォリオ作成では、想定するリスクの生起確率を下げ、リスク事象が発生した場合に効果的に緩和するなど、リスク発生率と衝撃のコストを効率よく逓減する方策が追求される。

外部リスクは、大規模自然災害、重大事故など災害医療システムが克服すべき最終的なリスクになる。システムが崩壊する仕組みが見えにくい、いくつかのエラーや状況が重なり蓄積され、システムが突然崩壊するノーマル・アクシデントの問題を含み、あるリスクを抑制すると別のリスクが増大する。リスクの低減に伴いシステム全体の効率も下がる場合も多く、リスクの脅威評価は、最終目標である人間の視点から総合的な判断が必要になる。そのため、コンプライアンスに関する組織文化、伝統的なリスクマネジメントの行政手法のみでなく、災害医療システムを広く包含する、社会システム全体の強靱化施策を推進し、協働の促進を図りリスク事象の破壊的影響を阻止し、コスト効率性に優れた、強靱な社会システムの構築に総力を結集することが最も効果的となる。

(2) 災害医療プロセスを支える社会システムの強靱性

工学の強靱性の概念は、衝撃を受けた後に元の状態に戻るとともに、衝撃に耐え、かつ衝撃による阻害を緩和する能力とされてきた。社会システム全体に本概念を拡張した場合、「大規模地震のような破壊的事態において地域の社会システムが被災した後、公的・私的な社会サービスが機能不全に陥る期間と、その被害の大きさをシステムが縮小し回復できる能力」として捉える事が出来る(Vugrin et al., 2010)。

強靱性の構造は大きく2つに分けられる。危機の後に迅速にシステムを立ち上げる力と、衝撃を緩衝吸収し、環境の変化に適応する力の両方からなる。その場合、システムの堅牢性、冗長性、臨機応変性などの内部特性があり、さら

にシステムの対応力と回復力の外部特性からなる，計5つのパラメータにより強靱性が評価される（図表5-4）。

大規模震災で地域社会システムが被災した場合，通常の域内の救急体制では対処できない。そのため地域の拠点病院を中心に災害医療ネットワークを構成し，自治体，警察，消防と緊密に連携する協働が求められる。広域災害医療の成否は，災害医療のコーディネーター部門が，災害規模，傷病者の数と種類，被災地から拠点病院までの交通，受け入れ先病院の能力に関して可能な限り正確な情報を掴み，統合的な意思決定を行う枠組みに掛かっている。災害医療のシフティング体制を，災害派遣部隊の到着から，捜索救助，搬送，病院での治療，避難所での救護及び生活支援に至る，一貫した総合的な災害医療プロセスに拡張して捉え，その全過程を制御し組織横断的に調整機能を発揮する，重層的な3段階のシフティング体制を次に示す。

第1に，自治体は緊急対処手順に従い，即座の自律的対応により地域社会の被害を局限し，波状伝播を阻止し行政機能を維持する能力を備えなければならない。具体的には，災害用の糧食，飲料水，燃料などの備蓄を行い，あるいは防災関連の組織が，前後の組織の役割も相互に機能分担できることを前提とした直列のロバストな結合能力を構築し，また同一機能の組織を並列配置して被害局限を図る構造を導入する。地域防災の問題や課題に対しては，実情に即した自治体自らの判断と対処を基準に，社会システムの内部に災害に最も効果的・

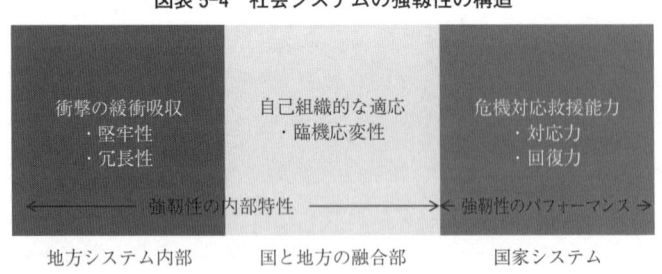

図表5-4 社会システムの強靱性の構造

衝撃の緩衝吸収 ・堅牢性 ・冗長性	自己組織的な適応 ・臨機応変性	危機対応救援能力 ・対応力 ・回復力
←——— 強靱性の内部特性 ———→		←— 強靱性のパフォーマンス —→
地方システム内部	国と地方の融合部	国家システム

出所）World Economic Forum（2013），pp. 36-37 を参考に筆者作成

効率的な衝撃吸収能力を構築する。

　第2に，国，自治体，地域の警察，消防，医療は相互に連携協働し，被災直後に地域社会システムの内部で進行する自己組織的な復旧活動を最大限支援する。被災環境に適応し，急激に増大する行政所要の需要と供給の均衡を図り，行政の継続性を維持しながら，関係機関の能力の代替性を活用し，有機的に連携して対処する。

　第3に，自治体は，外部から救援を効果的かつ効率的に受け入れる能力を整備しなければならない。具体的には，広域連合などの相互補完性の原理に基づく自治体相互の救援活動，警察の広域緊急援助隊，消防の緊急援助隊，自衛隊の災害派遣隊など，地域社会がその救援活動を受け入れる能力，災害拠点病院と民間のDMATとの連携，国内外のNGOおよび民間企業との協力を効果的に行う能力が上げられる。複雑な災害に対応可能な高度な救援能力を被災地及びその周辺の地域が受け入れ活用できる，地方と中央の連接性に優れた社会システムが求められる。

(3) 安全・安心な社会のシフティング体制

　大規模災害では自治体の機能が大きく低下する場合があり，行政の実行についても，災害医療を含めた国の支援機関に依存するところが大となる。その場合，中央の支援統制と地方自治をいかなる調整すべきかという問題は，最終的に地方自治体がいかなる範囲の自主的権限を有し，同時に国がこれに対しいかなる程度の統制を実現できるかという問題に帰着する。

　今日の多様な脅威や災害から，地方自治体のシステム回復力を確保するために，他の全ての意思に優越する国家の主権的な意思が，大規模災害に際し，社会の最終的な決定を下すそのあり方が，中央の支援と地方自治とを媒介する契機として問われると見ることができる。現代国家における民主主義政治の国民主権主義の下で，国民は主権者として公権力の源泉であると共に，公権力に服すべき被治者としての立場にあり，自治における治者と被治者の自同性を勘案するならば，およそ自治体は国家がこれを認めることにより初めて成立し，国

家以前に自治体があるとは考え難い。

　国は地方政府に対して少なくとも潜在的には，生殺与奪の権利を保有しているのが通例とされる(西尾，1990)。国家は，個人又は団体の利益，あるいは互いに競合するさまざまな集団の要望を評価し，社会の要求を最大限満足させる方針を基礎に，多様な社会的利害の均衡を達成する。およそ一切の政治団体に内在するといわれる，この中央集権と地方分権の均衡達成の問題の深層には，地方が中央の統制に服する際，それにより満たされるものが，国家以外のいかなる組織によって得られるものよりも，大きくあらねばならないという原則がある。それは公権力の行使が最小限の社会的犠牲で，最大限の社会的願望が満足されるとき，正当と認められる基準を意味する。

　大規模災害の中で地方自治体が担うべき役割を考慮し，災害時に求められる地方自治体の機能を見るならば，第1に地域社会システムの衝撃吸収力に密接な関係のある，純粋に地方的な機能がある。地方自治体の施設，設備，あるいは地域の電気，ガス，水道などのライフラインなど，地方の住民が直接的に使用し自己完結的であり，平時であれば中央の統制をあまり受けない機能がある。第2に地域社会システムの適応能力の中核となる全国的な機能がある。便宜上地方団体が行使し，支援を受ける警察，消防，通信など，中央の統制を受ける機能がある。第3に災害時の救援能力の中心となる，警察の広域緊急援助隊，消防の緊急援助隊，自衛隊災害派遣隊，災害医療及び公衆衛生のように，本来全ての国民に対し支援を効率的に提供する，全国的性格を有する支援機能がある。

　地方自治体が災害時に必要とする主たる機能を，3種に区分し強靱性を評価する場合，最初の両者は，その区分が比較的明確となる。しかし第3の場合は，地方自治体がいつ中央の救援から離れ，いかなる程度の行政サービスを再開しうるかが問題となる。

　災害急性期の復旧活動の要訣は，情報の共有化と権限の分散化にあるといわれ，災害発生後の初動は，現地民間の活動を重視した，権限の分散化とパワーエンフォースメント(Power Enforcement)が重要であるとされる。また急性期

には，被災地の組織的対応は不可能で，この間の支援は，現地の指揮系統の再構築と復旧活動を支援しながらも，地域の自己組織化しつつある自律的な適応活動を拘束すべきでないことが指摘されている．すなわち，社会システム回復は，自主・自律的な地方自治のコンテクストにおいて，関係の各支援機関がそれぞれ異なる権限と責任を有している事実を考慮しながら，ひとつの目的達成に向け総力を結集する点にあり，指揮の一元化というよりも努力の結集化を図る，マネジメントのデザインとして捉えることが出来る．

おわりに

災害医療は補給が崩壊し，傷病者の必要とする十分な医療を提供できないことを前提に行われる．災害医療戦略を一語に圧縮すると医療の集中となる．緊急性が高く救命の可能性のある重篤の傷病者に医療資源を集中する．集中の可否は，大量の軽傷者の救護所への分散により左右される．傷病者の分散は，医療供給側の外見上の分散とその部分的効果により引き起こされ，多数の軽傷者を救護所に分散・吸収し，重篤の傷病者を拠点病院に集中させる．これらは創発の因果関係を構成するものであり，Liddell-Hart (1941)はその戦略論の中で，真の集中は，計算された分散のもたらす結実であるとした．この間接アプローチからなる戦略は，傷病者の無秩序な病院への集中を抑制し，その結果，医療機関の最大限の能力の発揮を可能にする．

秋山真之提督は，1907年，海軍大学校の応用戦術の講義において戦略の定義についてふれ，相手の意思の屈服という目的達成のため，兵力の殲滅，要地の占領，兵資の奪取，交通の遮断などの作戦目的を決定し，その目的の連鎖を手段として組織が行動することにより，究極の政治目的を達成する技術を戦略とよんだ．組織の卓越したケーパビリティを基礎に，戦闘効果を最大限に高めうる戦略が，逆に戦闘の使用を最小限に抑えることに刮目した．目的を合理的に達成する兵力を最小限に節用することにより，最大限にその効果を高めうる双対原理に基づく不戦屈敵の思想を最善の策とし，戦略の本質を無形の心術に

あるとした(戸高，2005)。

　過酷な環境の実学として発達した災害医療は，不戦屈敵思想と同様に，限られた資源で最大の医療効果の発揮を達成する。医療資源の節用を旨とし，戦略の創発を本則とする。単にある戦略の発見ではなく，常にあるべき戦略の発見を目指す。なぜならば，戦略は人間の行為において，適用，実行され，人間の自由な精神を媒介として実現されるからである。

参考・引用文献

神藤猛（2008a）「ネットワークセントリックな災害医療システムの研究」『日本経営学会誌』第21号，pp. 68-79。
神藤猛（2008b）『ネットワークセントリックな危機管理組織』内外出版。
JATEC：日本外傷学会・日本救急医学会（2004）『外傷初期診療ガイドライン』へるす出版。
JPTEC協議会編（2005）『JPTEC：外傷病院前救護ガイドライン』プラネット。
世界経済フォーラム（2013）『グローバルリスク報告書2013年版』マーシュジャパン訳，マーシュブローカージャパン。
戸高一成（2005）『秋山真之戦術論集』中央公論新社，pp. 206-209。
内閣府（2000）『阪神・淡路大震災教訓情報資料集—第1期・初動対応（初動72時間を中心として）1-04. 救助・救急医療』内閣府。
中西晶（2007）『高信頼性組織の条件』生産性出版。
西尾勝（1990）『行政学の基礎概念』東京大学出版会。
辺見弘監修，東京救急協会編（2001）『救急・災害現場のトリアージ　第2版』荘道社。
山本保博・鵜飼卓監修，国際災害研究会編（1999）『トリアージ—その意義と実現』荘道社。
Advanced Life Support Group，小栗顕二・吉岡敏治・杉本壽訳（2005）『MIMMS　大事故災害への医療対応　現場活動と医療支援—イギリス発，世界標準　第2版』永井書店。
Chandler, A. D. (1962) *Strategy and Structure: Chapters in the History of the Industrial Enterprise*, MIT Press.（有賀裕子訳（2004）『組織は戦略に従う』ダイヤモンド社）
Collis, J. D. and A. C. Montgomery (1995) "Competing on Resources: Strategy in 1900s," *Harvard Business Review*, Vol. 73, No. 4.（関美和訳（2008）「リソース・ベースト・ビューの競争戦略」『Harvard Business Review』第33巻第9号，ダイヤモンド社）
Gunn, S. A. (1990) *Multilingual Dictionary of Disaster Medicine and International Relief*, Kluwer Academic Publishers.
Kaplan, R. S. and A. Mikes (2012) "Managing Risks: A New Framework," *Harvard Business Review*, Vol. 90, No. 6, pp. 48-60.（DIAMONDハーバード・ビジネス・レビュー編集部訳（2013）「リスク管理のフレームワーク」『Harvard Business Review』

第38巻第2号，ダイヤモンド社）
Liddell-Hart, B. H.（1941）*The Strategy of Indirect Approach*, Faber and Faber Limited.（森沢亀鶴訳（1971）『戦略論〈下〉』原書房）
Mintzberg, H.（2008）*Strategy Safari*, 2nd, The Free Press.（齋藤嘉則監訳（2012）『戦略サファリ』東洋経済新報社）
Nelson, R. R. and S. G. Winter（1982）*An Evolutionary Theory of Economic Change*, Belknap Press.（角南篤・田中辰雄・後藤晃訳（2007）『経済変動の進化理論』慶應義塾大学出版会）
Porter, M. E.（1996）"What Is Strategy?" *Harvard Business Review*, Vol. 74, No. 6, pp. 61-78.（DIAMOND ハーバード・ビジネス・レビュー編集部訳（2011）「戦略の本質」『Harvard Business Review』第36巻第6号，ダイヤモンド社）
Selznick, P.（1957）*Leadership in Administration: A Sociological Interpretation*, Harper & Row.（北野利信訳（1975）『組織とリーダーシップ』ダイヤモンド社）
Snowden, D. and M. Boone（2007）"A Leader's Framework for Decision Making", *Harvard Business Review*, Vol. 85, No 11, pp. 69-76.（松本直子訳（2008）「臨機応変の意思決定手法」『Harvard Business Review』第33巻第3号，ダイヤモンド社）
Vugrin, E. D., D. E. Warren, M. A. Ehlen and R. C. Camphouse（2010）"A Framework for Assessing the Resilience of Infrastructure and Economic Systems," Gopalakrishnan, K. and S. Peeta（Eds.）*Sustainable and Resilient Critical Infrastructure Sys*, Springer-Verlag Berlin Heidelberg, pp. 77-116.
Weick, K. and D. Coutu（2003）"Sense and Reliability; A Conversation with Celebrated Psychologist K. Weick", *Havard Business Review*, Vol 81, No 4, pp. 84-90.（DIAMOND ハーバード・ビジネス・レビュー編集部訳（2011）「不測の事態の心理学」『Harvard Business Review』第36巻第5号，ダイヤモンド社）
Weick, K. and K. Sutcliffe（2001）*Managing the Unexpected*, John Wiley.（西村行功訳（2002）『不確実性のマネジメント』ダイヤモンド社）
World Economic Forum（2013）*Global Risks 2013 Eighth Edition*, World Economic Forum Geneva Switzerland.（マーシュジャパン訳『第8回グローバルリスク報告書2013年版』マーシュジャパン，http://www3.weforum.org/docs/WEF_GlobalRisks_Report_2013_JP.pdf（2015年7月17日アクセス））

第6章

小さい生に向けた
地域中小企業における事業継続デザイン
―福島県の被災企業にみる生存確保のための実践戦略―

奥瀬　円
中西　晶

はじめに

　大規模自然災害やパンデミックなど，われわれは常にさまざまな自然の脅威にさらされている。1995年に発生した阪神淡路大震災から20年が経過し，東日本大震災からも4年が経つが，その間にも異常気象に伴う豪雨・豪雪，火山噴火などの自然災害による被災や将来における東海・東南海・南海地震の被害予測の再検討など，目まぐるしく状況は変化している。日本政府においては，東日本大震災をきっかけに「国土強靭化」を政策課題として取り組んでいるところであるが，真にレジリエントな国家づくりをめざしていくためには，こうしたトップダウン的な「グランド・セオリー」のみならず，地域の現実に根ざした「グラウンディド・セオリー」に目を向けることが重要である。

　そこで，本章では政府の「国土強靭化」の取り組みのなかでも紹介されているBCP（事業継続計画）やBCM（Business Continuity Management：事業継続マネジメント）の概念を確認したのち，地域中小企業の事業継続の実際を探っていく。研究のアプローチとしては，東日本大震災時に時間軸を戻し，当時の地域企業のインタビューを中心に分析する。分析対象企業は福島県で営業していた中小企業である。その意味では，東日本大震災での地震・津波という直接の自然災

第6章　小さい生に向けた地域中小企業における事業継続デザイン　*125*

害のダメージのみならず，これに起因する東京電力福島第一原子力発電所の事故という「国会事故調報告書」（東京電力福島原子力発電所事故調査委員会，2012）がいう「人災」も加わった「未曾有の複合災害」のなかで，組織としての生存を模索するという究極の事態を経験した企業であるといってよい。

　「未曾有の複合災害」「究極の事態」という言葉から，「われわれには関係ない」「極めて特殊な例である」という言説を弄することは避けたい。本章では直接東京電力福島第一原子力発電所やそれに関連する企業は取り扱わないが，発生頻度の低い現象における1つひとつの小さな取り組みをしっかりと見つめることが，「強靭化」の第一歩であるとわれわれは考える。日本企業の99％を占める中小企業が不測の事態に立ち向かい，事業を継続していくことは，地域の基盤を存続させていくためにも重要な条件である。

第1節　BCPと事業継続の実際

(1)　BCPとBCM

　1994年にイギリスにおいて創設されたBusiness Continuity Institute（BCI）の「事業継続マネジメント（BCM）実践ガイドライン」によれば，BCPの歴史は，1999年に英国規格協会が発行した情報セキュリティマネジメントシステム（BS7799）に始まり，その後，事業全体を包括したものへと広がったということである。我が国のBCPは2001年に起きた米国同時多発テロをきっかけに注目され，政府では，2005（平成17）年8月に中央防災会議「民間と市場の力を活かした防災力向上に関する専門調査会」企業評価・業務継続ワーキンググループにおいて策定された「事業継続ガイドライン第一版」が提出された。その後，内閣府・防災担当の「企業等の事業継続・防災評価検討委員会」から，企業等がより利用しやすくすることを目的に，2005年には『事業継続ガイドライン第一版—わが国企業の減災と災害対応の向上のために—』が，2007年にはその解説書も提示された。この一連の活動のなかで，我が国固有の特徴としての地震リスクに注目している点では評価できる（図表6-1）。

図表6-1　BCPのイメージ

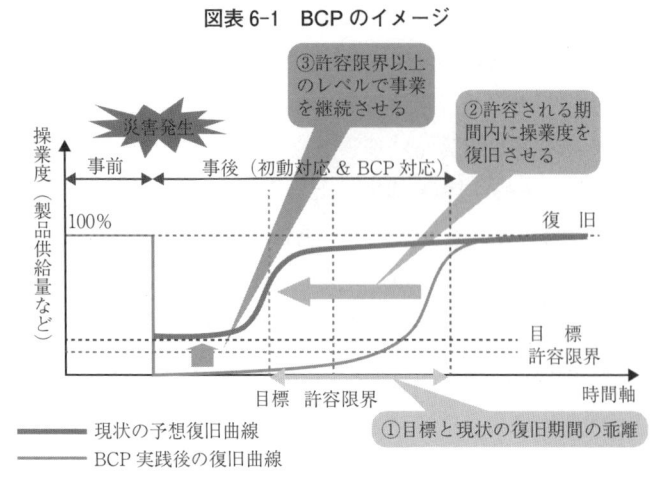

（図中の記載）
①目標と現状の復旧期間の乖離
②許容される期間内に操業度を復旧させる
③許容限界以上のレベルで事業を継続させる
災害発生
操業度（製品供給量など）
事前／事後（初動対応＆BCP対応）
100％　復旧
目標　許容限界
時間軸
現状の予想復旧曲線
BCP実践後の復旧曲線

出所）内閣府・防災担当(2005)，p.1より引用

　しかし，2005年当時，この日本版BCPは原子力発電所事故を現実的なものとして考えていなかったといえる。実際には，原発事故が発生したとき，福島第一原子力発電所が立地する双葉郡に隣接するいわき市，南相馬市では避難指示が発令されていないにもかかわらず，放射性物質飛散を懸念した住民の自主避難が続出した。この場合，たとえ原子力発電所事故による放射性物質拡散を想定したBCPの策定がなされていたとしても，避難によって企業からヒトがいなくなった状況で発動して，誰が運用するのかという問題が発生してしまう。地震大国である我が国で，将来東日本大震災と同等規模の災害が発生した時に，全国の原子力発電所が事故を起こすことも想定しなければならないだろう。策定されたBCPが「絵に描いた餅」にならないためにも，緊急事態に迅速かつ的確に対応できるマネジメント，すなわちBCMが必要となってくる。
　英国規格協会においては，「BCMとは，組織を脅かす潜在的なインパクトを特定し，主なステークホルダー，評判，ブランド及び価値生成活動の利益を保護する効果的な対応のために，レジリエンシー及び能力を高めるフレームワークを提供する総合的なマネジメントプロセスである。」と定義されている。

BCPは，BCM上重要な要素であることは間違いないが，一方でBCPはあくまで「Planning=計画」であり，PDCAのサイクルを回していくかという「マネジメントの視点」を欠かしてはならないとされている。

(2) 中小企業にとってのBCP

　中小企業庁では，中小企業にBCPを普及するため，2006(平成18)年2月から「中小企業　BCP策定運用指針」を作成し，セミナーなども開催していた(中小企業庁，2006)。その後，東日本大震災の経験から見直しをかけ，現在は，策定指針の「第2版」をホームページ上に掲載している[1]。「第2版」では，小規模事業者を含めた初心者を念頭に「入門コース」を新たに加えるとともに，業種別の事例を追加するなど，分かりやすい内容に改定している。そこでは，東日本大震災を例にあげ，「緊急事態はいつ発生するかわかりません」としたうえで，「BCPとは，こうした緊急事態への備えのこと」と定義している(p.1-2)。また，BCPは決して特別なものではなく，日々の経営の中で考えていることを，計画として「見える化」することでBCPになるということ，すなわち，BCPは日々の経営の延長にあるものと指摘している(p.1-1)。すなわち，平時からの有事の備えを謳っているのである。

　しかし，その内容は，初心者を対象とした「入門コース」であっても，やや面倒である。ただし，ホームページ上には種々のツールや帳票も準備されており，それを埋めていくことによって，BCPが策定できるようになっている。そこでは，BCP策定手順として，「① 基本方針の立案→ ② 重要商品の検討→ ③ 被害状況の確認→ ④ 事前対策の実施→ ⑤ 緊急時の体制の整備」を掲げており，それぞれのステップで検討すべき事項を説明している(pp.2-1 ～ 2-14)。以下，その概要を説明する。

① 基本方針の立案

　まずは，「何のためにBCPを策定するのか」「BCPを策定・運用することにどのような意味合いがあるのか」を検討し，基本方針を策定する。基本方針は，経営方針の延長線上に位置している。例示であり，「人命(従業員・顧客)の安全

を守る」「自社の経営を維持する」「供給責任を果たし，顧客からの信用を守る」「従業員の雇用を守る」「地域経済の活力を守る」が掲載されており，チェックリスト方式となっている。したがって，複数をリストアップすることができる一方，一部の選択肢を選ばないということも可能なのである。また，上記はあくまでも例示であり，新たに追加することももちろん可能である。

② 重要商品の検討

企業にはさまざまな商品・サービスがあるが，災害などの発生時には，限りある人員や資機材の範囲内で，事業を継続させ，基本方針を実現しなければならないため，優先的に製造や販売する商品・サービスである「重要商品」をあらかじめ取り決めておく必要がある。重要商品を選ぶ際に迷う場合は，商品・サービスの提供が停止することで，自社の売上に大きな影響があるものや顧客への影響が大きなものをあげるように指示されている。逆に，小規模事業者であれば，選ぶまでもなく，単一の商品・サービスということもあるだろう。

③ 被害状況の確認

企業が影響を受ける災害には，地震や新型インフルエンザなど，さまざまなものがあり，こうした災害により，工場が生産停止となったり，店舗が壊れて商品を販売できなくなったりする場合があるとしたうえで，そうした災害などにより会社が受ける影響のイメージを持つことを求めている。そこで例示されているのは，上記のように，「大規模地震」と「新型インフルエンザ」である。これらの災害について，「インフラへの影響」と「自社への影響」についてのイメージをまとめてある。「インフラへの影響」は「ライフライン」「情報通信」「道路」「鉄道」の４つに分けられている。「自社への影響」も「人」「物」「情報」「金」という４つの経営資源に分けられている。

④ 事前対策の実施

被害状況を確認したうえで，重要商品を提供し続けるためには，製造や販売に携わる従業員や機械設備など，さまざまな経営資源(人，物，情報，金など)が必要となる。そのため，平常時から，こうした緊急時に必要な経営資源を確保するための事前対策を検討・実施しておくことが重要としている。事前対策

は，例えば「金融機関と友好な関係」や「顧客管理簿の整理不十分」など，日頃から把握している自社の強み・弱みを踏まえ検討することが望ましいとされている。すなわち，平時から自社のSWOT分析などを行っていることが，有事を想定することにもつながるのである。

⑤ **緊急時の体制の整備**

策定指針の手順で最後に挙げているのが，実際に災害などが発生した際でも，事業継続のために適切な行動ができるよう，緊急時の対応とその責任者を整理することである。緊急時の対応には，初動対応，復旧のための活動など，さまざまなものがある。最低限そうした対応に関する統括責任者を取り決めておくこと，統括責任者が不在の場合や被災する場合の代理責任者も決めておく必要があることを指摘している。

以上のような「初心者向け」のBCP策定指針は，詳細なリスク分析からはじめる大企業向けのそれに比較すれば，非常にシンプルなものであろう。しかし，日々の業務に追われる中小企業にとっては，それすら難しい。また，こうして「見える化」することで見えなくなるものがあることにも留意しなければならない(中西，2008)。

(3) 東日本大震災における福島県いわき市の中小企業の対応

上記のような中小企業向けのBCP策定指針は非常に重要なものであるが，東日本大震災当時，必ずしも多くの中小企業がBCPを策定していたとはいえない。震災直後の研究であるが，松本(2012)は，小規模事業者の推定策定率は全国で5.6％程度ではないかと指摘している。また，そこで想定されるリスクは，前項で述べたような一般的な地震や新型インフルエンザといったものであり，東日本大震災でわれわれが経験したような津波や原発事故といった複合災害は想定しづらいものであった。

しかし，実際にはその「想定外」が起こったのである。では，BCPを策定しておらず，原発事故の危機に直面した中小企業の事業継続の現実はいかなるものであったのか。われわれは，原発事故直後から事業中断することなく継続

していた福島県いわき市内の8企業のインタビュー[2]から，4つの共通点を明らかにした(図表6-2)[3]。

① 顧客の存在と要望

　震災後の事業継続はヒヤリング企業8社すべてが「顧客の要望」によるものであった。顧客などが「この企業がなければ私たちは非常に困るんだ」という強い思いがあり，「フェイス・トゥ・フェイス」のかかわりが企業と顧客などの信頼関係により成立していることが明らかになった。

　社会保険労務士法人HRM総合事務所では，顧客に教えていないはずの携帯電話や自宅固定電話への連絡が入り，事業を継続することとなった。北関東空調工業株式会社では，特別養護老人ホームから耐震装置の復旧依頼や，養護学校から子どもたちを避難させている体育館の暖房機のパネル落下の修理依頼があった。

　また，「有限会社久保木商会」のガソリンスタンドでは，市外に避難する消

図表6-2　インタビュー企業一覧

	会社名	業種	住所	従業員数	創業年	ヒヤリング日
1	社会保険労務士法人HRM総合事務所	対事業所サービス業	小名浜諏訪町	5名	1969年	2012/9/20
2	北関東空調工業株式会社	設備工事業	平柳町	70名	1967年	2012/9/25
3	有限会社久保木商会	燃料油脂類販売	平沼ノ内字諏訪原	7名	1950年	2012/9/20
4	有限会社サポート	ペット産業	常磐下船尾宮下	6名	2002年	2012/9/18
5	タウンモールリスポ小名浜名店街協同組合	ショッピングセンター	小名浜蛭川南	―	1967年	2012/9/19
6	惣菜と漬物これた	食品加工業	錦町中央	4名	2010年	2012/9/20
7	株式会社ホライズン	介護事業	三和町渡戸峠平	20名	2004年	2012/9/27
8	医療法人栄真会村岡産婦人科医院	医療業	小名浜岡小名	30名	1989年	2012/9/22

出所）筆者作成

第6章 小さい生に向けた地域中小企業における事業継続デザイン　*131*

費者が給油のための行列をつくった。有限会社サポートでは，市内の獣医師が避難で不在となったため入院中のペットを預かることになった。また，タウンモールリスポ小名浜名店街協同組合では，市内のスーパーやコンビニエンスストアの休業したことからキーテナント「清水ストアー」に震災直後から行列ができ，これに対応しようとした。

「惣菜と漬物これた」では，当時の人気商品であった漬け物『ゆず大根』が一時期取引停止となったものの，納入先の顧客から「ゆず大根を仕入れてほしい」との要望があった。インタビューを行った2012年には，取引再開となり引き続き首都圏に出荷している。株式会社ホライズンでは，身寄りのない高齢の入居者を預かっているという使命感と家族の要望があった。医療法人栄真会・村岡産婦人科医院は，市内の他のマタニティクリニックが休業したこともあり，その妊産婦の受け入れも行った。また，警戒区域の診療所が閉めざるを得ない状況であるため，その使命感からも事業継続するしかなかった。

② 情報の受発信

これらの企業は，原発事故という過去に経験のない状況において，不確定な情報が錯綜する中で正確な情報の入手ができていた。情報に関しては，このとき広範囲で拡散された「デマ」におどらされていなかった。また，事業を継続していることそれ自体が情報発信となり，顧客や支援が集まってきたということも明らかになった。

社会保険労務士法人HRM総合事務所では，警戒区域に立地する関係行政（労働基準監督署，公共職業安定所など）と県外の関係行政との間にかなりの情報乖離があったため，誤った情報を顧客に伝達しないよう各監督省庁への確認を怠らないように努めた。

また，北関東空調工業株式会社では，日本青年会議所（JC）のメーリングリストから正確な情報を手にするとともに，ラジオからの情報を活用した。有限会社久保木商会では，停電で真っ暗な中，同社のガソリンスタンドの灯りを見つけ，住民が続々と集まってきた。この時点で，ガソリンを求める消費者は少なかったものの，避難した近隣住民が灯りと暖を取るための場所となった。さら

に，消費者がインターネット掲示板で「開店」していることを発信してくれた。

　有限会社サポートでは，自社のホームページやタウンページの情報発信している。ボランティアが情報キャッチして集まってきた。また，タウンモールリスポは大震災直後もシャッターを開けており，それ自体が事業継続のメッセージであった。来店客による行列の中では，消費者同士のコミュニケーションが生まれ，メディアでは取り上げられることのない「街の小さな情報」の交換の場となった。また，開店情報は地元のラジオでも取り上げられた。惣菜と漬物これたでは，自社在庫を用いて，双葉郡の避難者に炊き出しを行っていたところ，いわき市で農商工連携を行っている任意の民間団体である「いーね　いわき農商工連携の会[4]」事務局長がブログでこの状況を発信し続けることにより，それを閲覧した県外のボランティアが支援にきてくれた。

　株式会社ホライズンでは，入居者を横浜の親戚のところに移動させる際に，いわき市のタウンナビ「ぐるっといわき」ポータルサイト[5]で「避難者は高速道路が無料で利用できる」と発信していたが，その情報が正確なものかどうかNEXCO東日本に確認をとったうえで行動に移している。村岡産婦人科医院は，情報発信手段としてはFMいわきの放送を利用した。「村岡産婦人科は診療している」との放送を聞いた患者が徐々に診察にくるようになった。また，大手取引先ビーンスターク・スノー株式会社に依頼し，全国メディアに働きかけて，ヘリコプターで物資を運搬することも行った。そのことを知った住民により，さらに口コミで情報が伝わった。この状況は全国放送にも取り上げられた[6]。

③　無償の相互支援

　事例企業はいずれも，自社の持つ知識，技能なども含めた経営資源を無償で提供している。また，必要なモノ，必要な知識を無償で受領できている。企業は「営利組織」であり「利益」を生みステークホルダーに還元していくものであるにもかかわらず，緊急時という時と場合によっては利益を省みず「無償」での提供を惜しまないことも大きな共通点である。

　社会保険労務士法人HRM総合事務所では，顧客企業の社長夫妻が自宅まで水，食料品，ペットの餌などの物資を無償にて届けてくれただけでなく，取引

している緊急車両指定のスタンドで，ガソリンを無償で満タンに給油してくれた。事務所で受ける顧客からの電話の内容は「廃業」「休業」といったネガティブなものばかりだったが，国の助成金や災害特例を活用しなんとか事業継続することを提案し続けた。これらの手続きは通常は顧問料金の他に別途オプション料金がかかるものだが，当時は無償のサービス提供とした。

　北関東空調工業株式会社では，計画的避難区域に居住する協力会社の職人から要請があったため会社で使用していない従業員寮を提供した。近隣の住民には独居老人も多く，避難しなかった方への食糧支援も行っていた。JCおよびボランティア団体との共同で支援センターを立ち上げ，物資の確保と供給を行うことにした。これにより，会社にはスーパーに並ばなくても各個人宅の備蓄品と支援物資が届けられるようになった。

　有限会社久保木商会では断水はしたが，トイレ用の井戸水があったため，トイレの提供をしていた。ガス供給事業も行っていたため，ストックしていたコメをレンタル用の5升炊飯器にて炊き出しをし，近くの小名浜カントリークラブへの避難者に対してごはん，塩，海苔を連日提供した。

　有限会社サポートでは，スパリゾート・ハワイアンズに，ペット同伴での宿泊客が利用するための同社が所有するペットホテルを獣医師などのボランティアに無償提供していた。場所だけでなく，かれらの業務を補助することで労務の無償提供も行っていた。タウンモールリスポは，パブリックスペースとして税務署説明会(申告・還付)を無料にて複数回開催し多くの受講者を動員している。また，いわき市役所小名浜支所経済土木課が「流された被災者の遺品の展示」を行い，持ち主に返却できる機会を提供している。

　惣菜と漬物これたでは，食材の在庫をすべて避難所での炊き出しに使用した。さらに，農商工連携活動での提携農家から野菜の無償提供，取引業者からの缶詰めや冷凍食品の無償提供があり避難所に温かい食事の提供ができた。株式会社ホライズンでは，親戚の情報をもとに，身寄りのない入居者4名を連れて高速道路を横浜に向けて南下し，彼ら4名とともに2DKのアパートを借りて避難生活をした。

村岡産婦人科医院では，クリニックで出産した患者の父親（松戸在住）が「いわきが大変なことになっているのを TV で観た」と大量のレトルト食品を届けてくれた。また，前述のヘリコプターに搭載する物資は，情報発信に協力してくれた大手取引先ビーンスターク・スノーが首都圏の各医療機関に医療用器具の支援を募り集めたものであり，これらは無償にて提供された。妊産婦や赤ちゃんだけでなく，その兄弟姉妹のインフルエンザワクチンの接種や，ミルク，紙オムツといった物資を無料で提供した。

④ ヒトが集まる場の設定

事業継続をした企業には，顧客，近隣住民，市外へ避難した従業員が集まった。社会保険労務士法人 HRM 総合事務所は，当初，事業主を除くスタッフ全員（役員含む）が市外に避難したため，マンパワー不足により事業継続が危ぶまれたが，その後，少しずつ全従業員が戻ってきた。また，厳しい状況のなかでの事業継続が，新規顧客獲得や多数のスポット依頼にもつながった。

北関東空調工業株式会社では，「出社できる社員のみ出勤するよう」連絡を行い，女性従業員は全員自宅待機（ほとんどの女性従業員が 20 代～30 代のため，将来万が一のことを考えて）とした。しかし，前述のように従業員寮に双葉郡の協力会社の職人を招くことで，かれらの自立生活ができるようにした。また，同社敷地内にある井戸を近隣住民に開放した。とにかく「会社を開けているとヒトやモノがやってくる」という状態だった。

有限会社久保木商会では，震災直後，ガソリンスタンドの明かりを求めて消費者が集まり，その後は緊急車両用ガソリンスタンドとして，ガソリンを求める人々が集まった。当初は事業主夫妻のみで対応していたが，近隣の避難所に避難している別のガソリンスタンド勤務の女性 1 名と，過去にガソリンスタンドに勤務経験のある経験者 2 名が無償にて業務遂行のフォローをしてくれたことで，混乱をおこさず事業継続ができた。

有限会社サポートでは，事業主自身家族とともに横浜に避難したが，妻と娘を横浜に残しすぐにいわき市に戻った。「命を扱う仕事」であるため事業主が長期避難するわけにはいかなかった。従業員は，自主的に避難し，結果的従業

員1名が名古屋に避難したため退職したが，その他の従業員については，交代で避難させ事業継続していた。獣医師などのボランティアが集まってきたのは，前述のとおりである。

　タウンモールリスポでは，自主避難で市外へ避難したテナントオーナーに対し，役員が常に連絡を取り「タウンモールリスポは開いているよ」と報告を続けた。「施設ができることは最大限やろう」と，単なるモノの売買の場ではなく「地域のコミュニティの場」「つながり」を重視してタウンモールリスポの強みとしていくと理事長は話している。

　惣菜と漬物これたでは，震災当初断念していた体験型事業[7]が，各地区への線量計の設置や，農作物のセシウムの基準値の見直し，数値の低減や専門家の意見と後押しにより再開に至った。同社は福島の食品に対する風評被害を克服していくためには地域ぐるみの連携への取り組みが必要であり，地域に根ざす人たちの交流の場，つまり「ネットワーク構築」し共生していくことが必要であると考え，この体験型事業を完全予約制で再スタートさせている。

　株式会社ホライズンでは，震災直後は原発からの避難も考え，2カ所のグループホームを1カ所に集約した。2012年3月になって，職員が5人ほど戻ったところでいわきに戻り，街中に近い別の1カ所で事業を再開した。4月中旬には入居者2ユニット18名がすべて戻ってきたということである。

　村岡産婦人科医院は，物資の無償提供をすることで，避難せずいわき市にとどまっている地域住民の間に「村岡産婦人科にいけばミルクや紙オムツがある」と口コミで広がり，受診患者が増加していった。

第2節　福島原子力発電所事故影響下の中小企業の事例

　前節では，BCPの概念と中小企業における考え方，そして震災直後の福島県いわき市の中小企業の事業継続を見てきた。本節では，震災から2年が過ぎた2013年に原子力発電所事故の避難区域などを含む市町村を基盤とする3つの企業をインタビューした結果をまとめる。中小企業庁(2011)によると，対象

となった自治体は田村市，南相馬市，川俣町，広野町，楢葉町，富岡町，川内村，大熊町，双葉町，浪江町，葛尾村，飯舘村であり，そこにはおよそ8,000社の中小企業が存在した(p.26)。

　第1の事例は，南相馬市に位置する有限会社ライト印刷である。第2の事例は，福島県双葉郡富岡町に拠点を置く相沢電設株式会社である。第3の事例は，第2の事例と同じく福島県双葉郡富岡町に本社があった葬儀社，有限会社やまうちである。これらの企業が所属する地域はいずれも，単純な自然災害としての地震・津波のみならず，原発事故による帰宅困難という脅威を経験した。インタビューの結果から，いまだに原発事故の影響に苦しむ地域である一方で，原発事故であるがゆえの金銭的補償が事業継続にとって大きな影響を与えていることがわかる。

(1)　有限会社ライト印刷

　同社は1957(昭和32)年2月に設立し，2007(平成19)年に創業50周年を迎えた。福島県東部沿岸の浜通りの北部，南相馬市に位置する。同社のホームページには，「甲冑に見を固めた600余騎の騎馬武者群。戦国絵巻相馬野馬追祭場地，相馬民謡の里。市街を流れる新田川は，春夏秋冬それぞれ季節の美しい流れと鮎釣り，秋には鮭の梁場の川。その辺りにたたずむ印刷工場です。」[8]という企業案内があった。

　震災以前，同社は双葉郡の大手スーパー，行政，各企業の印刷関連を請け追っていた。社屋はたいそう質素だが，社員17名を雇用する。南相馬市の警戒区域よりに位置するため，市内はもとより，双葉郡にも顧客をもっていた。BCPはもちろん策定していなかった。

　2011年3月11日14時47分に東日本大震災が発生し，自宅が沿岸部にある中堅どころの技術専門従業員が両親を自宅に残しているということだったため，帰宅させた。しかし，これが間違いのもとであった。自宅に戻ったばかりに，従業員本人と両親の計3名が津波で亡くなってしまったのである。亡くなった従業員は，印刷現場では職長レベルの技能を保有する管理的立場であったため，

会社への人的資源損失のダメージも大きかった。避難したまま退職してしまった2名と死亡1名で，合計3名の退職者が出たが，震災後2名を補充することができた。しかし，亡くなった中堅社員ほどの技能はまだ持っていないため，人材育成をしていかなければならないということである。

　震災時の施設の損傷は軽微，印刷機械設備も若干ずれた程度であったが，機械の再開には2カ月を要した。事業を辞めてしまうのは簡単であるが，従業員の生活を鑑みると，責任があると考え，事業主は継続することを決める。行政関連受注もあったため，すでに受注した分だけは仕上げようと考え，震災前の注文を仕上げにかかった。しかし，実際に仕上げても，行政以外は納品先が避難したり，休業・廃業したりという状況で，結局は在庫品になってしまった。

　事業主本人は，常にJC活動を行っており，震災時は会長を務めていたため，全国各地から支援物資，義援金が届けられ，食事に困るということはなかった。支援物資は近隣の住民におすそわけした。また，ガスはプロパンであったため止まらず，電気，水道も半日程度の断裂であったため，ライフラインの不具合は感じなかったそうである。

　インタビュー当時(2013年)，東京電力(以下，東電)からの補償がまだ決まっていない状態だったことから(この点は次項の相沢電設と異なる)，南相馬市では，商工会議所の会頭が東電本社に出かけ補償の交渉を行っている。当時保証がなされていたのは，原発事故により南相馬市での事業再開が望めない，もしくは事業主が廃業を決めた企業に対してのみである。しかし，南相馬市に残って事業継続をしていくという企業への補償は何も決まっていない状況であった。同社では，双葉郡浪江町にある大手スーパーサンプラザが大口顧客であったため，売り上げのダメージが大きかった。南相馬市や隣の相馬市で新規顧客開拓を試みるが，すでに取引印刷会社があるため獲得にはつながっていない。このようななかで，なんとか事業継続できている状態である。

　これに対して，近隣の富岡町の家族経営の同業他社は，インタビュー時いわき市内に避難中であり，東電が老若男女問わず月10万円支払う精神的慰謝料だけで月90万円の収入があった。しかしながら，金銭的な補償のあった同業

他社は事業継続できておらず，それがなかったライト印刷のほうが事業継続に努力してきたのである。まさに，マズローの動機段階説がそのまま当てはまるような事例であり，中小企業の事業継続における金銭的補助（本例は「補償」である）の意味を再考すべき事例であると考える。ライト印刷の事業主は，「人間って，だまっていても生活できるだけのお金がもらえるからいいんだ，ということではないんだよな」と語っている。

(2) 相沢電設株式会社

　同社は，福島県双葉郡富岡町に拠点をおく1982（昭和57）年3月5日設立の電気通信工事業者であり，震災前にはNTTが取引先企業のひとつとして指定していた。双葉郡全域，いわき全域で電話線関連の現場業務，具体的には，建柱，ケーブル架渉などの高所作業マンホール内のケーブル敷設作業を行っていた。BCPの策定はもちろんなかった。

　2011年3月11日の震災発生直後，従業員は各現場に散らばっていたため，全員に一度会社に戻るように指示し，全員の帰社を確認してから，3月12日の自宅待機を命じた。しかし，その日富岡町からの避難指示が発令されたため，従業員が独自であちこちに避難したと思われる。震災時は金曜日であったから，土日は電話もつながらず，連絡がとれなかった。固定電話がダメになり，多くの人が携帯電話を使用しすぎたためパンクしたことから，当初の3日間は電話がつながらなくなってしまった。震災発生から4日目，ようやく全従業員がどこにいるかの居場所確認を行うことができたのである。

　断線によって固定電話が使用不可能となったため，3月14日にはNTTから「出られる人間だけ出てくれ」という招集がかかった。双葉郡は当時もぬけの殻であったが，いわき市には人もおり，役所も動いていたため，いわきの現場のみでの作業となった。特に，役所を優先的に復旧していた。

　当時，事業主は，家族と神奈川の親戚の家に避難していたが，いわき市内の旅館が偶然に確保できたため，単身でいわきに戻り，従業員に指揮命令を行っていた。このときは，従業員の3分の1ぐらい（いわき市在住の従業員）で稼働

していた。神奈川に家族(配偶者，子ども3人)を残していたため，神奈川といわき市を行き来していたが，3月中にマンションを借りて家族と共にいわき市に戻った。この時点で，従業員は避難のために2人戻らないまま退職し，その後は年齢的なこともあり4人が退職していった。震災がなければ継続勤務していただろうとのことである。

NTTの要請を受け作業を継続するかたわら，1カ月間だけ中小企業緊急雇用安定助成金(雇用調整助成金の中小企業版)を申請し，一部の従業員を休業させた。なぜなら，全従業員を戻すつもりであったため，まず住居確保を考えたのである。アパートなどの住む場所を確保した上で，順次従業員を呼び戻した。しかし，住居が見つからない従業員を呼び戻すことはできないため，休業させた。このように会社が準備しないと従業員は働かないという状況であった。「今思えば，退職した従業員も東電からの補償や各種補助金・助成金が受給できたためではないか」と事業主は語っていた。前出のライト印刷の社長が語った同業他社の例同様，手厚い補償による経済的余裕が従業員の働く心理に大きな影響を与えたことが認められる。

インタビューをした2013年現在，売上に関しては双葉郡では全くなくなったため，現在4割減であるが，仕事は大震災前よりも多いそうである。しかし，仕事の遂行能力の高い人材を十分に確保できなかった。一番の問題は"ヒト"であるということである。仕事ができる働き盛りの30代～40代の中堅どころ(俗にいう「アラフォー世代」)は，子どもが小さいため，放射性物質飛散を懸念し避難したまま戻らないことも多かった。

誤った情報が錯綜する中で，最大の情報元はNTTであった。また，友人・知人と常に連絡を取り合っていた。競合他社は複数存在し，NTTは各企業に平等に仕事を割り振るが，事業継続しなかった同業他社も存在する。そのなかで，なぜ同社が継続できたのか。それは「社長のやる気」ひとつであるという。

事業継続にはヒトがいなければならない。当時は避難したヒトをどうやって呼び戻すかが課題であり，そのために住居確保をしなければならないという負担が発生した。ヒトを呼び戻すのは非常に大変であり，全従業員を呼び戻すた

めに1カ月程度を要したそうである。「とにかく"ヒト"である」とインタビューでは繰り返された。能力のあるヒトがいれば稼働率や売上高は100%震災前に戻る可能性がある。したがって，ヒト集めが重要な課題である。1年半前からずっとハローワークに求人を出しているが，ようやく2人入社した段階であった。知人やありとあらゆる声かけをしているが，ヒトが集まらないことが同社の大きな悩みであった。

東電からの補償や各種補助金・助成金で経済的には潤っており，インタビュー当時も営業補償をもらっていた。当初，原発避難民は東電の補償と雇用保険の二重どりが可能であり，仕事を再開してしまうと補償が打ち切られるという時期があった[9]。こうしたなかで，従業員が仕事をすることを選択したのはなぜかと質問したところ，東電の補償が出ていない時期から事業を継続してきており，働き出してから「補償をもらえるからやめます」という従業員はいなかったということである。当時，事業主は，「補償は永遠に続くわけでは無いのだから，働いたカネで食っていくことが必要だろう」と従業員に言い聞かせたそうである。

他方，会社経営については，補償がはいったためカネの心配はないということである。現在のように売上4割減でも，向こう4年ぐらいはやっていけるだけの余裕はある。このように会社が潤っているうちに人を育てなければならないと考えている。「早くヒトを入れて，早く育てたい。一人前にするまでに2～3年かかるため，とにかくヒトの問題が大きい」と事業主は語る。同一の理由(ヒトがいない)で悩んでいる企業は多いだろう。原発事故後の事業継続として，避難区域の企業は，ヒトを呼ぶこと，育成する事が一番の課題である，というのが結論のひとつであった。

(3) 有限会社やまうち

同社は，葬祭業を営んでおり，双葉郡富岡町，仙台，いわきで事業展開をしていた。いわゆる「おくりびと」[10]である。震災当時の本社は富岡町にあったが，インタビュー時は，警戒区域に指定されているため中小企業庁のグループ補助

金採択を機に，いわき市に本店所在地を変更予定であった。同社の事業主は，2011年3月11日，仙台で震災に遭遇した。

あまりにも多くの死を一度に迎えたこの震災では，かれらの力が強く求められた。震災直後，ある人物から，宮城県気仙沼沿岸の遺体処理をしてほしい旨の連絡が同社に入った。周知のとおり，気仙沼市では，地震発生直後に沿岸部を襲った津波により死者・行方不明者1,400人以上という被害を出した地域である。今でもネット上に当時の状況を語る映像が多数残っている。また，その直後に同市鹿折地区で発生した大規模火災は，津波や余震が相次いだため，消火活動が捗らず長期間にわたって燃え続け，13日後の3月23日になってやっと鎮火した。同社は，震災3日後，自衛隊が現地入りするより前に，火が燃え盛る地域をヘリコプターで移動したということである。

遺体処理活動を行う気仙沼市沿岸は，当時，一般の人間は立ち入り禁止地域であった。しかし，彼には，阪神大震災でも同様の要請があり，特殊部隊として現場入りした経験があった。今回も同様に，現地で沿岸の遺体を安置所に運んだり，遺体に顔のマッサージを施したりする作業に従事したそうである。顔をマッサージするのには理由がある。津波に巻き込まれ，苦しんで亡くなった遺体は表情に出ているので，最期におだやかな顔に戻すためである。こうしたマッサージによって表情はある程度戻るが，どうしても戻らない場合は化粧を施したという。

また，通常の人々は感染症の知識がない。したがって，納棺師のような専門知識がないと遺体に安易に触れてはいけない。例えば，肝炎持ちの方がなくなった場合，遺体の傷口に触れたら感染の恐れがある。そのため，家族であっても遺体に直接触れるのは禁止されている。津波で甚大な被害を受けた沿岸部の遺体は損傷がひどく，やはり「プロの仕事」が必要であるとのことから，同社に声がかかったのである。

このような活動は，複数地域を移動する非公式のボランティアで行う作業のため，金銭的な報酬は全くない。活動の拠点となる施設には，支援物資のバナナなどが届いたが，報酬はせいぜいそのバナナ1本程度であったとのことであ

る。自らが被災企業でありながら，他の被災地に無報酬で赴き，プロとしての務めを果たす。そうした事業継続のあり方もあるのである。

同社事業主によれば，このような有事に声がかかる納棺師の資格を持つ葬祭業者は4社あり，いつも同じ面々であるということである。常日頃からの活動により，信頼関係のもとに特別部隊として声がかかるのである。事業主いわく，「自分は日頃から多くの人脈を構築する努力を惜しまない。全国各地にネットワークを構築することで，パートナーの位置づけとなる関係が多数存在している。そのようななかで，緊急事態に依頼されるようになった」とのことである。すなわち，平時における人的ネットワークの形成が大事であるということを，この事例では明らかにしている。なお，インタビューを行った2013年当時は，富岡町に住民票があり，東電からの補償金を受け取っているそうである。

第3節　地域の中小企業にとっての事業継続

本節では，本章の主題である地域における中小企業の事業継続についての本質に迫っていく。それは非常に困難な課題ではあるが，それでもいくつかの方向性は見出せるのではないだろうか。その第1が「事業継続は計画ではなく，実践である」という視点である。そして，第2がステークホルダーとのネットワークを再考することの重要性であり，第3が地域ブランドとの相互依存性の認識である。

(1) 事業継続は計画ではなく，実践である

本章では，制度設計者が考え，提案したBCPを紹介したうえで，あえてBCPを策定していなかった企業で事業を継続できた事例を紹介してきた。そこから見えてきたのは，当然のことであるが，災害時の事業継続とは，計画されたものというより，時々刻々と変化するさまざまな事象を含めたアクターの関係性の中で，自らと組織の生存をかけて実践していくものであるということである。

これは，ミクロ的には Weick (1998) のいうインプロビゼーション (improvisation)，マクロ的にはアクターネットワーク理論 (Callon, 1986) のトランスレーション (translation) の視点から議論することができよう。前者について，事例のなかで登場する人々は，目の前に起こっている事態に対して，限られたリソースのもとで，即興的な対応を行いながら生存可能性を探索し続けてきた。その実践は，Weick and Sutcliffe (2007) が「不測の事態に強い組織」として紹介する高信頼性組織 (HRO：High Reliability Organization) のそれと類似のものである。ただし，Weick and Sutcliffe が対象としたのは，軍や原子力発電，航空管制など重要インフラを支える大規模組織の現場での平時を中心とした実践であるのに対して，本章の事例は有事における中小企業のトップの実践を対象としていることに留意したい。

　後者については，同理論が人間のみならず，非人間も含めた動きに着目したように，本章の事例では，地震，津波，原発(事故)，道路，ガソリン，店舗，物資，近隣住民，顧客，行政，規制などさまざまなアクターが立ち現れ，時に消えていく過程のなかで，翻訳者としての中小企業主が必死に，他のアクターを取り込みながら事業を継続してきたことがわかる。その意味では，BCP もひとつのアクターであり，その「不在」こそが，本章の事例を特徴づけるのかもしれない。ただし，アクターネットワーク理論の当初の関心が科学技術のつくられていくプロセス (失敗も含む) にあったのに対して，本章では，原発という科学技術 (の神話) が自然の脅威のなかで崩壊していくなかで，その影響下に苦しむ人々の実践に焦点を当てたものであった。

(2) ステークホルダーとのネットワーク再考

　やや抽象的な議論が続いたので，次は実務的な側面から考えてみよう。災害対応を考える際に，しばしば「自助・共助・公助」という言葉が使用されるが，本章の事例企業のインタビューからすると，発災直後には「公助」すなわち行政の支援を期待することは難しいということが明らかになった。自らの職員や施設が被災し，過去に経験したことのない原発事故対応に追われるという大混

乱のなかで，十分な対応ができなかったことは想像に難くない。こうした状況の自治体に対して，本章の事例企業では，ときに怒り，ときに諦めも交えながら，交渉し，確認し，働きかけ，場合によっては無視することによって事業を継続してきた。一方，家族や親戚，従業員による「自助」，平時から懇意にしていた取引先や地域住民，そしてボランティアとの「共助」によって危機的事態を乗り切ってきた。

複数の事例企業のインタビューで「ヒト」や「ネットワーク」の大切さが強調された。ただし，メディアなどでしきりに使われた「絆」という言説はほとんど用いられなかったことを付記したい。

また，本章の事例で注目すべきは，原発事故の当事者である東京電力（および政府）の存在である。2013年に行った避難地域にある企業のインタビューでは，3社すべてが東京電力からの補償金を手にしていた。その補償金による経済的効果が，事業継続のモチベーションに対してプラスとマイナス双方の影響を与えていることが確認できた。避難区域は少しずつ解除・見直しが行われているとはいえ，事故以前の状態に戻ることは難しい。その認識を誰よりも持っている現地中小企業が，これからどのような道を選択していくのかについては，さらに長期的に見守っていく必要があろう。

(3) 地域ブランドとの相互依存性

原発事故によって，美しい自然の恵み豊かな福島の地域ブランドのイメージは一変する。原子力の問題を懸念する人々やメディアからは，「ヒロシマ」「ナガサキ」，あるいは「チェルノブイリ」と並んで「フクシマ」が語られるようになった。また，環境被害，企業由来被害として，「水俣」と「福島」を並べる言説も多い。本章でインタビューした企業は，災害発生当初から風評被害に苦しみ，それは現在でも変わっていない。事故の影響をまとめた中小企業庁(2011)では，避難区域外での代替生産や事業所の移転，製造業における取引の停滞や取りやめ，製品の安全性検査の要請や旅館・ホテル業における予約キャンセルなどが事例としてあがっているが，本章の事例企業の中心である小売・

サービス業においても同様の現象が見られた。むしろ，地域に根ざした小売・サービス業であるがゆえに，その影響は計り知れない。

　古賀(2015)は石巻市における被災当事者による事業創造の事例のなかで，さまざまな主体から構成される復興の物語を紹介したが，「地震」「津波」「復興」といったテーマだけでなく，「原発事故」「避難区域」「放射性物質」などといった要素があるなかで，被災地福島の事業継続の物語をどのように描いていくのかは，大きな課題である。逆にいえば，事業継続の問題は，自社の基盤となる地域のブランドのあり方に強く依存していることが，本章の事例研究によって明らかになったのである。さらにいえば，ヒトが住む地域という存在が継続することが，地域中小企業の絶対条件である。

おわりに

　本章では，第1節で，東日本大震災以降，中小企業においても重要視されているBCPの概念を確認したのちに，BCPを設定していなかったにも関わらず事業継続が可能であった福島県いわき市の8社の事例から，①顧客の存在，②情報の受発信，③無償の相互支援，④ヒトが集まる場の設定という4つの条件を抽出した。さらに，第2節では，その後インタビュー調査をした，東京電力福島第一原子力発電所の事故によって避難地域に指定された場所に基盤を持つ3社の事例から，同地域における事業継続の現状と課題を明らかにした。そして，第3節では，全体を通して，①事業継続は計画ではなく，実践であること，②ステークホルダーとのネットワークを再考すべきであること，③地域ブランドとの相互依存性を認識すること，という理論的・実践的な示唆を提示した。

　2015年現在，福島第一原子力発電所は廃炉へと舵を切り，原発構内や拠点となるJヴィレッジには，土木・建築関連を中心とする中小企業事業者も多く出入りしている。除染や廃炉作業者の拠点となるいわき市の一部には，人も集まってきている。しかし，避難区域の住宅や店舗の多くは，2011年3月から

時を止めている。こうした状況のなかで，地域中小企業が事業を継承していくということはどういうことなのか，われわれは真剣に議論していく必要がある。

謝辞
　本章の内容は，科学研究費基盤研究(B)課題番号 23310115 の成果の一部である。

注
1) http://www.chusho.meti.go.jp/bcp/download/level_d/bcpent_01.pdf（2015 年 4 月 20 日アクセス）。
2) 本インタビューは，筆者のひとりである奥瀬円が「福島原子力発電所事故の影響下における事業継続の事例研究」明治大学経営学研究科提出修士論文（2013 年度）作成にあたり行ったものである。
3) より厳密にいえば，株式会社ホライズンと医療法人東栄会村岡産婦人科医院では消防法第 8 条に定める防災訓練を行わなければ法令違反となるため実施しているが，緊急事態に備えての BCP の策定はしていなかった。
4) http://ine.main.jp/（2015 年 4 月 30 日アクセス）。
5) http://www.gurutto-iwaki.com/（2015 年 4 月 30 日アクセス）。
6) 2012 年 9 月 6 日 NHK 総合「あの日　わたしは〜証言記録　東日本大震災〜」
7) 同社では，いわき市田人の山の中に「窯焼きピザ」等，体験型の新事業を展開するため，事業主が自ら作成した煉瓦の窯を設置し，山を整備していた。その矢先の東日本大震災であった。
8) http://bb.soma.or.jp/~raito/（2015 年 4 月 30 日アクセス）。
9) インタビューを行った 2013 年現在，これは仕事をするモチベーションダウンにつながるということで，仕事を再開しても 50 万円までは補償されることとなった。
10) 納棺師を主人公とした 2008 年の日本映画。滝田洋二郎監督，本木雅弘主演。第 81 回アカデミー賞外国語映画賞や第 32 回日本アカデミー賞最優秀作品賞などを受賞。

参考・引用文献
古賀広志（2015）「東日本大震災における被災当事者による事業創造」地域デザイン学会誌『地域デザイン』第 5 号，pp. 53-72。
東京電力福島原子力発電所事故調査委員会（2012）『国会事故調報告書』徳間書店。
内閣府・防災担当（2005）『事業継続ガイドライン　第一版―わが国企業の減災と災害対応の向上のために―』
　　http://www.bousai.go.jp/kyoiku/kigyou/keizoku/pdf/guideline01.pdf（2015 年 4 月 30 日アクセス）。
内閣府・防災担当（2007）『事業継続ガイドライン　第一版―わが国企業の減災と災害対応の向上のために―解説書』

http://www.bousai.go.jp/kaigirep/chuobou/20/pdf/shiryo51.pdf（2015 年 4 月 10 日アクセス）．

中西晶（2008）「高信頼性組織における見える化」『日本経営品質学会春季大会予稿集』（2008 年 5 月 17 日，於明治大学）．

中小企業庁（2006）『中小企業 BCP 策定運用指針』
http://www.chusho.meti.go.jp/bcp/（2015 年 4 月 10 日アクセス）．

中小企業庁（2011）『2011 年版　中小企業白書』
http://www.chusho.meti.go.jp/pamflet/hakusyo/h23/h23/index.html（2015 年 4 月 10 日アクセス）．

松本聡（2012）「中小企業と危機管理（BCP）：小規模事業者の BCP 策定率の現状と改善策について」『平成 24 年度中小企業懸賞論文入選作品』商工総合研究所，
http://www.shokosoken.or.jp/jyosei/kenshou/r24nen/r24-2.pdf（2015 年 4 月 20 日アクセス）．

Callon, M. (1986) "Some elements of a sociology of translation: domestication of the scallops and the fishermen of St Brieuc Bay," Law, J., *Power, action and belief: a new sociology of knowledge?*, Routledge, pp. 196-223.

Weick, K. E. (1998) "Introductory Essay—Improvisation as a Mindset for Organizational Analysis," *Organization Science*, 9(5), pp. 543-555.

Weick, K. E. and K. Sutcliffe (2007) *Managing the unexpected: Resilient performance in an age of uncertainty*, Jossey Bass.

第7章
災害対応のレジリエントなサプライチェーンデザイン
―危機対応のための物流のチャネルシフト構築戦略―

萩原　功

はじめに

　災害対応のレジリエント指向のサプライチェーン (Supply Chain) デザインが求められる背景には，実は2つの側面がある。まず，災害時におけるサプライチェーンの機能停止や能力不足が，被災住民の救命救援や避難生活の支援，地域の復旧復興に十分に貢献できない危険性への対応の必要性である。次に，被災によるサプライチェーンの損壊が国民生活や産業に与える影響への対応の必要性である。

　災害対策基本法第2条の1によれば，災害とは暴風，竜巻，豪雨，豪雪，洪水，崖崩れ，土石流，高潮，地震，津波，噴火，地滑りその他の異常な自然現象または大規模な火事もしくは爆発その他その及ぼす被害の程度においてこれらに類する政令で定める原因により生ずる被害である（法務大臣官房司法法制部編，2014）と定義される。

　災害への対応におけるサプライチェーンの役割を考えると，まず災害発生の早い時期には，医療の不徹底や食糧や飲料水の不足を防ぐために救命・救援に必要な医薬品・医療機器・水と食料などの物資を迅速かつ確実に輸配送する物流の提供が不可欠になる。これに加えて，避難生活に伴う空腹や暑さと寒さな

どの身体的ストレスや避難生活の心理的ストレスの緩和に関しても十分な物的資源の提供が貢献するところが大きく，迅速な仮設住宅建設による日常生活の回復についても物流の貢献するところが大である。

　被災地におけるサプライチェーンの損壊や機能低下が回復しなければ，地域の産業も復旧できない。現在のスモールワールド化[1]し，またスケールフリーネットワーク化[2]した産業においては，地域の製造業が被災したことによって産業全体のサプライチェーンが停止し，機能低下し，それゆえ国民生活に対して多大な影響を及ぼしてしまう。

　被災企業が早急に復旧しなければ，物流チャネルが切り替えられてしまい，サプライチェーンから排除されることになり，その結果として地域は雇用と税収を失うことになる。場合によっては人口の流出を招く可能性が大きくなる。このようなことは，被災企業の復旧を早め，被災によるサプライチェーンの損壊が国民生活や産業に与える影響を縮小することが，地域の復興の質と量とスピード，すなわち地域レジリエンスにとっても重要であることを意味している。

　そこで本章では，以下のような3つの流れに沿って災害対応のレジリエント指向のサプライチェーンデザインについての考察を行っていく。具体的には，第1が災害対応のサプライチェーンと物流チャネルの現状と問題，第2が災害対応の先進的なサプライチェーンの紹介，第3が災害対応のためのサプライチェーンの今後の展望構想である。

第1節　災害対応のサプライチェーンと物流チャネルの現状と問題

　本節では，まず災害対応のサプライチェーンの現状と課題についての考察を行っていく。現実には，一部の先進的企業を除くと本格的な対応を行っている企業は少ない。しかし，東日本大震災を契機に，多くの企業が災害対応のサプライチェーン構築に向けて積極的な対応を取り始めている。ここでは，設定と現状把握に関するシステム論的なアプローチ，大地震のリスクとスケールフリ

ーネットワーク化の推進，技術面における対応の現状と経営面における問題が論じられる。

(1) 設定と現状把握に関するシステム論的なアプローチ

サプライチェーンとは，購買—製造—流通—在庫—販売のプロセスや顧客—小売業—卸売業—製造業—部品・資材サプライヤーといった供給活動の連鎖構造を指す言葉である（人見, 2003）。このサプライチェーンを構成するマテリアルフロー[3]やマテリアルハンドリング[4]，そして在庫管理や輸送管理などは，問題が明確で最適な解が求めやすいシステム工学的アプローチに適した問題である。一方，災害対応のレジリエント指向のサプライチェーンや物流チャネルは，被災地と被災地以外の住民ならびに市町村，都道府県，国などの行政機関，複数の企業，そして個々人のボランティアやNPO，NGOなどが関わる多主体複雑系の社会システムであるため，システム工学的アプローチではなくシステム論的アプローチが必要になる。

当然ながら，主体が異なれば価値観が異なるため，それぞれの主体がもつ「あるべき姿」は異なっている。また，それぞれの主体は，内部環境の変化を通じて外部環境の変化を知覚して自らの役割に沿って行動するものである。それぞれの主体の内部環境と役割が異なるために，同じ現象に対してもそれぞれの主体の現状に対する認識ととるべき行動も異なってくる。それゆえ，問題とはあるべき姿と現状との負の格差であり，各主体の認識する「現状」は「現状に対する認識」と「とるべき行動の達成率」によって構成されるということになる。これに伴って，それぞれの主体の「あるべき姿」と「現状」に関する認識との格差である「問題」に対する認識もおのずと異なってしまう。

したがって，異なる主体間のあるべき姿と現状に対する認識や役割と問題設定の差異を明示し，同じ事象に対してそれぞれに異なる問題を抱えて，それを解こうとしているという認識の共有が重要となる。この認識が，それぞれが受け入れ可能で実現可能な解決策を策定する前提になってくる。このような前提を欠いたままに，それぞれの主体がそれぞれ異なっていることに気付かずに，

それぞれのあるべき姿や現状に関する認識に基づいて問題解決を追求すれば，それぞれの主体の立場や利害によって議論がゆがみやすくなる。中立性に留意すべき場合においても，それぞれの得意とする問題解決手段の押し付け合いが発生しやすくなる。

このような問題設定と現状把握に関するシステム論的な問題に対処するために，ピーター・チャックランドの提唱したソフトシステムズ方法論[5]などのシステム思考とシステム実践の手法が存在している。しかし，災害対応のサプライチェーンと物流チャネルに関しては，このようなシステム論的アプローチが行われていないという問題がある。

(2) 大地震のリスクとスケールフリーネットワーク化の推進

リスクマネジメントにおいては，災害などのリスクの発生の確率と発生した場合の被害額の積によって，対策をとるべきリスクの優先順位が決定される。この考え方に立脚して大きな被害が予想されるために，対策の優先順位が高いものとしては，首都圏直下型地震による首都圏における大震災と南海トラフ地震による大阪・名古屋圏における大震災がある。

内閣府首都直下地震対策検討ワーキンググループ(2013)によれば，都心南部直下型地震(Mw7.3)が発生した場合，地震の揺れによる建物倒壊や市街地火災による被害は家屋約61万棟，死者最大約23千人，経済的損失は合計約95兆円という被害想定が行われている。また，内閣府防災担当(2013)によると，南海トラフ巨大地震においては，重傷者，医療機関で結果的に亡くなる者および被災した医療機関からの転院患者を入院需要，軽傷者を外来需要とした場合，被災都府県で対応が難しくなる患者数は最大で入院が約15万人，外来が約14万人と想定とされている。このほかにも，大震災が起こった場合には，大量の避難者，帰宅困難者が発生するほか，食料，水，毛布などが地震発生後3日間大量に不足することが想定されている。さらに，サプライチェーンや物流チャネルを構成する企業の本社機能や情報システムの中枢が震災によって破壊または機能低下を起こすと，被災していない地域のサプライチェーンや物流につい

ても機能の停止または低下が発生するだろう。

　運輸や物流に対する影響としては，直接の被災規模のみならず高速道路網や鉄道網の中枢を占め首都圏と大阪・名古屋圏の被災は全国の運輸や物流に影響を与える可能性が高くなる。また，港湾や空港の被害は輸出入や内航海運の混乱に結びつき，食料輸入や工業製品・工業材料の運輸に甚大な影響がでるだろう。

　インターネットとクラウドによる情報サービスについては，災害に強く被災地の復興を支えており，それゆえ災害対応のレジリエントなサプライチェーンを支える存在として期待される。しかし，インターネットとクラウドは，インターネットサービスプロバイダーの相互間を多対多で接続するインターネットエクスチェンジが東京に集中しているため，首都圏直下型地震に対して脆弱であるという問題がある。

　また，ものづくりは一般的に商品の企画や技術開発から設計と試作を経て部品調達とマザー工場による生産技術やプロセスイノベーションを経て内外の量産工場で量産が行われる。このように，量産型工場以外の企画や設計，試作，マザー工場[6]などにおける生産などという多くのものづくりの機能は，東京圏もしくは大阪・名古屋圏に集中している。それゆえ，これらの地域の震災などによる被災には，ものづくりのサプライチェーンをその端緒から全滅させる可能性を考慮しておく必要がある。

　流通や製造や調達などの企業間の関係は，系列が緩和されれば多主体複雑系となり，それぞれの主体によって自由なネットワークが縦横に張り巡らされる。次第に，スモールワールド化するととともに，特定のノードにリンクが集中する傾向が生じることになり，スケールフリーネットワーク化が進行することになる。

　スケールフリーネットワークには，インターネットにみられるように，ランダムな破壊には強いものの，多くのリンクを持つハブへの攻撃には脆いという特性がある。例えば，ある部品メーカーがある製品メーカーのある機種について必要不可欠であり，他社からの調達が困難な部品を製造していた場合には，

メーカーは被災企業の復旧まで生産を制限されてしまう。期間工の募集の停止や従業員の残業が無くなり，他の部品メーカーへの発注が抑制される可能性がある。これによって製品メーカーや他の部品メーカーが立地する地域は，直接被災していない場合でも災害による影響を受けることになる。当然ながら，この部品メーカーが，その製品メーカーの多くの機種にとって必要不可欠であり，他社からの調達が困難な部品を製造していた場合には，その影響は大きくなってしまう。当然ながら，それらの従業員とそれらが立地する地域にも，その影響が及ぶことになる。

このような部品供給におけるハブが工場移転などで海外に存在する場合には，このような被災などのリスクはグローバルサプライチェーンの脆弱性として発生するわけである。製品の部品点数が多ければ多いほど，関連する企業や産業の裾野が広ければ広いほど，そして多くの地域に関連すればするほど，このような部品生産のハブの被災による影響は大きくなると思われる。この点において，地方や海外の思いもよらない地域の被災がサプライチェーンの停止に結びつく可能性が高いことに留意すべきであるとともに，首都圏・名古屋・大阪などの工業集積の被災が全国の産業に甚大な影響を与えることが懸念される。

ただし，このサプライチェーンの存続にとって重要なことは，部品や資材は調達可能なのかということである。被災した調達先が供給していた部品が規格品であるため市場からの調達可能である場合や代替品や代替取引先が存在する場合，ならびに他の企業による迅速な生産の代替が可能な場合には，それらが必要な期間内に必要量を満たせばスケールフリー性もハブの存在も問題化しないと思われる。

(3) 技術面における対応の現状と経営面における問題

軍事におけるロジスティクスが核兵器，生物兵器，化学兵器の飛び交う戦場における活動を前提としているように，コストさえかければ，大震災や津波や原子力災害，ならびにパンデミックなどを含むいかなる災害の状況下でも活動できる物流機能は構築可能である。これは，災害対応のサプライチェーンと物

流チャネルについても同様である。

　また，レジリエント指向という言葉は，文字通り弾むように復旧し跳ね回るように活力に満ちて復興することを意味している。しかし，これもコストを負担することさえできれば実現は可能である。システムが災害に対していかにレジリエントであるか否かについては，情報システムの信頼性のひとつである稼働率を準用して考えるならば，「稼働率＝平均故障間隔／（平均故障間隔＋平均修理時間）で平均故障間隔が一定の期間の中において何回故障が発生するかを意味している」(竹下，2003)。平均修理時間は故障が発生した際に修復・復旧し再稼働するまでの平均時間を意味するので，故障しないでいる時間が長ければ長いほど，また平均修理時間が短ければ短いほど，稼働率が向上することになり，それゆえレジリエンスが上昇することになる。

　すなわち，災害対応のレジリエント指向のサプライチェーンについては，災害に対して故障が発生しにくく，また故障が派生した場合は，できる限り短い時間で復旧し再稼働することがデザイン上の要件となる。しかし，「A chain is no stronger than its weakest link（鎖はそのもっとも弱い環より強くなることはない）」という諺があるように，サプライチェーンの災害に対するレジリエンスは，サプライチェーンを構成する物流や情報などのリンクとリンクの内においてもっとも災害に対するレジリエンスの弱い場所の脆さによってほとんど規定されてしまう。災害対応のレジリエント指向のサプライチェーンを構築するためには，物流拠点・情報システム・運輸手段，本社機能，コールセンターなどに，耐震性を付与することが必要になる。具体的には，停電や燃料供給の途絶の中においても，サプライチェーンと物流を機能させ続ける「フォルトアボイダンス」(竹下，2003)な仕組みの構築が求められる。

　そのためには，首都直下地震や南海トラフ地震による震災などを想定すると，水道が止まり食料の流通が停止した状態でもサプライチェーンを機能させられるようにしなければならない。具体的には，飲料水と生活用水や食料を保管し，自家発電装置の導入ならびに自家発電用燃料の保管を行い，物流拠点には配送車両などのための燃料を保管しなければばらない。また，計画停電と燃料不足

で鉄道やバスが停止した場合にも，従業員を出勤させるための送迎バスの保有や各施設の徒歩圏に社宅を用意するなどの対策を行うことも不可欠である。それは，大震災などの際でも従業員を出勤させることが必要であるからである。拠点によっては，泊まり込みで事態の対処にあたる従業員のための仮眠室やシャワー室などが必要になると思われる。

震災などによって東京や大阪が甚大な被害を受けた場合においても，災害対応の意思決定をレジリエントに行い，情報システムを極力停止させないことも大事である。万一，本社機能や情報システムが停止した場合にも瞬時に復旧させるためには，東京と大阪で相互に本社機能や情報システムをバックアップする仕組みの構築や東京や大阪に集中している情報処理，さらには物流機能を各地の物流センターに分散して代行するなどの「フォルトトレラント」(竹下, 2003)な仕組みづくりが必要になる。

上述したように，災害対応のレジリエント指向のサプライチェーンや物流に関わる投資を行う企業は，それを行わない企業に対して非常に多くのコストを負担せざるをえず，それゆえ価格競争力の面で不利になることを示している。サプライチェーンも物流も複数の企業システムが関わる社会的なシステムである。そこで，災害対応のレジリエント指向のサプライチェーンをデザインするにあたっては，ビジネスとしての要件と災害に対するレジリエンス・事業継続とのバランスを考慮しなければならない。しかし，そこにはそれを可能とする経営戦略とビジネスモデルの不在という大きな問題が存在する場合が多いようである。それゆえ，災害対応のレジリエント指向のサプライチェーンの構築に関しては，税制面での優遇や補助金や助成金などの行政による支援と誘導が重要になるわけである。

第2節　災害対応の先進的なサプライチェーンの紹介

本節では，すでに災害対応のサプライチェーンの構築に着手している企業のなかから，特に成果が顕著な事例を紹介する。ここでのポイントは情報システ

ムや物流システムを駆使したサプライチェーンの構築が，先進的かつ戦略的に行われるかということになる。このような問題意識を持ちながら，以下において先進事例の戦略的な読み取りが行われる。具体的には，スズケン，NTT物流ロジスコ，国分の3企業についての簡単な紹介である。

(1) スズケン＝宮城物流センターの自家発電機と倉庫管理システム

医薬品卸のスズケン（株式会社スズケン：本社は名古屋市，社長は太田裕史）の戦略は以下のとおりである。宮城県大和町に竣工させ稼働に向けて準備を進めていた宮城物流センターが，2011年12月5日より出荷を開始している。この物流センターの特徴として，まず非常用自家発電機が導入されたことがあげられる。震災などの緊急時においては通常の電力供給がなされなくなるために，非常用自家発電機によって発電された電気をセンター内の一部に対して供給するようになっている。これによって，温度管理が必要な商品の保全や物流業務などに与える影響を最小限に抑えることができるようになった。

また，2つ目の特徴としては，トレーサビリティーへの対応があげられる。独自の倉庫管理システム（WMS：Warehouse Management System）」の導入によって，顧客に納品した商品のロットや有効期限の管理を可能にする。この結果，製造不良などによる回収対象医薬品を迅速に把握して回収することが可能になっている。

3つ目の特徴としては，安全と効率を重視した供給体制の整備があげられる。これによって，検品にデジタルアソートシステム（Digital Assort System）を導入したことによって，作業者はランプが点滅している棚に表示された個数を投入するのみでよくなる。また，作業ミスの減少と作業効率の向上も図られる。

さらに注目すべきものとして，安全・安心のためのセキュリティ対策がある。それは，精神薬，毒薬，毒物・劇物などを保管する特殊品庫とセンターコントロールルームに静脈認証システムを設置したことである。これによって，商品特性に合わせた厳重な管理を行うことが可能になる。また，ICチップ入り非接触カードによる全館の入退室管理や監視カメラによる24時間監視が行われ

ることになり，これで安全・安心を確保できるようになる。

　見逃せないのがエコに関する取り組みである。ここでは最大発電能力20キロワット(40ボルトの蛍光灯500本分)の太陽光発電パネルが設置される。それゆえ，センターにおいて消費される電力の一部は，自然のエネルギーを活用することになる。人感センサー照明を設置することで，人がいないときには自動的に消灯される仕組みも導入される。さらに，これは白熱灯に比べて消費電力が約85％減になる。また，LED照明を一部に採用することで環境への配慮も行われる。

(2) NTT物流ロジスコ＝バックアップ対応の物流情報システム

　1991年にNTT物流部として発足したNTTロジスコの特徴としては，災害に強い物流通信を担う使命を掲げられている。それゆえ，危機発生時のバックアップ体制と耐震性能に優れた倉庫と保管機器の耐震対策，そして物流情報システムのデータバックアップによるBCP[7]対策が講じられる(NTTロジスコ，2015)。

　同社は危機発生時のバックアップ体制の事前整備として，緊急通行車両の事前届出や非常時連絡体制の確保(衛星携帯電話の活用など)，そして拠点間のバックアップ体制の整備を行っている。また，耐震性能に優れた倉庫として，積層ゴムによる免震構造を有する神奈川物流センターや，耐震基準の1.25倍という高い耐震性能を持つ市川物流センターや千葉物流センターを有している。ここでは，保管機器の耐震対策としてアンカーボルトによる床固定やツナギ固定，そして連結器具による固定が実施されている。

　同社は，市川物流センターに自立回路によるバックアップ電源供給機能付き太陽光発電設備を完備する。なお，システムデータのバックアップについては，物流情報システムに大型UPS(Uninterruptible Power Supply：無停電電源装置)を導入する。これに関しては，停電時でも物流を止めないとしている。このような堅牢なデータセンターで運営されるSaaS(Software as a Service)型物流情報システムは災害対策の観点からも注目されるとしている。

(3) 国分＝物流情報システムのデスクトップクラウド

　おおよそ300年の歴史を持つ食品と酒類の総合問屋の国分株式会社(以下，国分)について，物流ニュースサイト Logistics Today は 2010 年 6 月 24 日付の記事において，「国分，全物流システムをクラウドに移行させて BCP を強化する」と報じている (Logistics Today, 2010)。数年かけて全物流システムをデスクトップクラウド環境方式へ移行して，最終的には全国 185 カ所の物流拠点に展開された。国分は 2007 年から事業継続計画を策定し実施しており，停止すると取引先や顧客に大きな影響がある全システムに対して，1994 年から機器やネットワークの二重化などの障害対策を実施してきた。また，自家発電装置や免震構造が導入されている首都圏のデータセンターを利用するなどの対策も施しているという。

　日本 IBM 株式会社 (2010) によると，国分は，事業継続の強化策として，衛星回線を利用した災害対策システムを構築した。しかし，一部のアプリケーションにおいて，衛星回線ではレスポンスの確保ができないことから，IBM のデスクトップクラウドサービス IBM Smart Business Desktop Cloud (クライアント環境仮想化サービス)を採用し，その結果衛星回線を利用した場合に限らず，通常ではネットワークの利用時でも約 10 倍のレスポンス改善を実現している。

　2012 年に創業 300 周年を迎えた国分は，長期経営計画である Advance300 を全社をあげて推進していった。具体的には，3 つの施策を打ち出している。1 つ目は，独自のコンソリデート (調整) 機能でサプライチェーンを最適化することである。2 つ目は，問屋ならではのマーチャンダイジング力の発揮である。さらに，3 つ目は流通インフラと三大事業(低温，菓子，フードサービス事業)の強化である。これらの施策を柱に，メーカー，小売業，生活者のすべてにとってプラスとなる流通の全体最適の実現を目指している。

第 3 節　災害対応のためのサプライチェーンの今後の展望構想

　『鏡の国のアリス[8]』において，赤の女王は同じ場所にとどまるためには，

絶えず全力で走っていなければならないという言葉を発する。このように環境の変化に対して生物は生き残ろうとすることで進化するのであり，地域も企業も変化する環境の中で生き残ろうとするなら進化する必要がある。

現在，IPv6に基づくモノのインターネット（IoT）と3Dプリンターなどのよるデジタルファブリケーションなどを背景にIndustry4.0（第4次産業革命）とも呼ばれる技術革新が急速かつ大規模に行われつつある[9]。例えば，ロボットも社会の中で活動の場を拡げようとしている。その変化の中で生き残るためには企業もサプライチェーンも物流も運輸も進化しなければならない。そのような新しい時代への適応と進化によって，企業の競争優位や成長と相互にポジティブなループを描く災害対応のレジリエント指向のサプライチェーンをデザインが不可欠になる。そこでここでは，このような認識に依拠しながら，災害対応のサプライチェーンと物流のためのビジネスモデル，危機をめぐるデマンドチェーンとオンデマンドロジスティクスの議論，危機対応の物流チャネルシフティング戦略の実装が提示される。

(1) 災害対応のサプライチェーンと物流のためのビジネスモデル

Porter and Heppelmann（2014）においては，接続機能を持つスマート製品と競争優位として，業界構造が変化するなか，企業が持続的な競争優位獲得するためには，差別化を通して上乗せ価格を獲得するか，ライバル企業よりもコストを低く抑えるかのどちらか，あるいは両面作戦を敢行する必要があると述べている。

災害対応のレジリエント指向のサプライチェーンを構築する企業は，そのような努力を行わない企業に比較して，多くのコストを負担せざるをえないために，低コストによるコストリーダーシップ戦略[10]やコスト集中戦略[11]をとることができない。このために差別化が重要になるが，差別化による競争優位の獲得のために有効であると思われるのが，サービスレベル協議書である。サービスレベル協議書は情報システムのサービスレベルに関する取り決めによって用いられる（図表7-1）。ここにおいては，災害が生じた際に，災害の種類と規

図表7-1　災害対応のレジリエント指向のサプライチェーンとサービスレベル協議書のポジティブループ

サービスレベル協議書が増えると災害対応のレジリエント指向のサプライチェーンが増え災害対応のレジリエント指向のサプライチェーンが増えるとサービスレベル協議書が増える

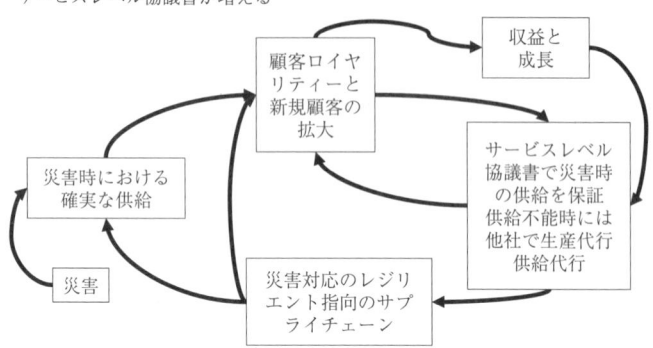

出所）サービスレベルマネジメント（萩原, 2006）の概念とシステムダイナミックス（Goodman, 1974）で用いられる因果ループ図を参考に筆者作成

模に応じて、どの程度の供給をどの程度の時間で復活させて、どこまで、そしてどれだけの時間で、どのくらいの頻度で提供するかといったサービスのレベルを規定するものを考えてみたい。

　また、被災によって自社でサービスレベル協議書に定めた製品や部品の提供が不可能になった場合は、同様の他者による納入や製造の代行を促進して、被災からの復旧に伴い取引をもとに戻す条文を加えることによって、取引先の信任を高め被災による取引先の切り替えから免れることができる。このような被災時の他社による納入や製造の代行を盛り込んだサービスレベル協議書や契約書を1次卸から2次卸、2次卸から3次卸というように製品流通のチャネルに沿って結び付けて、1次サプライヤーから2次サプライヤー、2次サプライヤーから3次サプライヤーというように部品調達のサプライチェーン上のチャネルを遡って締結することによって、災害に強く被害を受けても迅速に復旧するサプライチェーンが構築できるだろう。

(2) 危機をめぐるデマンドチェーンとオンデマンドロジスティクスの議論

　Porter and Heppelmann (2014) においては，競争優位の拠り所は業務効果 (operational effectiveness)[12]であり，業務効果を高めるには，バリューチェーン全体に最良の慣行(ベストプラクティクス)を取り入れることが欠かせないと述べている。具体的には，最先端の製品テクノロジー，生産機械，セールス手法，IT ソリューション，サプライチェーン管理法をそろえる必要がある。

　サプライチェーンにおいて業務効果を高めて，競争優位の獲得と，災害対応のレジリエント指向のサプライチェーン構築に貢献するものとして，デマンドプル型のサプライチェーンやデマンドチェーンがある。業務優位性をテーマにサプライチェーンについて論じた Tyndall et al. (1998) は，「グッドカンパニーの多くはプル対応に焦点を絞っているが，リーディングカンパニーはプッシュとプルに対応することによって収益を最大化させ，コストを最小化させようとする」(p.62) と述べている。

　デマンドプルなサプライチェーンは，平時においては企業と地域に競争優位をもたらす。企業にとっては，デマンドプルなサプライチェーンやデマンドチェーンは，消費者，最終ユーザー，事業所の求めるものをオンデマンドで供給することによって，顧客のニーズに適合させて顧客を囲い込み，顧客の要望を製品の開発や改良に迅速に反映させることができるため，サプライチェーン全体の在庫の適正化などのサプライチェーンマネジメントの目的の実現に大きく資することになる。

　また，BTO (Build to Order)[13]やマスカスタマイゼーション (mass customization) は，見込生産と異なり，受注から納品までのリードタイムなどの関係から消費地の近くに立地せざるをえない傾向にあり，このことは工場の海外流出による産業空洞化を防ぐものであり，地域への工場の回帰や新規立地につながる可能性を有している。デマンドプルなサプライチェーンは，災害発生時においては初動対応における救援物資の持つサプライプッシュな性格により，避難生活が長引いた場合に補完し，被災者のニーズに合った救援物資の供給に役立つ。

また，救援物資では充足できない避難生活者や被災者のニーズに対して，被災者の自己負担によるオンライン購入で対応することによって，避難所生活や生活再建に関するストレス軽減などに役立てられる。今後は，デマンドプルなサプライチェーンを構成するマスカスタマイゼーションなどの技術的な基盤として，モノのインターネット・IoT とロボット革命ならびに CAD・CAM や 3D プリンターなどのよるデジタルマニュファクチャリングが重要となる，と思われる。

　サプライチェーンは物流抜きには成立せず，災害対応のレジリエント指向のサプライチェーンが成立するには，災害という危機に対応した物流の維持が不可欠になる。しかし，災害による道路・鉄道・港湾・空港の破損や混雑，物流センターや物流ターミナルの被害状況や受け入れ可能な貨物の容量などのキャパシティ不足やガソリン不足による稼働可能な物流車両の不足などにより，物流は災害によって寸断される危険がある。

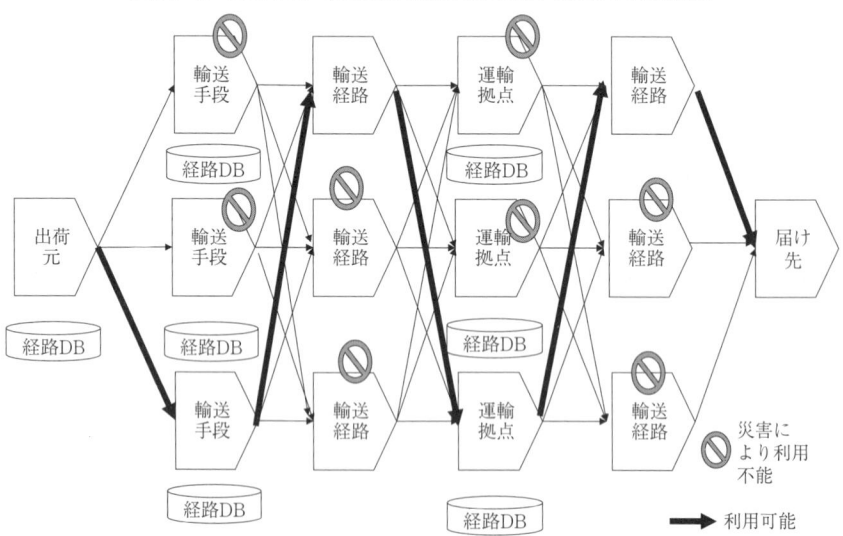

図表 7-2　運輸手段・運輸経路選択による効率化並びに危機対応

出所）インターネットにおけるダイナミックルーティング（大滝編，2014）の概念を参考に筆者作成

このような危機に対応して物流を維持するためには，状況に応じて運輸手段や運輸経路，中継する運輸拠点などを機動的に切り替えていく必要がある。そこで，インターネットのルーターが行う機動的なルーティングの仕組みを参照して運輸手段や運輸経路を機動的に選択する仕組みを考えると，図表7-2のようになる。

　受け入れ先や運輸拠点の荷捌きや車両受け入れ能力などの情報や，道路や鉄道などの輸送経路がどの程度混雑しているか，事故，浸水，積雪，土砂崩れ，震災などによる破損などにより交通できない状況にあるか否かなどの情報がリアルタイムで更新されて，車両，鉄道，船舶などの輸送手段側に送信される。それにより，どの輸送手段が利用可能か，どの運輸会社のトラックを利用すればよいか，コストと時間などを勘案して出荷元が選定できる仕組みを構築することで，災害に強く，平時にも渋滞に巻き込まれにくい運輸ルートを構築しやすくなる。

(3) 危機対応の物流チャネルシフティング戦略の実相

　運輸によるマテリアルフローの切り替えに伴い，物流チャネルを固定せず，機動的に切り替えていく必要がある。ここでは，このような戦略を危機対応の物流チャネルのシフティング戦略と呼ぶことにする。インターネットがダイナミックにルーティングを行うことによって，リンクの切断に強い仕組みを構築していることを参考にすると，危機対応の物流チャネルシフティング（経路転換）戦略が実現できる。

　流通や物流に現在使われているバーコードを光学的に読み取る自動認識技術を，RFID（Radio Frequency Identification）[14]による自動認識に切り替えることは，IoT時代に対応したサプライチェーンを構築する上でも，災害指向のレジリエント指向のサプライチェーンを構築する上でも，きわめて有効である。RFIDとは，Radio Frequency Identificationの略であり，非接触方式でデータの書き込み更新を行う電子タグのことである。

　物流面についていえば，現在POSレジや店舗や倉庫での入荷検品，ならび

に格納など販売情報システムや物流管理システムで利用されているバーコードを光学式に読み取る方式はコスト面などで優れているが，検品の際にパレットから商品を降ろしてバーコードをスキャナーで読み取り別のパレットに積み替えるなどの工程が発生する．これに対して，RFID をケース単位の自動認識に利用すると，パレットから商品を降ろすことなく検品を行うことができる．また，折り畳みコンテナ（略称　折りコン）などのように複数の商品を積みつけた箱についても，その商品の JAN コードと JAN コード別のピース数を RFID に記録することで開梱せずに何がどれだけ入っているかという情報を読み取ることができる．

　倉庫や緊急物資集積所の棚や床にロケーションを示す RFID を設置すれば，複数の商品をピース単位で詰め合わせた折りコンやケース単位の物資に貼付された RFID パレットやロールボックスパレットの RFID や物資自体などの RFID と紐づけることで，何処に何の物資がどれだけあるかというロケーション管理が容易になり，入出荷に伴い容易に更新ができるようになる．そして，コンテナやパレット並びにロールボックスパレットなどのユニットロードシステムと RFID を組み合わせることで，緊急支援物資が輸送ネットワークのどこのノードで保管されているか，どこのリンクを輸送中であるかなどの情報がリアルタイムで把握可能となる．

　このような RFID の特性を利用すると，震災における緊急支援物資の滞留の解消ならびに入荷検品の工数の削減や体育施設などに緊急に設けられ元来物流センターとしての機能を持たない物資集積所でのいわゆる物流管理の困難さが解消される．RFID による自動認識と物流情報システムの活用により，物流管理・物流作業の素人化が図られ，物流の専門家がいないため緊急支援物資の集積所などで物流が混乱する可能性を低めることができる．

　当然ながら，緊急支援物資の供給はスピードが優先されるため，災害対応の早い時期に関しては救援支援物資に RFID を貼付することはできないが，国や自治体が事前に備蓄している物資については賞味期限の管理なども含めてケース単位で RFID を貼付することが望ましい．それゆえ，避難生活が始まり，緊

急支援物資の供給に時間的余裕が生じ，被災者・避難生活者のニーズにあった物資供給の必要性が増すにつれて，RFIDを貼付した緊急支援物資の重要性が増加するだろう。また，RFIDはIoTというモノのインターネットによるサプライチェーンの効率化においても重要な役割をはたすものであり，折りコンなどのリターナブルな容器の回収管理を容易にすることで段ボールケースの使用を減らしてグリーンロジスティクスの実現にも貢献するものである。

2011年に発生した東日本大震災やタイの水害では，サプライヤーの被災による部品調達のサプライチェーンの停止が，製品メーカーの工場を操業停止に追い込んだ。この問題については，RFIDにどのサプライヤーの1次部品がどのサプライヤーの2次部品を組み込み，どのサプライヤーの2次部品がどのサプライヤーの3次部品を組み込んでいるかといった情報を履歴として書き込んでいくことで，部品調達のサプライチェーンを可視化することができる。これは，災害に際して，製品メーカーや上位のサプライヤーが，どのサプライヤーのどの部品を他から調達もしくは他社に代行生産させる必要が発生するかという予測と早期の対策を可能とするものである。

サプライヤーにとっては他社による製造の代行は望ましいことではなく，設計データや金型の貸与は営業秘密の保護の面からもさまざまな問題の発生が懸念される。しかし，一部のサプライヤーの被災のため製品メーカーの製造が停止もしくは低下すれば，メーカーと関連するサプライヤーの工場が稼働できない。サプライチェーン全体が停滞または停止することは避けねばならず，前述の代行生産に関する契約や協議書を前提に代行生産の仕組みづくりを行うべきである。このような代行生産については，モノのインターネットとロボット革命，ならびにCAD・CAMや3Dプリンターなどによるデジタルマニュファクチャリングなどが技術面での基盤となるだろう。

首都圏や大阪圏が壊滅する大震災においても，台風や豪雨，そして豪雪などにおいても，災害発生直後にサプライチェーンと物流が果たすべき役割は，救援を待つ人や孤立集落ならびに避難所や医療機関などに，緊急性の高い医薬品や食料や通信手段などを届けることになると思われる。このため，被災地に保

管されている救援物資を届けるにしろ，他の地域から持ち込まれた救援物資を届けるにしろ，物資の集積所から被災者避難生活者までの比較的短距離の運輸がきわめて重要となるだろう。

その際には，道路が瓦礫や土砂・浸水・積雪で埋まり通行できない状況であっても，いかに迅速に緊急物資を届けるかという問題が生じる。その問題解決にはドローンと呼ばれる自律航行可能な小型垂直離発着機などによる配送手段が有効となる。ドローンはいわば空飛ぶ小型ロボットであり，アマゾンが配送手段として注目したことで脚光を浴びたが，日本やドイツでも離島への小口貨物手段として実験が行われている。電線などの障害物を回避する技術も実用化されており，法規制の問題を解消できれば平時には，離島や山間部への宅配便などの配送，ならびにバイク便や宅配便の補完などを通じて普及を図ることができる[15]。

また，ドローンにカメラや通信機器を搭載させることで，災害の発生時には，負傷者ならびに救援を待つ被災者の発見や，被害状況の詳細把握，避難経路の現状確認などが迅速かつ正確に行われることが期待できるものと思われる。ドローンの自動飛行に関しては従来のGPSに加えて準天頂衛星「みちびき」による位置情報の高精度化が期待される。

おわりに

災害対応のレジリエント指向のサプライチェーンデザインと危機対応の物流チャネルのシフティング戦略は，災害に対する地域の復元力や回復力，すなわち地域レジリエンスの一部を形成し，大地震など広範で被害の甚大な災害に対する地域の事前復興に寄与する。しかし，当然ながら，サプライチェーンと物流チャネルは，複数企業の利潤追求行動の上に形成されるものである。私企業の利潤追求が，必ずしも公的利益の追求と合致するとは限らない。それゆえ，災害対応のレジリエント指向のサプライチェーンデザインや危機対応の物流チャネルのシフティング戦略においても，私企業の利潤追求を公的利益の追求と

合致させるための仕組みや仕掛けを作ることが重要になり，そのための制度設計とビジネスモデル構築が求められる。

そして，留意すべきなのは，私企業の利潤追求の側面からは，大地震や津波など広範で被害の甚大な災害の被災を契機に，サプライチェーンや物流チャネルから，被災地の企業を排除することが合理的である場合があるということである。元来，工場立地においては，国土の均衡ある発展を掲げた全国総合開発計画と工場等制限法・工場再配置促進法等によって，工業の立地に適した首都圏や近畿圏から地方に強制的に生産拠点が分散させられてきた経緯がある。近年においては，災害のない平時においても，全国総合開発計画の終了や工場等制限法・工場再配置促進法の廃止による工場の首都圏回帰や近畿圏回帰の傾向が見られるとともに，工場の海外移転も進んでいる。このような趨勢を背景に，私企業にとっては，被災を契機に被災地から自社工場を移転させ，被災地の協力工場や仕入れ先をサプライチェーンや，物流チャネルから排除することが，合理的である場合も存在するだろう。

前述のように，地域から生産拠点が流出または消滅すれば，工場労働者とその家族を中心に人口流出が生じ，地域の人口が減少し税収と地域の消費市場が減少し，小売業・個人向けサービス業が衰退し，サプライチェーンや物流チャネルにも影響が生じ，地域レジリエンスが低下する可能性がある。以上から，地域レジリエンスを実現するためには，地域住民の生命と健康の保全が最優先であるものの，地域の企業や事業所がサプライチェーンや物流チャネルから脱落しないように，その復旧を地域の自治体が資金面や制度面を通じて後押しする必要がある。

注
1) スモールワールドとは，ネットワークにおいて，あるノード（ネットワークの要素）から他の任意のノードにたどり着くのに，少数の中継ノードを経由するだけでよいという性質を示す言葉である（IT情報マネジメント編集部，2005）。スモールワールドと災害被害の関係について，齊藤（2012）は企業間の取引関係を通じて，地域を超えた震災被害の大きさを分析する上で重要な視点は企業間の取引ネットワーク

の構造にあり，ネットワーク構造の違いによって，被害を受ける企業の割合は大きく異なると述べている。
2）ネットワークにおいて結び目・拠点・中継点をノードと呼び，ノードとノードの結びつきをリンクと呼ぶ。一部のノードが膨大なリンクを持ち，ほとんどのノードをごくわずかなノードとしか繋がらず少数のリンクしか持っていない構造を持つネットワークがスケールフリーネットワークである。スケールフリーネットワークにおいて，膨大なリンクを持った一部のノードのことをハブと言う。
　スケールフリーネットワークはランダムな攻撃や破損に強いが，ハブへのピンポイントの攻撃に弱いという特性がある。東日本大震災では，部品供給のサプライチェーンがスケールフリーネットワーク化し，ハブにあたる企業や事業所が被災したため，被災地以外の企業の活動に影響が出た可能性が指摘されている（齊藤，2012）。
3）物流が物的流通の略語であり，流通の物的側面を指すのに対し，マテリアルフローは社会や産業における物質自体の空間的・時間的な移動や保管などのフローを指す場合が多い。
4）material handling：物流用語では荷役（にやく）　物流過程における物資の積卸し，運搬，積み付け，取り出し，仕分け，荷揃えなどの作業，及びこれに付随する作業を言う（永田，1992）。
5）Soft systems methodology（SSM）とは，これらの学習を基に問題状況に関わる人々が，各自の現状に対する捉え方を変化させると同時に，アクションプランを実施することによって現状を改革する「問題解決」の方法論である。問題状況と当事者の行為的な関わりを扱うという意味で，アクションリサーチの有力な方法論と言われている。
6）メーカーが国外に工場を設立して事業を拡大していく際，それを支援するための高い技術力・開発力・マネジメント力・投資判断力などを備えた工場。マザー工場は本国に置かれることが多い。現地に適した技術を提供し，技術者・管理者を派遣して支援する（小学館国語辞典編集部，2015）。
7）BCPについては第6章を参照のこと。
8）鏡の国のアリスの原題はThrough the Looking-Glass, and What Alice Found Thereであり，ルイス・キャロルにより1871年に発表された児童小説である。鏡の国のアリスは同じ作者による『不思議の国のアリス』の続編である。鏡の国のアリスはチェスをモチーフにしており，チェスの赤と白の駒にちなみ，赤の女王などのキャラクターが登場する。
9）第4次産業革命については，第4章注1参照。
10）競争優位を築く3つの基本戦略としてPorterは，競争優位の源泉を低コストと差別化に分け，競争の範囲を広いターゲットと狭いターゲットに分け，広いターゲットで低コストにより競争優位を築く戦略をコストリーダーシップ戦略とした。なお，広いターゲットにおいて差別化により競争優位を築く戦略が差別化戦略であり，狭いターゲットを狙う戦略を集中戦略と呼ぶ。
11）Porterの3つの基本戦略のうち，狭いターゲットを狙う集中戦略は，狭いターゲット

の中で低コストにより競争優位を築くコスト集中戦略と，狭いターゲットの中で差別化により競争優位を築く差別化集中戦略に二分される。
12) Porter は，ここでいう業務効果と戦略を峻別しており，Porter and Heppelmann (2014) においても業務効果を競争に参加するための最低限の条件としつつ，他社からの追い上げに対処するため，自社ならではの戦略的ポジションを明確にする必要性について指摘している。
13) BTO：製造業のビジネスモデルのひとつで，部品をストックしておき，顧客の注文に応じて組み立てる方式を言う。パーソナル・コンピューターなどで採用されているケースがある。

　　　BTO はメーカーにとっては製品在庫に伴うコストやリスクを低減でき，顧客にとっては不要な仕様を省くことで低価格での購入が行えるメリットがある。受注してからの生産になるため，受注から納品までのリードタイムを如何に減らすかが重要となる。
14) RFID とは，IC チップの情報を無線通信し，人やモノを自動認識し管理する技術である。物流の効率化以外にもトレーサビリティーに関する応用などさまざまな用途が考えられている。
15) ドローンについては，操縦不能になることによる落下などの問題があるが，それらを解決した上で有効利用することを検討していく必要がある。

参考・引用文献

IT 情報マネジメント編集部 (2005)「スモールワールド」『情報システム用語事典』
　　　http://www.itmedia.co.jp/im/articles/0507/28/news127.html （2015 年 4 月 10 日アクセス）。
NTT ロジスコ (2015)「次の物流を切り開く 3PL 企業｜NTT ロジスコ」
　　　http://www.ntt-logisco.co.jp （2015 年 5 月 2 日アクセス）。
大滝みや子編，坂部和久・早川芳彦 (2014)『2015 年版　基本情報処理技術者標準教科書』オーム社。
川又英紀 (2004)「デマンドチェーン・マネジメントとは」『日経情報ストラテジー』2004 年 8 月号，日経 BP 社，p. 19。
厚生労働省医薬食品局総務課・監視指導・麻薬対策課 (2011)『事務連絡　平成 23 年 3 月 18 日　東北地方太平洋沖地震における病院又は診療所の間での医薬品及び医療機器の融通について』厚生労働省，
　　　http://www.mhlw.go.jp/stf/houdou/2r98520000014tr1-img/2r98520000015drb.pdf （2015 年 2 月 19 日現在アクセス）。
齊藤有希子 (2012)『被災地以外の企業における東日本大震災の影響―サプライチェーンにみる企業間ネットワーク構造とその含意―』経済産業研究所，
　　　http://www.rieti.go.jp/jp/publications/dp/12j020.pdf　（2015 年 4 月 10 日アクセス）。
小学館国語辞典編集部 (2015)「マザー工場制」松村明監修『デジタル大辞泉』小学館。
情報システムと社会環境研究会編 (2012)「ソフトシステムスキル方法論」『IS デジタル

辞典』日本情報処理学会,
　　　http://ipsj-is.jp/isdic/1196/（2015年4月10日アクセス）。
高野敦（2014）「ドイツの『第4次産業革命』つながる工場が社会問題解決」『日本経済新聞電子版2014年1月27日7：00付』日本経済新聞社，pp.1-3,
　　　http://www.nikkei.com/article/DGXNASFK2302G_T20C14A1000000/?df=3（2015年5月2日アクセス）。
竹下恵（2003）『テクニカルエンジニア　ネットワークコンパクトブック』リックテレコム。
内閣府首都直下地震対策検討ワーキンググループ（2013）「首都直下地震対策検討ワーキンググループ最終報告の概要」
　　　http://www.bousai.go.jp/jishin/syuto/taisaku_wg/pdf/syuto_wg_gaiyou.pdf（2015年5月22日アクセス）。
内閣府防災担当（2013）『南海トラフ巨大地震の被害想定（第二次報告）のポイント～施設等の被害及び経済的な被害～』
　　　http://www.bousai.go.jp/jishin/nankai/nankaitrough_info.html（2015年4月10日アクセス）。
永田弘利（1992）『実践物流・マテハン技術読本』日本ロジスティクスシステム協会。
日経コンピュータ（2007）「ITpro」日経BP社，p.1,
　　　http://itpro.nikkeibp.co.jp/article/Keyword/20070205/260754/（2015年5月24日アクセス）。
日本IBM株式会社（2010）『お客様導入事例　国分株式会社　デスクトップ・クラウドの活用により約10倍のレスポンス改善を実現』日本アイ・ビー・エム株式会社，
　　　http://www-935.ibm.com/services/jp/its/pdf/kokubu_201008.pdf（2015年5月3日アクセス）。
萩原功（2006）「サービスシステムとSLAへのシステム論的アプローチ」『オフィス・オートメーション』Vol.28，No.3，オフィス・オートメーション学会，pp.79-84。
人見勝人（2003）「物的管理機能①購買機能（C）購買管理X生産」岡本康雄編『現代経営学辞典』同文舘出版。
法務大臣官房司法法制部編（2014）「災害対策基本法」法務大臣官房編『現行日本法規　第25巻　災害対策』ぎょうせい，p.2。
村井純（2015）「IoTという新たな産業革命」『Harvard Business Review』2015年4月号，ダイヤモンド社，pp.26-37。
LogisticsToday（2010）「国分，全物流システムをクラウドに移行，BCP強化」Logistics Today　運営事務局,
　　　http://www.logi-today.com/1227（2015年2月20日アクセス）。
Goodman, M.（1974）*Study Note in System Dynamics*, Wright Allen Press.（蒲生叡輝訳（1981）『システム・ダイナミックス・ノート』マグロウヒル好学社）
Porter, M. E. and J. E. Heppelmann（2014）*How Smart Connected Products Are Transforming Competition*, BR November. Harvard Business School Publishing Corporation.（有賀裕子訳（2005）「IoT時代の競争戦略」『Harvard Business Review』

2015 年 4 月号，ダイヤモンド社，pp. 38-67）

Tyndall, G., C. Gopal, W. Partsch and J. Kamauff (1998) *Supercharging Supply Chains*, John Wiley & Sons Inc..（入江仁之監訳 (1999)『市場をリードする業務優位性戦略 実践サプライチェーン』ダイヤモンド社）

第Ⅲ部

《個別編B》＝
有事を見据えた平時の備え

第8章

超高齢化社会を支える介護者のリデザイン

―介護と仕事の両立のためのライフデザイン構築戦略―

家村　啓三
中西　　晶

はじめに

　2014（平成26）年版『高齢社会白書』（内閣府，2014）によれば，2025（平成37）年にはいわゆる団塊の世代[1]が75歳以上になり，3,657万人に達すると見込まれる。これに伴い，この子供世代である団塊ジュニアの動向が注目されている。この団塊ジュニア世代は，兄弟姉妹が少なく，介護を家族で分担することが難しい世代である。また，この世代には未婚率も高いという特徴が見出される。加えて，現在，働き盛りの40歳代後半から50歳代の男性労働者が，家族介護を理由として大量に離職することが大いに懸念されている。例えば，日経ビジネス（2014）では，「隠れ介護1300万人の激震 - エース社員が突然いなくなる」というセンセーショナルなテーマで特集を組み，アンケート調査の結果から「ビジネスパーソンの親の半数近くが要介護認定」「男性も介護するのは当たり前」「働く介護者は週末が介護なので休みがない」などといった現実を明らかにしている。
　家族に高齢の親がいる場合には，もしも親が倒れたらとか，もし親が認知症になったらと，誰もが心配することであろう。しかし，介護の時期がいつ来るのかは予測がつかず，どんな状態になり，それがいつまで続くのか，などもま

ったく見通せない。それにもかかわらず，特に多くの働き盛りの男性のほとんどが，いつ訪れるかわからない有事を，平時においては我が身のこととして考えてはいない。

2000年に高齢者の介護を社会全体として支える仕組みとして介護保険制度のサービスが開始され，それから10年以上経過した現在，サービスの利用者は500万人を超えた。介護給付費は増加の一途をたどっており，これに伴い給付の抑制は社会保障制度改革の重要な課題にもなっている。他方，介護サービス受給者数の約4分の3は居宅サービスの利用者になっている。介護を社会全体で支えあうとは言いつつも，実は介護の場はあくまで自宅であり，在宅で高齢者を支える家族の役割はますます重要になってきている。

では，働き盛りの男性が介護を行わなければならない状況になる前に，備えることができるのは一体どのようなことであろうか。介護者の生活するゾーンから考えてみると，介護する親を中心に据えた介護保険のゾーン，介護休業など，介護と仕事の両立を支える職場のゾーン，さらに親または男性労働者が暮らす地域などのマルチなゾーンが想定できる。

しかし，実際には，それぞれのゾーンの重なりはさほど大きくはない。そのため，いったん親の介護に直面した時に，介護保険でいかなるサービスが受けられるのか，勤務している会社には介護と仕事の両立を可能にするサービスがあるのか，地域ではいかなる支援を受けられるのかについて，それぞれのゾーンにおいて悩むことになる。また，料理，排泄処理，片づけなどに関する家庭内における役割分業や男性固有の心理的要素から，多くの男性が精神的疲労を訴えており，そもそも介護はいかにすべきか，大きなとまどいと感じる場面も現出している。

そこで，本章では，介護という有事に直面する前の平時において，男性労働者が高齢者の介護と仕事を両立させながら，いかにライフデザインを構築すべきか論じていく。具体的には，第1が平時の備えとしての公助を中心とする社会保険制度およびサービス，第2が地域や企業による共助を中心としたサービスへの転換，第3が介護者に対する精神面のフォローの重要性についての見解

についての論述である。

第1節　平時の備えとしての社会保険制度およびサービス

　平時における介護のための安全・安心への備えとして，これまで国はさまざまな社会保険制度を準備してきた。本節では，介護保険制度をめぐる諸問題，介護休業と介護休業給付を捉えた課題の抽出をおこない，最後に男性介護者の置かれている状況について論じる。

(1)　介護保険制度と「介護の社会化」の矛盾

　介護保険制度が創設される以前は，利用者が行政窓口に申請をして，市町村がサービスを決定していた。また，医療と福祉に関しては，それぞれ別々に申し込まなければならず，所得によっても応分の費用を求められるという，いわゆる措置制度が採用されていた。介護保険は，それを保険制度という形で再構成して，要介護者などの利用者にとって使い勝手がよく，公平で，かつ効率的な社会的支援システムを作る狙いでスタートすることになった。そして現在，高齢者が増加していく中においては，持続可能な制度構築を目的として当初から5年ごとに法の見直し，3年ごとに介護報酬の見直しが決まっており，数次にわたって変更されてきた。

　例えば，2005年の改正の中において最も大きな改定ポイントは，介護予防に重点が置かれたことである。この結果，要支援と要介護度1，2で介護度の区分の見直しが図られ，要支援については介護予防ケアマネジメントとして地域包括支援センターが設置されることになった[2]。このとき，施設への配分は減額されて，施設は介護保険による収入の高い者，すなわち要介護度の高い者を入所させる傾向が見出されるようになった。また，介護療養型医療施設数も削減対象にされて，介護が不可欠の寝たきりになった者については，介護施設ではなく自宅における療養を余儀なくされる状況になった。

　さらに，2011年の改正においては地域包括ケアの推進が提唱された。地域

包括ケアシステムとは，ニーズに応じた住宅が提供されることを基本にした上で，生活上の安全・安心や健康を確保するために，医療や介護，予防のみならず，福祉サービスを含めたさまざまな生活支援サービスが日常生活の場において適切に提供できるような地域における体制と定義されている。その際に，地域包括ケア圏域はおおむね30分以内に駆けつけられる範囲を理想として定義されることになった。具体的には，中学校区が基本とされた。つまり，地域包括ケアシステムとは，中学校に通学した馴染みがある(イメージしやすい)距離感を土台に，さまざまな取り組みをスムーズに行うことを目的とするものである。

　介護保険制度は，家族観や社会観，そして財政的な傾向に左右されるということも大きな課題であろう。2015年の法改正により改善が図られてはいるが，介護保険制度に基づく介護労働者の報酬は低賃金であり，それゆえそのことが人材不足を招いてしまうわけである。介護サービスの提供者である介護労働者サイドは，肉体的にも精神的にも過度な労働を強いられている。その上，十分な報酬も得られないということから介護労働は敬遠されてしまい，介護の現場は深刻な人手不足になっている。雇用が短期化しているために，教育訓練が無力化してしまい，介護担当者のキャリアの形成もなされない。このような職場においては，当然ながら人材も集まらず，仮に人材の確保ができたとしても，サービスの質が問われるまでにはいたらない。その結果として，事業者サイドはトラブル解消コストが増大してしまい，さらに雇用コストの確保すらできなくなり，これによってますます人手不足に陥ってしまうという「負の連鎖」を止められなくなっている。

　介護サービスは，その対象が物ではなく人であることから，ADL (Active Daily Life の略)サービスのひとつと位置づけられている。このようなサービスは，実は人間的信頼性の構築などの心理的要因に左右されるために，徐々に要介護者との関係が親身になってしまう場合も多く見られている。こうしたこともあり，介護労働者は長時間労働に陥りがちになっている。また，親族介護者においても被介護者の状態の悪化に伴い同様な傾向が見出されており，特に認知症

などにおいて深夜の見守りなどのために睡眠不足に陥ってしまい，この結果として疲労が蓄積しがちになっている。

　介護保険制度成立時の「介護の社会化」というスローガンは，家族介護の負担の軽減という意味を持っていた。しかし実際は，自宅にいる高齢者を介護する現場においては，介護労働者の不足によって社会化のための十分なサービスが行き渡らず，家族介護に頼らざるをえなくなっている。ところが，介護する同居家族がいると，介護度によって利用できるサービスの種類や日数が減ってしまう場合もあり，矛盾も生じてしまう。

　このような状況において，われわれが備えるべきことは，まさに当たり前のことであるが，高齢者が要介護や要支援にならないように介護予防や健康に気遣うことである。つまり，「声かけ」がきわめて大切になってくる。これによって，かかり付けの医師や近隣の住民などのコミュニケーションが行われるし，いざという場合における助け合いも可能になってくる。現在では，少し離れた場所に暮らしていても，ICTを利用することによって会話をすることができるために，コミュニケーション環境は飛躍的に改善している。インターネットなどにより市区町村によって異なる介護保険サービスの内容や地域包括支援センターなどもあらかじめ確認することができる。このように，介護に至るまでの心の準備，備えが重要である。

(2)　介護休業と介護休業給付を捉えた課題の抽出

　介護休業とは，労働者が介護のために雇用を中断することなく，家族の一員としての役割を円滑に果たすことのできる制度である。この制度は，当初においては，事業主の努力義務とされていたが，1999年4月からは法律名が「育児休業，介護休業等育児又は家族介護を行う労働者の福祉に関する法律（略称：育児介護休業法）」に改められた。この段階から，すべての事業所に介護休業の制度化と保障が義務づけられることになった。

　この育児介護休業法によれば，労働者は，要介護状態にある配偶者（事実婚を含む），父母，子，配偶者の父母，または労働者と同居し，扶養している祖

父母，兄弟姉妹，孫を介護するために，事業主に申し出ることによって，対象家族1人につき，「要介護状態」に至るごとに1回に，通算では93日を限度として休業が可能になる。ここでいう「要介護状態」とは，負傷，疾病，または身体上もしくは精神上の傷害によって，2週間以上の期間にわたり常時介護を必要とする状態のことである。

　この制度は介護保険制度とは連動していないため，高齢者だけではなく子どもが事故などで寝たきりになった場合にも利用できる。また，介護休業の権利は，当初は同一家族については連続3カ月間を限度として1回だけとされており，複数回の取得は認められていなかった。菅野(2010)によれば，休業期間を3カ月間としたのは，寝たきりや痴呆の最も多い原因である脳血管疾患の急性期，回復期，慢性期のうち前二者をカバーすることを考慮したためである。しかし，現実には，要介護状態の家族の日常的な介護のために，年休や欠勤などで対応していることが多くなっている。

　また，2009年の改正によって，新たに介護休暇制度が導入できるようになった。介護休暇とは，介護のための短期の休暇制度であり，事業主に申し出ることによって，年5日(対象となる家族が2人以上の場合は年10日)を限度として，休暇を取得することができる。休暇は，要介護状態の家族(介護休業の対象と範囲は同じである)の介護，通院の付き添い，介護サービスの提供を受けるために必要な手続きの代行，その他の必要な世話を行う目的に利用できるというものである。休暇については無給でもよく，事業主が決定できる。

　育児休業については子どもの発達成長過程とともに休業の終期が予測できるが，介護休業についてはケースバイケースであるために予測がつきにくい。しかも，介護については，短期間の複数回の休業ニーズも多々見出せる。それは，介護休業の取得をしようとする労働者サイドから見れば，長引く場合に備えてなるべく介護休業の取得を遅らせようという意識が働くからである。

　企業サイドにしてみれば，法定の93日の範囲では従業員の介護ニーズに応えられないという認識はあるものの，法定を超えた介護休業をいかに設定すればよいのか，なかなか決められずにいるのが現状であろう。このような状況下

において，企業サイドには，育児介護休業法に定められた短時間勤務制度や所定外労働の制限，あるいはフレックスタイム制などを設けて対応すること以外にも，例えばテレワークなど在宅勤務の充実も求められている。

　介護休業について最も問題と思われるのは，法の実効性である。平成24(2012)年就業構造基本調査によると，介護休業等制度の利用をした人は378,000人であり，利用率としては15.7％に留まる結果になっている。他方で，過去5年間に介護や看護のため前職を離職した者は487,000人おり，その約2割が男性で，介護休業などの制度を取るよりも多くの人が離職をしているという現状がある。

　労働基準法違反に対しては罰則があるために，中小企業の経営者であっても就業規則を始めとした会社規程の整備や法令の遵守を行うにあたり慎重を期しているのは想像に難くはない。しかし，育児介護休業法には罰則がないことをよいことに，規程などの整備を後回しにするなど，法の趣旨を理解しないまま放置している企業もあると思われる。また職場にも介護のために休暇を取りたいとは言えない雰囲気もある。介護を打ち明けたことによるいじめ・嫌がらせ(ケアハラスメント)を避けたいという心理も働く。

　こうした介護休業の期間の所得保障としては，介護休業給付がある。この介護休業給付とは，家族を介護するための休業をした被保険者に一定の給付金を支給することによって，介護休業を取得しやすくするとともに，その後の円滑な職場復帰を援助・促進して，職業生活の継続を支援する制度である。この受給資格者となるには，介護休業開始日前2年間に，みなし被保険者期間が12カ月以上あること(賃金支払い基礎日数が11日以上ある月を1カ月とする)が必要になる。雇用保険の一般被保険者が一定範囲内の家族を介護するため休業する場合には，介護休業給付金は，最高で93日間，休業開始時賃金月額の40％が支払われる。2015年4月1日現在では，1支給対象期間あたりの上限額は170,400円になっている。

　また，介護休業取得期間の賃金については，企業からの支払いが40％の範囲内であれば，その金額と介護休業給付金との調整(減額)はなされることはない。

労働者の立場からすれば，企業からの支払と給付金で合計80％の生活保障がなされることになる。しかしながら，金銭面での保障の少なさから介護休業取得の足かせとなっている。つまり，雇用を継続するため支援する給付でありながら，実際には賃金の保障が少ないために，休業を取得することをためらう介護者がいるのである。したがって，金銭面での補償については，生命保険会社の介護保険の加入の促進なども考えなければいけないのが現実である。

(3) 男性介護者の置かれている状況

従来，介護問題が女性問題として位置づけられていたからこそ，男性介護者の存在とその実態については，十分に光が当てられることが少なかった。しかし，冒頭にも紹介したように，少子化に伴い，夫婦だけの高齢世帯の増加によって，男性である子(息子)や夫が介護を余儀なくされるケースが今後は増えることが見込まれる。

男性介護者のライフデザインを考える上では，介護者の特徴を考えることが重要な視座になる。象徴的な事件として浮かび上がってくるのが，介護殺人や介護自殺であろう。湯原(2011)は，介護殺人を，「親族による，介護をめぐって発生した事件で，被害者は60歳以上，かつ死亡に至ったもの」と定義しており，1998年以降全国各地の新聞を検索して調査を行った。それによると，1998年から13年間に全国において少なくとも495件発生，502人が命を落としているのである。この特徴として，加害者に男性が多く，被害者に女性が多いということをあげている。加害者の続柄でいうと，1998年から2008年までは息子が最も多く，次が夫であったが，その後は夫が加害者になるケースが増えている。彼女は介護殺人の事件から見出される課題として，被介護者だけではなく介護者に対しても支援を行うこと，特に介護者の鬱を早期に発見し，必要な対処を行えるようにすること，例えば，BPSD(認知症の周辺症状，例えば行動障害と精神症状など)への具体的な対応方法をアドバイスすることなどを挙げている。

男性介護者の特徴として，支援を受けず求めず「自分ひとりで介護する」と

いう決意の貫徹，弱音を吐かないや愚痴をこぼさないことなど，いわゆる男らしさを求めるジェンダー規範の影響がみられる。実際のところ，責任感が強い男性であればあるほど，仕事においても，また家事においても，完璧さを求める傾向があるのではないだろうか。「男として愚痴をいうのは情けない」という感情に囚われて，介護や家事の悩みを他人にいえず男性が一人でストレスを抱え込むというのは十分考えられることである。家計を支えなければならないという重圧感もあって，特に離職を恐れて職場では周囲の目を気にして介護の悩みを口に出せないことも多いようである。また，地域のコミュニティにも参加していないため，地域でも職場でも孤立し一人で介護を抱え込んでしまうことも多々ありがちである。これまで男性の介護の実態が見えてこなかった理由の一端には，こうした男性の心理的特徴が考えられる。

　こういった男性の心理的特徴から，彼らが安心して愚痴が言える場所や愚痴が言える人の存在が重要になってくる。それは，職場であるかもしれないし，または第三者かもしれないし，あるいは介護する地域の住民であるかもしれない。もちろん，企業が，平時に介護保険制度や介護休業制度，そして介護休業給付金などの情報提供を労働者に行うことは有益な行為である。また，職場で介護の問題を考えることは，職場の介護と仕事の両立を可能にする風土の醸成を促すことにもなる。最近，とみに増加しているメンタルヘルスの問題と関連付けて，家庭内で家族を介護することによる長時間労働によって鬱を発症してしまうケースなどを紹介し，注意を喚起するのも効果があるだろう。平時においては，介護について普通に職場で話し合えるような環境づくりが労働者にとっては重要な課題になっている。

　では，地域とはいかに関わっていったらよいのだろうか。津止・斎藤(2007)は，男性介護者の増加は介護の社会化を促進して，家族介護の多様な進化や展開にも作用する有利な側面も多く備えているようであると述べている。すなわち，男性介護者は，家事や介護の不慣れさから社会福祉などの専門サービスを積極的に利用したり，職業人としての経験から家事や介護のスキルの習得のために，改めてクッキングスクールや家族介護教室で介護方法を身に付けたり，

介護している人と交流を図ったりする必要性を強く感じるであろう。例えば，自治体が平時においてこうした視点で講座を開くことによって，潜在的な男性介護者のニーズの掘り起こしが可能になる。日ごろから近隣の住民に男性介護者予備軍の存在を表せることは，地域住民に対しても安心感を与える。職場で介護の愚痴をこぼすことは本人の昇進や周囲の目などを気にしてしまうことから言えないとしても，もしも近隣に忌憚なく話ができるようなコミュニティが形成されれば，男性介護者への助けにもなるであろう。そういう意味では，地域の老人の引きこもりをなくす目的から設置されるカフェのような場所に，元気なうちから気軽に被介護者とともに男性介護者も出向けるようになれば理想的である。

第2節　地域や企業による共助を中心としたサービスへの転換

　本節では，前節において述べた公助のみに，すなわち国の社会保険制度のみに頼らずに，社会保険制度をベースにして地域や会社などが独自に取り組む可能性について論じる。

(1) 地域に根ざした介護への取り組み

　2012（平成24）年に施行された改正介護保険法と介護報酬改定によって，介護サービス提供体制の充実に向けた取り組みが図られることになった。具体的には，定期巡回や随時対応型の訪問介護看護や複合型サービスが創設されることになったのである。定期巡回や随時対応型のサービスとは起床から食事，さらには深夜に至るまで，1日数回定期的に巡回訪問して，介護や看護を行うことである。この方法だと，オペレーションセンターをおいての定期の巡回とともに，緊急時に利用者がオペレーションセンターに連絡すれば，随時に対応する仕組みによって在宅高齢者の安心感を高められる。介護者にとっては，深夜の見守りの疲労の軽減も大いに期待されている。

　複合型サービスとは，小規模多機能型居宅介護と訪問介護など複数の居宅サ

ービスや地域密着型サービスを組み合わせて提供する複合型事務所からサービスを受けることである。ひとつの事業所でサービスが組み合わされるため，サービス間の調整が行いやすい。つまり，柔軟なサービスが受けられるというメリットがある。小規模多機能型居宅介護と訪問介護を一体的に提供する複合型のサービスの創設によって，医療ニーズの高い要介護者への支援の充実が図られるようにもなる。これらによって，介護者が医療と介護の境目を相談できる場所が確保でき，また病院の通院介助などが軽減されることになる。

本章冒頭に紹介した内閣府(2014)より，要介護者などからみると，6割以上が同居している人が主な介護者になっている。また，その同居している介護者の約3割が男性になっている。団塊の世代が75歳以上の後期高齢者となる2025年の日本を考えてみると，認知症の高齢者の割合や高齢者の単身世帯や夫婦のみの世帯の割合がさらに増加するものと考えられる。

1975(昭和50)年前後に東京のベッドタウンとして造成された多摩地区の団地などではすでに高齢者割合が急増しており，孤独死を予防するための見守りなどの活動も始まっている。核家族化していく中において，介護保険制度などの公助だけに頼らず，住み慣れた場所で暮らしていくために，自治体ごとに地域包括ケアシステムの実現に向けたさまざまな取り組みがなされている。例えば，世田谷区では，都市部の世田谷らしい地域包括ケアシステムを創設している。取り組みのポイントとしては，地域包括ケアシステムの下記の5つの要素をバランスよく取り込んだところがあげられる。実際に，NPO，事業者，大学，行政などの70団体が連携・協力して，高齢者の社会参加の場や機会づくり，応援を行う「せたがや生涯現役ネットワーク」を作るなど，社会参加を促進している。

① 医療⇒世田谷区医療連携推進協議会による在宅医療推進の取り組み。
② 介護⇒定期巡回・随時対応型訪問介護看護の利用・事業展開の推進。
③ 予防⇒社会参加を通じた介護予防による高齢者の居場所と出番の創出。
④ 住まい⇒認知症高齢者グループホームや社会資源などを有効活用した都

市型軽費老人ホームなどの整備。
⑤　生活支援⇒住民団体・社会福祉協議会主体の地域活動の推進など。

他方，川越市は今後増加が見込まれる認知症に対して認知症施策と家族支援を掲げ，実施している。その目的は以下のとおりである。

① 認知症に関する正しい知識の普及・周知。
② 認知症の人の介護者への支援。
③ 現場の声を反映した「認知症支援について検討する会」での施策の検討

川越市の取り組みのポイントとしては，以下のことがあげられる。特に，認知症家族介護教室は家族介護者にとって分かり合える人と出会う場や地域の住民同士の交流，認知症に対する理解を深める場ともなっている。

① 認知症家族介護教室(1コース3回)を地域包括支援センターが開催。
② 認知用家族介護教室フォローアップ事業。
　　―地域包括支援センターが開催。
　　―オレンジカフェ(月1〜2回，2時間程度，通所介護施設や公民館で開催)。
　　―徐々に地域包括支援センター受託法人による定期開催や介護者の自主活動として定着。
　　―特別なプログラムはなく，利用者が主体的に活動。
③ 市民後見推進事業。

いずれにしても，労働者がこうした地域コミュニティに参加するためには企業側の後押しが不可欠である。また，介護者になる前に自治体のこうした取り組みにいかに参加させるか，何らかの休暇制度を設けるのか，社内研修のひとつとして取り組むのか，などについて配慮することが必要になる。そのためには，社内に両立支援アドバイザー的な人を選び，介護の情報提供や介護保険の

仕組みに詳しい人を育てることも，また必要になってくるだろう。

(2) 海外の事例からの考察

　我が国においては全般的に介護休業の取得率が低迷しているために，海外に先進事例を探るしかないことになる。そこで，以下において，いくつかの国を事例として取り上げてみることにしたい。

① スウェーデン

　古橋(1995)によると，スウェーデンでは介護を行う者にとって際立って手厚い介護休業制度になっている。1998年に成立した親族等介護有給休暇法の第1条には，「本法は，親族等による重病人の介護に関する所得補償（親族手当)，および休暇の権利について定める」となっている。当初は，無給の休暇制度であったが，実効性がないとの批判があったために，有給の制度に改められることになった。介護休暇は全日休暇型の介護休暇と通常の労働時間を2分の1(4時間)，または4分の3(6時間)に短縮できるという，いわば労働時間短縮型の介護休暇の2パターンが用意されている。休暇の日数は要介護者によって異なるが，通常では要介護者が重病人である場合は1年間に60日間の介護有給休暇を取得できるようになっている。さらに，年次有給休暇とは異なるため，休暇中の補償は介護者本人の給与の80％が親族手当として支給されている。

　第25条では，「労働者は，本法にもとづく休暇権を請求，もしくは利用したことのみを理由に雇用に関する給付を減少されたり，あるいは，仕事の中断による以外のことによる労働条件の低下を強いられることはない」とされている。また，「労働者は，雇用契約の範囲内でなしうる配置転換および休暇利用の結果やむをえずに生ずる配置転換以外の理由での配置転換を強いられこともない」としている。さらに，第26条では「この法に違反する使用者は，原因となった損害および行われた違反に対して，労働者に損害賠償を支払わなければならない。正当な理由がある場合には，損害賠償は減額するか，または，全部を免除することができる」としている。つまり，介護休暇権の保障を行うとともに，

企業に対しては罰則を設け実効性を担保したのである。

② フィンランド

　北欧諸国においては，さまざまな親族介護者支援策があるが，法制化したのはフィンランドのみである。政策理念としては，介護者の社会的権利を明確にして，介護者自身が支援サポートを受けることが権利であり，これによって被介護者の QOL (Quality Of Life) の維持にも結び付くと考えられている。また，介護サービス提供の義務は各自治体にあるために，家族がそれを担う場合には，その費用がサポートされることになる(石井，2008)。例えば，2008 年の介護者手当は，最低で 317.22 ユーロ／月と定められている。要介護者の状況がきわめて深刻で，それゆえ介護のために仕事を休職しなければならないほどの状況になった場合には，最低でも 600 ユーロ／月が保障されている。介護者は月 3 回介護休暇を取ることができ，そのためのショートステイなどのサポートを自治体は保障しなければならない。

③ ドイツ

　特に介護休業の取得率向上に向けての手本とすべきは，ドイツにおける家族介護時間に対する考え方である(齋藤，2012)。これは，最長 2 年間の家族介護を可能にしたり，休業期間中の減収を緩和したりして一定の所得水準の確保を可能にする制度である。その際には，家族介護のために完全に休業するのではなく，労働時間を短縮して週 15 時間以上のパートタイム労働に従事することが前提になっている。従来の介護時間が従業員の家族介護による離職を防ぐための制度であるとすれば，この家族介護時間はより長期に多くの家族構成員が介護を引き受けることができるようにするための仕組みになる。その際，週 15 時間以上の就業を継続することによって，仕事とのつながりを維持し，一定の労働報酬を確保すると同時に就業と介護の両方が可能となっている。

　この仕組みにおいては，例えばもしも労働時間を 50％ 短縮しても，労働報酬が 50％ は減額されることはない。企業は，家族介護時間の期間中に，家族介護時間の開始前の労働報酬と家族介護時間の期間中の本来の労働報酬の差額の 2 分の 1 を積み増しして支給することになる。他方，労働者は，家族介護時

間の終了後，もとの労働時間に戻すが，積み増しして支給された労働報酬の総額の清算が終わるまで(この期間を「介護終了後期間」といい，家族介護時間と同じ長さとなる)，家族介護終了後時間の期間中は減額された労働報酬で働く。

家族介護時間中の労働報酬の増額部分については，ドイツにおいては連邦政府による無利子貸付が行われる。また，労働者は，従前のフルタイムに復帰後，月のフルタイム勤務に対する報酬のうちから，家族介護時間の期間中の増額に相当する部分を連邦政府への返済にあてる。家族介護時間制度においては，報酬を先払いすることにより事後に労働債務が履行されないリスクが生じることになる。このリスクに対しては，家族介護時間取得者について家族介護保険をかけることを義務づけられており，併せて死亡，または労働不能による労働債務の不履行に備える仕組みも設けられている。

実際に，我が国においても，会社を完全に休むのではなく，短時間勤務制度をとることやフレックスタイム制度の利用によって介護と仕事の両立が図られるような法制度にはなっている。しかし，ノーワーク・ノーペイの原則によって，休んだ分だけ報酬が減ることがリスクになり，なかなか短時間制度に進まないのが実態である。しかし，長期にパートタイムで働くことを約し，その間の収入もあまり減らさずに働けることが可能になるドイツのような制度の設計は重要である。また，助成金などに頼らず企業への無利子貸付の形をとることは，労働保険や雇用保険制度でも十分に取りうるのではないかと考えられる。

(3) 京都から始まる男性介護者のネットワーク

男性介護の状況に対して，2009年3月8日に立命館大学産業社会学部の津止正敏氏を始めとした有識者，および男性介護者が中心になって，全国の男性介護者の会・支援団体らによる男性介護者と支援者の全国ネットワーク(略称:「男性介護ネット」)が立ち上がった。このネットワーク結成の趣旨[3)]では，「男性介護者は声を押し殺すようにして介護しているという実態がある中で，男性介護者としての身の置き所，声の発しどころを創ってみようではないか」，と述べられている。また，介護体験記の発刊を通じて，「介護者が100人いれば

100通りの介護がある」といったことを社会に発信している。

　このことは，実に意義深い。当たり前のことではあるが，要介護者の側からは介護を施されている状況で介護の問題を発信することは困難なことである。しかし，男性介護者の側が語り始めて，それがフォーカスされてくると，介護全体の実態が見えてくる。今まではジェンダー的な問題もあり，女性が行うべき家事労働の一環と考えられてきたことで埋もれてきた介護の問題が，今ややっとクリアになってきたようである。男性介護ネットワークも結成からすでに5年以上が経過して，北海道や岡山など各地で講演会などが開かれるようになり，次第に注目が集まるようにもなってきた。男性介護者の視点に立ったこうした継続的な活動が，大いに今後も望まれている。

第3節　人間らしさを失わないための介護者のライフデザイン

　以上のような状況を確認したうえで，本節では，男性介護者はもちろん，すべての家族介護者が人間らしさを失わないためのライフデザインについて述べる。

(1) 不足する介護労働者への対応策

　在宅で介護するにせよ，施設で介護を行うにせよ，ともに介護保険サービスが行われるためには，安定的な介護労働者の確保が不可欠である。2008年に「介護労働者の確保・定着等に関する研究会」の中間とりまとめが厚生労働省職業安定局によって報告された(厚生労働省，2008)。その中で，介護労働者の現状と課題，および今後の介護労働対策の方向性が示されている。

　まず，介護労働対策の方向性として，介護労働者が意欲と誇りを持って働くことのできる社会の実現を掲げ，介護労働者の定着・育成に向けた雇用管理改善について，①雇用管理の必要性・重要性，②処遇改善とキャリア管理の促進，③安心・安全・働きやすい労働環境の整備，という3項目をあげている。また，介護労働者の確保およびマッチングなどについては，①教育機関，養成施設

などとの連携による人材確保，②潜在的有資格者の掘り起こし，③多様な人材の参入，参画，④ハローワークを通じた福祉人材確保機能の強化，⑤社会的評価の向上，という5項目を示しており，介護労働分野についての問題の多様性を表している。

　介護従事者の負担軽減の観点から，介護現場においてロボット技術の活用も強く期待されている[4]。その一方で，こうした先進的技術を利用した介護機器の分野は，市場性・安全性・実用性の問題から開発や製品化がなかなか進んでいない。これらの障害を克服するためには，経済産業省は，2013年度よりロボット介護機器開発・導入促進事業を実施している。すでに，経済産業省と厚生労働省は「ロボット技術の介護利用における重点分野」を2012年11月に公表しており，この事業においてはこの重点分野のロボット介護機器の開発・導入の支援を行うことで，要介護者の自立促進や介護従事者の負担軽減を実現し，ロボット介護機器の新たな市場の創出を目指している。こうした機械を利用した介護は男性介護者には心理的に受け入れられやすいかもしれない。

　また昨今では，保育園と介護施設を併設する地域融合プロジェクトが各地で実施されている。保育園も介護施設もほとんどが閉鎖的な空間であるが，幼児から高齢者まで一堂に会するなか，行事などが開催されることによって，地域に根ざした開かれた場所になることも可能になる。こうした空間で大学生がボランティア活動を行い，子どもから高齢者に至るまで相互に支えあう仕組みを体験できるようにするのも一案なのかもしれない。

　さらに現代では，ソーシャルネットワーク(SNS)を通じたコミュニティの形成も視野に入れる必要がある。普段から近隣の住民とソーシャルネットワークを通じて情報交換するなかで，残業などで会社を抜けられない場合にも，ソーシャルネットワークを通じて近隣の人に助けを呼びかけることも可能になる。

　十分な介護を行うには，介護労働者の確保が不可欠だが，高齢化の急速な進展の中では相互の支えあい，すなわち互助の精神が重要になる。NPOなどのボランティア組織や町内会などの自治体組織の存在もさらに重要度を増していく。ただし，自助の精神も決して忘れてはならない。特に都市部で互助を期待

することが難しい中では，自助により民間市場のサービスを購入し，介護をデザインすることも考慮すべきである。

(2)　「労働者」としての家族介護者と新しい働き方

　前節において指摘してきたように，我が国の介護休業への取り組みは海外に比して大幅に立ち遅れている。今や，働く人の多くが，仕事とそれ以外の生活のバランスに悩んでいる。この背景には，少子・高齢化の急速な進展のなかで，子育て・介護の社会的基盤が整っていない実情がある。それゆえ，法定の介護休業の短さや休業中の社会保険料の問題などについては育児休業並みの積極的取り組みが求められている。

　介護のために休みを取得したり，短時間勤務を行ったりすることが当たり前になるためには，一体いかなる働き方が望ましいのか。我が国では，賃金は基本的にその人の職務ではなく，会社でのその人の地位や立場に応じて支払われている。職務分掌はきわめて不明確であり，相互に助け合いながらまさに持ちつ持たれつ，協力し合ってみんなで仕事をこなしているというのが，伝統的な日本企業の特徴である。

　このような関係においては，介護のために休みを取得することは誰かに負担を負わせることになる。休暇を申し出る前には，中途になっていた業務を終了させて，休暇日に発生が予測される業務はあらかじめ引き継ぎをし，そのために普段から業務とは関係のないところで周囲と良好な人間関係の構築に努めざるを得なくなっている。これはなんとも面倒である。そして，ついには，会社では何も相談できず仕事と介護の間で一人悩んでしまうのである。また，自分だけ休むと仲間外れにされるのではというような不安な心理や，企業戦士であるがゆえに，会社にいたほうが休まるという安定，安全を求める心理もあろう。

　働きやすい環境を創るために，企業の労使間の話し合いで労働時間などの見直しを行うことは，最も重要な課題になる。また，各々の労働者の抱える実情や企業経営の実態を踏まえて，労使の自主的な話し合いの機会を整備することが求められる。そのためには，柔軟な働き方を可能にする職場をつくっていく

ことが不可欠になる。また，労働時間のみならず生活時間の確保は，労働者の健康と生活に役立つのみならず，労働者の勤労意欲の回復，生産性の向上など企業にとっても有意義なものになる。多様な働き方や仕事と生活の調和を実現することは，個人の時間の価値を高め，安心と希望を実現する社会づくりに寄与しており，企業にとっては活力や競争力の源泉である有能な人材を確保・育成して，彼らを定着させる事に結び付く。このような対応は決してはコストなどではなく，むしろ投資であると，積極的に捉えるべきものであろう。

　1990年代に大企業を皮切りに相次いで導入された成果主義制度は，昨今ではその運用について反省もみられるところであるが，それでも賃金の決定にあたり，年齢や勤続年数ではなく職務や仕事で評価するという流れに変化はない。働き方が集団から個へと変化し，日本においても職務分掌が次第に明確化され，比較的休みが取りやすい形になってきていると期待したい。成果主義の是非の問題は残されるものの，経済がグローバル化するとともに組織文化も確実に変化してきている。組織内においては，ダイバーシティ化，職務の多様化，専門化が進んでいく一方で，職務自体の代替性が高まるにつれて，おのずと休暇の取得についてのハードルが低くなっていく場合も多くなっている。会社の全員が柔軟に働くようになり，「みんなそうしている」という風土の広まりがマジョリティになった時には，加速度的に取得率の向上が見込まれるということも起こりうるのではないか。

　働きながら介護をする者の介護と仕事の両立に向けてのもうひとつの問題は，労働関係各法で規制の下に保護されている一般の労働者とは異なり，家族介護者は労働者としての位置づけがないため，目下のところ何らの法的規制も保護もないことである。現行法の下では，労働者としてのいかなる法的な規制も保護もない状況であるが，実際は24時間の見守りを余儀なくされ，過酷な現実的労働を強いられている労働者そのものであるということを決して忘れてはならない。労働基準法第9条によれば，家族介護者は，法的には労働者に当たらないとされているが，果たしてその妥当性はどうかという疑問が残る[5]。上野・立岩(2009)は，ケアというのは相互行為であり，供給するワーカーの側から見

れば労働であり，消費するユーザーの側からすればサービスであると指摘している。であれば，家族介護者も「労働者」であるという認識をわれわれは持たなければならない。

　深い愛情によって支えられる場合が多いであろう家族介護者を労働者と考えるためには，現行法上，家族介護者に労働の対価としての賃金的なものが支払われることが必要となってくる。おそらく現在の日本人の感情からすると家族介護者を労働者として扱うことはかなり困難であろう。もし，労働者としての位置づけを与えるのであれば，介護に従事した時間に対して，国または地方自治体が使用者となり，そして現金給付を行い，それを賃金の支払いとみなすことによって，現行法上の労働者性を与え，法の保護と規制を持たせるしかない。

(3) 介護者の心身両面での健康への配慮

　男性介護者の心理的負担の軽減については，第2節で紹介した男性介護者と支援者の全国ネットワーク（男性介護ネット）などNPOなどで図られている。目下のところ，男性介護ネットの存在意義は，悩みを共有できる場の提供にある。先に紹介したソーシャルネットワークのようにICTの発達した現在においては，インターネットなどを介して音声のみならず，映像での会話も可能になっている。こうしたインフラを充実させることにより，低コストで心理的不安の解消が図れることも多いであろう。

　いうまでもないが，会話には相手が必要である。相手は悩みを共有できる介護者，NPO法人，福祉担当者などの多様な対象者をネットワーキングすることが大切である。そのために，介護保険の制度下においてすでに行われてきたサービスを活用するという方法も可能になっている。例えば，2005年に介護保険法が改正され，要支援者に対するサービス機関として創設された地域包括支援センターは，要支援者のみならず要介護者の不安や困りごとの相談，悩みを訴える「場」としての機能を有することになった。また，サービスを受ける要介護者の側には，高齢者になじみにくいパソコンではなく，テレビに双方向型カメラを設置するなど，送り手の側，受け手の側の誰もが相互通信しやすい

社会インフラを整備することなどが求められている。

　これらに加えて，重要なのは，介護者が正常な精神の状態を保ちながら，日々の介護にあたるということである。対象者の要介護度が比較的高い場合などには，介護者は1日24時間，1週7日のいわばフルタイム労働と同じ状況を強いられることになる。特に重篤で歩行が困難な場合などは介護保険サービスもそれなりに受けられるために，認知症における徘徊などを想定しなくて済むことになり，これによって見守りの大変さが軽減されることもあるが，それでも場合によっては前述のようないわばシフト労働に似た状態を強いられていることに違いはない。シフト労働者のような睡眠不足は疲労感をもたらしており，これが情緒を不安定にしてしまい，結果として適切な判断を鈍らせることになり，業務上の事故の背景にもなるなど，業務遂行に大きく影響与えるともに，心の病につながる場合があることもわかってきた。さらに，近年では，睡眠障害は高血圧や糖尿病の悪化要因としても注目されている。であれば，24時間，365日の介護を余儀なくされる介護労働者についても，健康管理や労働安全衛生管理の視点からの対応が不可欠になっている。

　企業や地域において，介護労働環境に関する留意点と快適な環境づくりをしていくために，しっかりとした健康管理体制を構築する必要が生じている。この健康管理体制の構築には，健康診断や健康測定の結果などの情報収集や分析を通して健康状態の把握をすることも重要になろう。

おわりに

　本章では，介護保険や介護休業制度，そして男性介護者の特性から男性介護者のライフデザインについて論じてきた。高齢者の増加に伴う介護保険の財政を考えると，公からの保険サービス・年金だけでは，豊かな老後の暮らしはもはや難しくなっている。我が国においては，地域住民やボランティアの力を借りて介護せざるをえない状況になっているが，これを積極的に捉えていくことが重要である。介護の担い手が多ければ多いほど超高齢化社会での安全・安心

が増していく。男性はもちろん女性も含めて，労働者は家族の介護という有事のために離職することなく，継続して働いて収入を得ることで経済面において安心がもたらされる。

　現在，若者の間で過酷な労働環境を強いるブラック企業という言葉が流行しているが，労働の点から考えると，こうした企業では介護と仕事の両立などままならない。介護と仕事の両立には，企業による労働環境の改善，特に組織や仕事の在り様や評価の仕組み，そして休みを取りやすい風土など多面的な労務管理が必要になるのは言うまでもない。

　一方，われわれ自身にも自律的なライフデザイン戦略が必要である。具体的には，常に家族の介護の可能性も頭の隅にいれながら，併せてまずは小さな行動を起こすことである。例えば，高齢の親のもとに電話したり，あるいは訪問したりして常に話をし，様子を確認し，放っておくことのないようにする。また，介護のボランティアや介護教室へ参加し，普段から介護とは何なのか，どんなことが問題になっているのか，を考えることも必要である。これまで性別役割行動に捕らわれていた男性であれば，この機会に普段から家事労働を積極的に行っていくようにすることが，いざ介護になった時にも役に立つ。

　最後になるが，「介」という文字には，「そばに付き添って助ける，世話をする」という意味のほかに，「間にはいってとりもつ」という意味がある。これを踏まえれば，自らが実際に地域に入って高齢者と地域の間を取り持ちながら，スムーズに介護できるようになることも，必要ではないだろうか。

注
1）1946（昭和21）年から1949（昭和24）年に生まれた人達のことをいう。
2）介護保険を利用して介護サービスを受けるためには，「要介護認定」を受ける必要がある。介護が必要な場合，その状況に合わせて5段階に分類したものが「要介護認定」である。これに対して介護は必要ではないが，日常生活に不便をきたしている人が分類されるのが「要支援」になる。「要支援」は2段階に分類される。
3）「『男性介護者と支援者の全国ネットワーク』結成宣言」，http://dansei-kaigo.jp/aboutus/declaration.pdf（2013年11月30日アクセス）参照。
4）例えば，介護ロボットポータルサイト http://robotcare.jp/（2013年11月30日アク

セス）参照。
5）これは家庭の主婦の家事が労働者なのか否かという議論でもある。

参考・引用文献

石井敏（2008）「フィンランドにおける高齢者ケア政策と高齢者住宅」『海外社会保障研究 Autumn2008』国立社会保障・人口問題研究所，pp. 39-53．

上野千鶴子・立岩真也（2009）「労働としてのケア」『現代思想』37(2)，青土社，pp. 38-77．

介護ロボットポータルサイト（2013）
http://robotcare.jp/（2013年11月30日アクセス）．

厚生労働省（2008）「『介護労働者の確保・定着等に関する研究会　中間取りまとめ』について」，
http://www.mhlw.go.jp/houdou/2008/07/h0729-2.html（2013年11月30日アクセス）．

齋藤純子（2012）「ドイツにおける介護休業制度の拡充─家族介護時間法の制定─」『外国の立法』252，国立国会図書館調査及び立法考査局，pp. 187-197．

菅野和夫（2010）『労働法　第九版』弘文堂．

男性介護者と支援者のネットワーク男性介護ネット「結成宣言」
http://dansei-kaigo.jp/aboutus/（2013年11月30日アクセス）．

津止正敏・斎藤真緒（2007）『男性介護者白書─家族介護者支援への提言』かもがわ出版．

内閣府（2014）『平成26年版高齢社会白書』
http://www8.cao.go.jp/kourei/whitepaper/w-2014/zenbun/（2015年5月22日アクセス）．

日経ビジネス（2014）「隠れ介護1300万人の激震─エース社員が突然いなくなる」『日経ビジネス』2014年9月22日号，pp. 28-45．

古橋エツ子（1995）「スウェーデンの介護休暇法制度」『諸外国における介護・看護休暇制度』婦人少年協会，pp. 13-42．

湯原悦子（2011）「介護殺人の現状から見出せる介護者支援の課題」『日本福祉大学社会福祉論集』125号，pp. 41-65．

第9章

暮らしの場を守る自然環境の再生デザイン

―自然の構成員である人間の地域への関与方法の構築戦略―

原田　保
西田小百合

はじめに

　いかなる人間も，日常的あるいは非日常的に，社会に対して多様な形態での関与を行っている。この人間の関与によって初めて，社会が成立することになる。その意味で，人間は社会の中で生きる存在であり，社会に対して多様な関与形態を見せていることが，他の動物とは根本的に異なる存在であるといえる。そこで，本章では，人間が生きていく際に関わらなければならないさまざまな組織の中でも，特に自身が家族と共に暮らす場である地域に対していかなる関与を行うべきなのかについて考察する。

　ここで重要なのは，自然がどのように暮らしの場の安全・安心に関わっているのかということである。自然は，場合によっては人間の暮らしに対して猛威を振るうこともある。また，公害に代表される自然環境の悪化は，人間の存在を危うくするほどの危険性をはらんでいる。このような問題意識から，本章では特に暮らしの場を守るための自然保護や再生を一体いかに行うべきかについての議論を試みる。また，暮らしの場に多大な脅威を与える要素は数多くあることから，本章では，議論の対象を自然環境に絞り込んでいる。

　本章は，以下のような3つの議論から構成される。第1が自然環境再生に対

するリスク分析の新視角について，第2が自然環境再生のためのスロースタイルデザイナーとスロースタイルコミュニティについて，第3が生きるパワー復権のためのセルフダイナミズムのあるレジリエンスについてである。

第1節　自然環境再生に対するリスク分析の新視角
　　　　　―線引きによるリスク矮小化の忌避

　本節では，まず自然とはいかなるものか，またこの自然が人間の暮らしにとって危険な状態とはどのようなものかについて考え，その後に自然の劣化災害がもたらす人間の暮らしにおけるリスクへの取り方について考察する。特に，地域住民にとって安全・安心のために自然の保護を行うことや，汚染されたり破壊されたりした環境を保全したり再生したりするためには，具体的にどのような対応が必要になるのかについて議論する。これらの議論から，本節では地域住民は自然がもたらす災害に対するリスクの取り方について明確な考え方を持つことが必要であり，リスクの範囲に線引きを行ってはならないことを主張する。

(1)　疑問＝環境としての自然をどう考えるのか，そしてその破壊をどう考えるのか

　まず，本節の考察の対象である人の暮らしにおける自然とは一体いかなるものか，そして自然の破壊とは一体いかなるものなのかについての議論を行っていく。これに対するアプローチ軸は，以下の通りである。第1にマクロの問題なのか，それともミクロの問題なのか，第2に日常的な問題なのか，それとも非日常的な問題なのか，第3に精神的な影響なのか，それとも経済的な影響なのか，である。

　第1は，それぞれの地域における自然保護や再生はそれぞれの地域自体だけで対応できるのか，という疑問に関わる議論である。例えば，九州を始めとした西日本における中国からの黄砂[1]の被害については，自らの努力のみで解決

できるものではない。周知の通り，黄砂は主に中国の黄河周辺に広がる広大な地域から風に乗って東シナ海を越えて日本に降ってくるものだからである。日本における黄砂被害の原因は中国サイドにあることから，日本という地域におけるミクロの被害であっても東アジア全域であるマクロを捉えた分析や対応を行うことや，これらを踏まえた国の単位を越えた問題としての解決に向けて努力することが必要になる。このように，ミクロの自然環境がもたらす自然の驚異やそれがもたらす被害に対しては，マクロレベルでの改善策の策定が不可欠になる。つまり，自然環境がもたらすそれぞれの生活の場における被害は，今日では自らの地域の力のみでは完全には解決できないほどの困難な課題になる。

　第2に，日常的な問題は想定内の問題に置き換えることができ，非日常的な問題は想定外の問題に置き換えることができる点について考察する。自然がもたらす危険や被害については，一般的にある線の外側は非日常的な想定外のものであり，線の内側は日常的な想定内のものであると考えることが多い。しかし，このような考え方が望ましいことではないことは，容易に理解できる。例えば，近年の東日本大震災などの大地震の場合には，マグニチュード[2]7は想定外であり，マグニチュード6は想定内であるという不可解な議論がなされた。そもそも線をひくということは，取りも直さず線の内側のみならず外側も認識していることを示しており，それゆえこれは対応すべき領域を絞りたいという怠惰や逃避に基づいていることを意味する。

　このように線を引くということは，災害への備えのバーを下げようとするインテンションから導出された人間の見かけ上のリスク回避の行為である。例えば，災害の大きさや頻度はリスクの問題であると捉えれば，非日常と日常というある一線によってリスクを2つに分ける見方を自然災害に対して持ち込むことは間違った対応である。過去に何度も大きな地震を経験した日本においてすら，東日本大震災に遭遇したいくつかの被災地が自然災害の大きさのどこかに従来よりも少しばかり厳しい線を引いて，他方で従来と同様にその線の内側への対応のみを行おうとしている。こうすることで，仮に過去にその線よりも外側の災害があったことを知っていたとしても，それをあたかも無かったかのよ

うな前提で線の正当化を行うことによって，リスクを自身で対応できる範囲に限定してしまう。このように，線を引くということは，リスクから眼をそらすということを意味しているのである。

　第3は，自然災害の人間に対する影響についてだが，これには経済的な問題と精神的な問題とがある。前者の経済的な問題については金銭的に埋め合わせることはできるが，後者の精神的な問題については埋め合わせるものが見出せない。行政組織やボランティアが支援できることは主に経済的な側面や作業的な側面であって，親，子供，そして夫婦の一方や兄弟姉妹の誰かを亡くした悲しみに対するサポートを行うことは困難である。

　問題は，多くの場合に災害がもたらす困難は経済的な被害と精神的な被害という2つに分けることが困難であるという点に見出せる。経済的な困難は精神的な困難を大きくし，精神的な困難は経済的な困難を大きくするからである。このように考えると，精神面のサポートのみを切り離してサポートすることや経済面のサポートのみをすること，すなわちサポートの分業は，被害者の人間としてのバランスを大きく損ねる危険性をはらんでいる。それゆえ，サポートにあたっては，経済的な側面と精神的な側面を総合的に捉えた対応が重要になり，それを経済的な側面と精神的な側面とに切り分けることは望ましいことではない(原田・古賀，2002)。

　以上の3点から理解できるのは，いわゆる切り分け発想は人間の自然災害に対する備えを不十分なものにしているということである。今後は，ゼロから無限大(理論的にはマイナスもある)までを捉えたリスク概念から自然災害を科学的に認識するという文化や風土の構築が必要である。こう考えると，リスクのどのレベルでの対応を行うのかが合理的に決定できるようになるだろう。

　例えば，津波のリスクを限りなくゼロに近い可能性で回避しようとすれば，過去のデータが示す津波が襲った標高を越える場所に暮らしの場を移すという結論が導出される。標高の低い場所に住まうという場合は，津波の被害を受ける可能性が高いことを認識することが大切である。そして，このような冷静な判断から暮らしの場を選ぶことが重要になる。一方で，どこに住むのかは個人

の自由であり，リスクの回避は自身で決定できる。

(2) 暮らしの場における自然環境がもたらす災害についての実態と問題

　一般に自然災害とは，人が暮らしている場所にのみに使用されるべき概念であると考えられる。リスクは人間にとっての問題であり，それゆえ人間がいなければ自然のリスクは存在しない。例えば，北極で大きな自然の変化が起こり，そのことで北極圏の姿が変化したとしても，そこには日常的に人間が暮らしていない（イヌイットを除く）ため，災害という概念を使用することはあまりない。もちろん，この自然の変化が他の人間が住む地域に影響して，災害をもたらすことは当然ありうる。

　このように，自然災害とはあくまでも人間が暮らしている地域における概念である。言い換えれば，災害の対象は人間であるということになる。例えば，山火事は人間が住んでいなければ単なる自然現象であるが，そこに人間が住んでいれば自然災害になる。

　それでは，暮らしに関係する自然災害にはいかなるものがあるだろうか。ここでは，自然災害について以下のような分類を行うことにする。第1は自然そのものがさまざまな形で襲ってくる自然災害であり，第2は何らかの人間によるカルチベーション（人間の手を入れる）行為がなされた結果から自然が人間の暮らしに対する脅威になる災害，すなわち公害である。前者の自然災害には，例えば水がもたらす災害，空気がもたらす災害，気温や湿度がもたらす災害などのように，多様な災害の種類が見出せる。後者は人災であると言えるが，人間に対しては自然を通して影響を与えることから，本章においては結果としての自然災害を捉えた議論が行われる[3]。

　水に関する自然災害としては，近年我が国に多大な被害をもたらしているゲリラ豪雨[4]がその代表的なものであろう。これは一瞬にして暮らしの場を水浸しにし，多くの人命を奪うほどの猛威を振るうこともある。これに対する根本的な対策は，現時点ではリスク認知の程度をあげることによって，事前に水の

被害を防止できるような高度な水対策を地域をあげて実践することにしか見出せない。その意味では，ゲリラ豪雨は暮らしの場における治水対策のコンテクスト転換を迫っていると考えられる。したがって，根本的な対応としては，地球全体の気象環境を改善する長期的な取り組みを行うしかないだろう。

空気に関する自然災害としては，近年リスクが増大している空気感染による新型インフルエンザの流行やPM2.5などをあげることができる。周知のように，空気は自在にどこにでも流れていくことから，国境の意味はほとんどない。これについては，伝染病の蔓延をくい止めることに多大な労力がかかった過去の教訓や，日本がかつて経験した公害対策をいかに活かすかが問われることになる。

次に，気温の変化がもたらした事例であるが，近年の日本では熱中症があげられる。このような大きな気候の変化に対しては，自身のライフスタイルそのものを根本的に転換するか，あるいは少しずつ遺伝子レベルでの環境対応を行っていくしか対応方法がないだろう。

また，近年日本で頻発している大地震の被害，すなわち大震災[5]については，例えば津波による暮らしの場の根こそぎの崩壊や地震に伴う住宅地における火災の発生，さらには被災後の衛生面の悪化から生じてしまう伝染病発生の恐れなど，多様なリスクが生じることになる。その意味では，我が国における大震災への地域における対応は，多様かつ複合的な自然災害に対する最大の課題となっている。したがって，大震災への根本的な対応は，我が国における自然災害がもたらすリスクへの備えに対するコンテクスト転換を促すものと考えられる。

災害や公害について考えることは，地球の自然の状態を意識することを意味している（島田・大田編，1995）。その意味では，自然災害は暮らしの場に対する住民の意識におけるコンテクスト転換である。すなわち，自然に関わるリスクやその対応については，個人の問題であると同時に，地域の問題でもある。

(3) 人間の自然への影響による公害の発生から捉えた地域再生の方法

　公害は，人間の手によって自然が破壊された結果，自然が人間に牙を剥いて向かってくる現象である。その意味では，人間の愚かな行為によって人間が背負うことになった，負の現象である。公害は，人による自然へのカルチベーションの結果として，望ましくない，本来の自然とは異なる状態が現出してしまったことに起因する現象である。これは，皮肉なことにカルチャー（文化）は自然を破壊するものでもある（望ましくない方向に変える）ことを意味する。

　多くの場合，公害にはさまざまな利権が絡むため，公害が発見されてから公式に認められるまでにかなり時間がかかる。公害の被害にあうと，そこに住む人の一生が台無しになるだけではなく，公害から正常な状態に戻るまでに何十年もの歳月がかかってしまう。その意味では，公害に晒されることは，その地域の存亡がかかっているというほどの重大なできごとになる。

　過去には日本全国において多くの公害が発生し，そこに暮らす住民は苦難の人生を歩むことになった。このような惨状は，もちろん公害を巻き散らす企業サイドの責任であることは間違いない。とはいえ，地域における公害に対する牽制機能がきわめて脆弱であったことも確かである。したがって，公害は発生させてから対応すべきことではなく，むしろ公害が発生する前に地域の住民の手によって事前に押さえ込むことが不可欠になる。

　また，公害は発生から時間が経てば経つほど，その発生源を消滅させることが困難になる。例えば，東日本大震災後の福島第一原子力発電所周辺地域では，原子力関係の公害はその影響を小さくするのに長い年月がかかるため，住民は自分の家に長期間戻れない状況が続いている。実際に，原発事故の後遺症は半永久的と言えるほどの長期にわたり継続する可能性がある。自然を完全な姿で回復することも非常に困難である。経済的な理由から，多くの人々が自身の故郷を離れざるを得ない。このような悲劇的な状態から次第に立ち直り，かつての公害地域に明るい希望を与えるには，住民はどうすればよいのだろうか。公害については，その防止とともにその再生，すなわち公害発生後の対応も大事

な課題になってくることを示している。

　そこで，公害の後遺症を残しながらもまったく異なる新たな地域ブランディングによって再生した直島（香川県）について若干の議論を行ってみる。直島を訪れると，島の北側の山の斜面は，現在も未だに枯れ木が覆うだけの禿げ山になっている。そこには，新たな生命が生まれることが困難であるような景観が見て取れる。一方で，直島は世界に冠たる現代アートの島としてのアイデンティティを確立した。これは，公害に対する人間の関与の仕方の成功事例である。この事例から，公害というカルチベーションのリスクを認識した自然への対応は不可欠であり，また自然の再生に対してもそのリスクを踏まえた戦略的対応が欠かせないことが理解できる。

第2節　自然環境再生のためのスロースタイルデザイナーとスロースタイルコミュニティ

　本節では，暮らしの場における自然環境の再生に向けて，住民は何を行うべきなのかについて考察する。特に，それぞれの暮らしの場における自身の日々の生活やそれが営まれるコミュニティが自然環境の再生に対していかなる対応を行うべきなのかについて，認識を新たにすることの重要性を述べる。

　このような問題意識から，本節においては，自然環境の再生に臨むにあたって適合的であると思われるライフスタイルの実践者であるスロースタイル[6]デザイナーと，彼らが集う「スロースタイルコミュニティ」に対する期待についての議論を行いたい。

(1)　スロースタイルデザイナーによる自然環境の保全や再生

　自然環境の保全や再生については，どちらかというと行政主導で行うべきであると考える人々が多いように思われる。それらの多くの人々は，地域の人々の間での争いを忌避するために，自らが暮らすコミュニティの中で，自身の意見を強調したり何らかの組織に関係した運動に関与したりすることは望ましく

ない。一方で，自然環境はそれぞれの個人の生活に直結しており，また自然環境に対する適切なカルチベーション（文化的状況の創出）行使は，人間のみができる独自の行為である。そこで，自然環境の保護や再生は個人のライフスタイルデザインに深く関係していることを理解したうえで，われわれはどのような存在になるべきかを考えてみる。

　従来は，ライフスタイルという概念はもっぱらマーケティングにおいて顧客をグルーピングするための概念として使用されてきた。つまり，消費に結び付いた活用が主流であり，一人ひとりの生き方に関する概念としての理解はいささか脆弱であった。しかし，ライフスタイルとは，生活者の主体的な生き方の外部に対するトータルな形態での顕現様式であり，自身でマネジメントできる主体的な行動である。ライフスタイルはそれぞれの生きる思想の外側への表現であり，アイデンティティが確立していることが大切な条件になる。もちろん個人差はあってもよいのだが，明確なメッセージとして外部に正確に現れていることが大事になる。

　例えば，スロースタイルデザイナーを指向すべくスロースタイルな暮らしを行いたいと考えるなら，それにふさわしい空間意識や時間意識に依拠できるような日々の暮らしを行うことが強く要請されることになる（原田，2007）。このようなスロースタイルというライフスタイルを実践することは，もっぱら経済の時間ではなく，今まで以上に自然の時間を重視した暮らしを指向していくことになり，いわゆるマクドナルドに代表されるファストフードや，GAPに代表されるファストファッションのようなファスト思想とはまったく正反対の思想に依拠したライフスタイルである（原田，2007）。したがって，もしスロースタイルに依拠して暮らしをするなら，自然環境に対する深い関心と関与が必須の条件になる。このような観点から，自然の保全や再生はスロースタイルな暮らしの中で，生きていくための中核的な課題になる。

　これについては，自然の輪廻に対して可能な限り尊重の念をもつべきであるという考え方に結び付くことにもなる。そうなると，例えば森林破壊や二酸化炭素の増加を助長することに対して自らはあまり関与しないという態度が表出

されるようになる。そのためには，例えば砂漠化の防止に向けての植樹行為や自然の恵みを活用した自然エネルギー（風力発電など）の積極的な使用なども必須の対応になる。これこそが，自然を大切にするライフデザイナーにとって強く要請されるパーソナルライフマネジメントである。

しかし，大事なことは，このパーソナルライフマネジメントはもっぱら個人の行為として放置させておくのではなく，このような個々の行為を社会の単位でのまとまった組織化へと展開するソシオロジカルな運動を積極的に推進していくことが不可欠になる（原田，2003）。これは，ソーシャライズされたパーソナルライフスタイルへのコンテクスト転換を意味している。このような観点から，パーソナルライフスタイルマネジメントとコミュニティガバナンスとの関係性が議論されることになる。

(2) 個人の断片の集合として都市部族によるコミュニティのガバナンスの転換

近年，少数であるが，スロースタイルデザイナーを指向する人々が現出している。この現象を捉えて，著者らは多くの人々に対してそれなりの共感を与えることを目的として，日本スロースタイル協会（一般社団法人）[7]を設立して，スロースタイルに関する啓発活動を試みている。このような行為もパーソナルライフスタイルのコミュニティガバナンスへの紐付方法のひとつである。このような実際の状況を踏まえて，自然環境の保全や再生に向けた今後のコミュニティガバナンスについて考察を行ってみる。

まず，コミュニティでは，ICTがバーチャルな場の重要性を高めている。ICTの役割は次第に増大しており，もはや伝統的な概念のみによるコミュニティ（全人格的関与や参画が前提のリアルな場）の捉え方はいささか時代遅れになっている。言い換えれば，これは一人ひとりのライフスタイルが大きく変わってしまったということでもある。その最大の変化が，個人とコミュティとの関係形態の根本的な転換であろう。

それは，個人のライフスタイルの断片化とその断片での都市部族化[8]という

集団組織化の急速な進展である（原田・片岡，2009）。これは，個人がコミュニティにそのすべてをオープンにして全人格的にコミュニティに関与したり参画したりする時代から，ある特定の一部分に限って特定のコミュニティに関与したり参画したりするようなコミュニティへのコンテクスト転換である。

　つまり，コミュニティは多くの人々の断片の集合体であり，例えば参加者は氏名や住所なども特定できなくなっている。このようなコミュニティでは，人々のつながりが一人ひとりの人間の部分と部分の関係になり，そのような部分的な結びつきを複数に持っていることが現在におけるライフスタイルの特徴である。これを一個人の立場から見れば，コミュニティにおいて個人の見せる相貌が伝統的なそれとはまったく異なり，そこにいる人は多重人格を自立的に顕現させる複合的な存在として社会にある多様なコミュニティに関与したり参画したりするようになる（原田・片岡，2009）。

　これに伴い，コミュニティにおいてもコンテクスト転換（全体包括型から部分切出への転換）が行われることになり，このようなコミュニティに対する組織マネジメントも従来と比較してより高度化させることが要請される。しかし同時に，組織とそれの関与者の掌握力はきわめて脆弱になってしまう。今後は，多くのコミュニティが脆弱なガバナンス状態に陥ってしまう可能性がある。このように，個人の単なる断片がコミュニティに関与したり参画したりしている都市部族化傾向が進展している。

　近年の東日本大震災後，家族や友人という伝統的な縁者たちとの絆の重要性に注目が集まっているが，これは震災による喪失感が一時的にもたらした状況であると考えられる。現実には，震災直後には昔のままのリアルなコミュニティの復活を求めていた人々の中に，新たな地における新たなコミュニティでの過去の絆に縛られない生活に挑戦している人々が増大しつつある。これは，部分的な，しかし多様な人のネットワークが間違いなく形成されつつあり，そこでの生活に新たな期待が注がれていることを示している。

　彼らの多くは，かつての居住地域に帰れない状態（特に，原発被害者）にあり，将来的にも帰宅が困難であることを理解している。彼らは新たなコミュニティ

ネットワークに関与しながら,新たなコミュニティをこれから暮らす場において構築している。これこそが,そもそも社会的な動物である人間の本能に依拠した対応である。震災によって一時的に高揚した伝統的な絆指向が今後薄れていくことは致し方ないだろう。その理由は,現代の人間は全人格的関与や参画を強制するコミュニティにはもはや戻れないからである。

それでは,今度のコミュニティガバナンスはどのように行うべきなのだろうか。震災を経験しても,長期的な傾向はほとんど変わることはないだろう。今後においては,個人を丸ごと全体的に掌握しようとするガバナンスではなく,むしろ限定された一部分を対象にした多次元的かつ多様な組織に対するガバナンス,つまり人間そのものではなくその断片が依拠するコンテクストとしてのライフスタイルに対するガバナンスが,大いに期待される。それゆえ,自然環境の保護や再生のためにも,スロースタイルを捉えたグローバルネットワークの構築とそれらに対するガバナンスへの展開,すなわちクローズドな丸見えの場ではなく,プライバシーが守られるオープンなコミュニティの確立が不可欠になる。

(3) リアルとバーチャルなコミュニティに見る場と関係形態の差異

以上のことから,自然の保全や再生に関わるリアルなコミュニティとバーチャルなコミュニティに関する場と関係がまったく異なることを理解できたであろう。言い換えれば,前者が農村の地区や都市の町内会に見出される全人格的なコミュニティであり,後者がFacebookやTwitterに見出される部分人格的なコミュニティである。前者を農村家族型コミュニティ,後者を都市部族型コミュニティと命名しよう。こうなると,自然環境の保全や再生とその行為主体との関係は,大別すれば2つあることになる。つまり,場と関係に関する形態が2つあることを意味している(原田,2001)。

前者の農村家族型コミュニティにおいては,江戸時代の五人組制度[9]の影響を引き継いでいる。ここでは,稲作文化に従事する労働者はすべて何らかの家族の一員のようなポジションを与えられている。これは,田という場に対する

関与者の関係形態の特徴である。このような関係形態が自然再生に代表される地域の復興に適用されると，農村型家族というコミュニティになり，次第に共同労働の実践の場が現出するようになる。

　後者の都市部族型コミュニティでは，血縁も地縁も社縁もまったくないという無縁の人々が，ある特定の関心領域においてのみに限って，例えばインターネットという見えない線によって結び付く。つまり，ネットワーク化されたバーチャルなコミュニティということになる。ここでは，ネットワークへの関与者や参画者における場とはバーチャルかつテンポラリーなものであり，そこには自然環境などがないことから，直接人間が自身の手で自然の保全や再生などを行う必要はない。その活動の主体は自身が関与しあるいは参画しているコミュニティであり，また自身は間接的に個人的に関与していることにもなる。このような間接的な関与や参画が，ネットコミュニティの特徴である。バーチャルなコミュニティ（サイトという形態）は，インターネット上に数多く見出される。それらは，例えば遠く離れた中国の砂漠化防止や熱帯雨林の保全などを支援するまさに多くのリアルな組織に関与することで，間接的に砂漠化防止の行為をしている。

　いずれにしても，コミュニティへ関与者や参画者は自然の保全や再生への何らかの貢献を行うが，その場のありようと関与者や参画者の場に対する関係の考え方はリアルとバーチャルではまったく異なっている。前者はあくまでも自身の暮らしの場からの展開であり，後者は暮らしの場とは直接的な関係のない人々，例えば海外にある場とのダイレクトな関係を捉えた展開になる。これはすなわち，前者がローカルなダイレクト指向の関係性によって自然環境の保全や再生を指向することであり，後者がグローバル指向の関係性によって広く世界や自然環境の保全や再生を指向することになる。

　このように，人々が暮らす地域での自然環境の保全や再生とは直接的には関係ない，海外も含めた他の地域における自然環境の保全や再生にもさまざまな形で関与すべきである。ローカルな自然環境は，グローバルな自然環境とは密接不可分な関係にある。地球上のいかなる場においても，そこに暮らす人々に

とってはその暮らしの場が大事であるのは確かである。それでも同時に広く世界に対して眼を向けること，すなわち他の国における自然環境の保全再生に対して眼を向けることが重要になる。

例えば，原発(原子力発電所)に苦しむ福島の住民は，チェルノブイリ[10]やスリーマイル島[11]の住民とは密接不可分な関係がある。未だに稼動している数多くの原発がある世界の各地とのネットワークを構築して対応していくことが，今後われわれが自然再生について考える際に欠かすことのできない大事な考え方になる。それは，自然環境の保全や再生に対しては，世界がひとつになって展開されなければ効果は薄いからである。

第3節　生きるパワー復権のためのセルフダイナミズムのあるリソナンス

ここまでは，自然環境に関する保全や再生についての考察を，既存の理論を尊重しながら，それらの発展を指向すべく新たな提言を行ってきた。しかし，本節では，近年の安全・安心に関する議論の流れに対するいささか批判的な論述を試みたい。具体的には，自立性を喪失した助け合いや感情のみが絆への期待という依存体質と，人間にとっての自然の驚異に立ち向かう姿勢をないがしろにした自然との共生という理想主義に対する安易な共感体質に対する問い直しである。

(1) 自助へのコンテクスト転換によるセルフダイナミックライフの確立

現在，自然災害のみならず，多くの災害や危険への対応に関する議論では，社会システムや公的支援によって行うべきことが中心を占めている。確かに，共助や公助は人間の暮らしを守るためには必要なことではあるが，これらは一人ひとりの人間が自立して自身の生活の場を守ろうとする気概があってこそ，つまり自助によってこそ初めて意味を持つのである(岸，2011)。

そこで，自然の災害に対する備えやその被害からの脱却を図るためには，まず一人ひとりの人間が自身でいかに自然と向かい合うべきなのかという問いに対して明快な解を持つことが大事になる。自然の保全や自然の再生について考える際には，地球の生態系において頂点に立つ人間が，その地位を守りながら，同時に地球という人間の暮らしの場をいかに守るべきなのかについて自身で考え，そしてアクティブに行動することが必要とされている。すなわち，自立なくして安全・安心なしという考え方に依拠した姿勢が望まれる。

したがって，地域の自然の保全や自然の再生については，他者である他の地域のボランティア組織などに頼ったり，公的支援に依存したりするのではなく，そこに暮らす住民が自らの手で暮らしの場を守り抜くという意識を持つことが大事になる。他者であるボランティアや行政に依存しながら，自身の先祖代々の場に暮らし続けたいというのは，やや身勝手な考えである。依存体質に浸ってしまった住民は，自身の遠い先祖は自らの手で自らの暮らしの場を築き，そして守ってきたことを完全に忘れてしまっている。かつて日本から南米（ブラジルなど）やハワイ，あるいはその他の国や地域に移民した人々は，そのような受け身の姿勢では生活できなかっただろう。日本国内でも，例えば北陸地方などから移り住んだ人々が多い北海道においては，このような他者依存の姿勢はほとんど見出せない。関東大震災や第二次世界大戦からの復興においても，暮らしの場の復興は，そこに暮らす人々の暮らしを守りたいという思いによって実現されてきたことは周知の事実であろう。

その意味では，今こそ住民の自らの手で自らの暮らしの場を守るという姿勢がきわめて大事である。自然に対する一人ひとりのライフスタイルは，主体的なアクターにふさわしいセルフダイナミックライフのある暮らしを指向すべきである。これは，前述したスロースタイルというライフスタイルに結びつくとともに，自立した人々によって構成されるスロースタイルコミュニティの確立も可能になる。

(2) セルフダイナミックライフを指向する住民運動—三浦半島自然保護の会に注目

　以下では，このような観点からみてきわめて望ましいと感じられる活動を展開している事例として，1959年に横須賀市において設立された団体である「三浦半島自然保護の会」の紹介を行ってみたい[12]。ここで取りあげる三浦半島自然を保護する会は，今どき稀有な魅力を備えた組織である。

　近年，まさに雨後の竹の子のようにボランティア組織がもてはやされている。多くは活動そのものよりも自身の社会に対するプレゼンスの増大や新たな事業機会の創造が目的になっている組織が多くなっている中において，ここは昔のままのあまり管理統制的なマネジメントやガバナンスが指向されていない団体である。ここでは，個人における自然に関する意識を分かち合う姿勢が濃厚に現出している。そこでは，同じ暮らしの場にいる人々が自分以外の他の誰にも完全には依存することのない状態を維持しながら，セルフダイナミックライフを楽しむ人々が緩やかに結合することを指向する柔らかい組織運営がなされている。一方，ここは知る人ぞ知る全国的にも存在感のある組織であり，また環境保護に関する影響力の行使を特に三浦半島に限定せず広く行っており，全国的に自然保護のためにメッセージを発信している。

　ここで紹介する三浦半島自然保護の会については，多くの資料からまとめられる先行研究があるので(藤澤，2011)，これを参考にして三浦半島自然保護の会についての考察を試みる。この組織の設立目的は三浦半島の自然を守ることであることから，三浦半島の自然を対象にした自然保護活動を行うことになる。主な活動はいたって明瞭であり，機関誌である「自然のたより」とニューズレターである「カワセミ」の発行である。併せて，観察会のお知らせ(はがき)を出すというようなきわめて素朴な肩に力が入らない活動も行っている。言い換えれば，ある意味では昔ながらの古いスタイルのコミュニティに散見される組織運営が展開されている。

　しかし，このような運営体制が，自然に関わるスロースタイルを指向しているメンバーの集団的な組織という性格をそれとなく反映している。そして，こ

の団体のガバナンスは流行に乗ってNPO法人などにせず,おおらかとも思える組織形態による運営が行われている。個人の主体性が尊重された緩やかなガバナンスが行われる柔らかい組織運営であることが,きわめて魅力的に感じられる。

　ここに所属する会員は自身の暮らしに深く根ざしたインテリジェンスの高いメンバーが多くおり,また彼らの多くが自然に関わる著作を世に出している。その意味では,かつて我が国において数多くあった文人的な側面が濃厚な社会への働きかけが強い組織である。日常の中に生じる暮らしの場において静かに自然を見つめるクールな眼差しを見せながら自然保護を打っている姿は,現代の我が国においては珍しい組織である。これについては,どちらかというと静かな,そして自身の足元にある自然の保護に関するサイレントなメッセージの発信拠点になっている。

(3) 自然環境保護へのセルフダイナミックガバナンスの社会的指標との連携

　自然環境の保護については,セルフダイナミックな関わりが望ましいと述べてきたが,セルフダイナミックなガバナンスのみではまったく通用しない領域も存在している。例えば,世界遺産における自然遺産の保護に関するガバナンスである。たとえパーソナルは自主的な,すなわちスロースタイルから現出した自然への対応であっても,それが国際的なガバナンスルールと適合していなければ,世界的な自然遺産の保護に関するガバナンスに背反してしまう場合もある。

　そうなると,セルフダイナミックガバナンスによるグローバルガバナンスとの的確な折り合いが不可欠になる。このような調整は,世界遺産への登録に成功した地域の自然遺産を保護する際には決して忘れてはならない。ここでは,事例として世界自然遺産である白神山地に関するガバナンスの難しさについての議論を行ってみたい(以下,須藤,2005)。

　白神山地は青森県と秋田県にまたがる広大な自然の恵みに溢れた山岳地域で

あり，特にブナの集積については世界一とも言われている。この白神山地が世界遺産の自然遺産に登録された際，多くの人に対して営林局[13]が入山禁止措置を行ったことは周知であろう。この際，秋田県側の自然保護運動はこれを受け入れたが，青森県側の自然の恵みを生活の糧として利用してきた自然保護団体は反対した。この問題が，セルフダイナミックガバナンスとグローバルガバナンスの不一致の問題を示している。

　ここで議論すべき点は，自然に関わる保存と保全の概念上の差異についてである。通常，われわれはこの保存と保全とは明確には区別せずに保護という概念で双方を表すことが多いようである。しかし，この区別を明確に行わなければ，世界遺産への対応が不可能になる。白神山地の場合には，一方の青森県の主張は保全の観点からのものである。そこでは，山麓に住む住民が自然との折り合いをつけながら自然の恵みを採取して生活を営んできた。つまり，自然を人間が利用するという行為が正当性を持っている。そして，これを前提にしながら自然を大事にすることが保全という考え方に繋がっていったのである。

　しかし，秋田県サイドでは，山の生活との関連が少なかったため，簡単に入山禁止という人間の暮らしと自然との切断の決定を容認することになった。確かに，世界自然遺産に登録されたことに対して忠実に対応しようとするならば，それこそ入山禁止が正しい対応ということになるだろう。このような対応が，保護という概念が意味することである。実際には，自然と人間の暮らしは古来密接不可分であったが，世界遺産として自然を保護することは自然と人間を完全に切り離すことを意味する。これが保護の意味であって，人間による自然に対するカルチベーションを認めないという考え方に立脚した対応になる。したがって，世界遺産の自然遺産に認定されることは，自然遺産については自然を破壊する行為であるカルチベーションをいささかも認めないことになる。こう考えると，かの富士山が自然遺産に登録されるということが困難だったことは容易に理解できる。

おわりに

　本章では，暮らしの場における安全・安心に関わる議論の中から，特に自然に関わる環境の保護と再生についての議論を行ってきた。また，自然は人間が共生すべきものという楽観的な立場を支持することは，自然は人間にとって脅威となる側面を持っており，それが自然の本来の姿であるということを受け入れざるをえないということである。そうではなく，自然を制圧することもまた大事な人間の自然への対応である。

　とはいえ，人間と自然との関係は切り離せないわけだから，これとの合理的な関わり方を模索することが必要になる。そこで，自立的な個人による緩やかな結合を指向する組織の構築が大事になる。これこそが，スロースタイルを指向する人々によるコミュニティの構築である。このような考え方は，ある意味では現在のファスト化に対するアンチテーゼ的な彩の強いものである。

　併せて，このようなスロースタイルコミュニティを指向するためには，セルフダイナミックガバナンスが必要であることも述べてきた。最後に，自然への対応としては保全と保護があり，それぞれのガバナンスの考え方が異なることにも言及した。これらの異なる2つの対応，すなわちセルフダイナミックガバナンスとグローバルガバナンスとの調整が大事である。

　以上の議論から，自然に関わる安全・安心については，ライフスタイルとガバナンスに関わる問題であることが理解できただろう。本章での議論を踏まえて，公害も含めてきわめて危うい状況にある地球の自然環境に対する人間の対応の仕方について，多くの読者が真剣に考えてくださることを大いに期待したい。

注
1）黄砂：中国の黄河流域に広がる黄色い色をした砂地から舞い上がる砂であり，気流に乗って東シナ海を越えて我が国の西日本の各地に降り注いでいる。これは，健康に対しては影響を与えるまさに自然災害であるといえる。
2）マグニチュード：マグニチュードは，地震そのもののエネルギーの大きさのことである。

同時に発表される震度はそれぞれの場所のゆれ方の度合いのことである。
3）実際には，これらの災害が単独で現出するのではなく，むしろ災害が複合的に現出することの方が多い。
4）ゲリラ豪雨：近年の地球環境の悪化がもたらした気象の変化の代表的なものである。現象としては，特定の狭い地域に短時間で大量の雨が集中的に降ることである。そのため，洪水や地崩れなどの災害が起こる事例が増加している。
5）大震災：大きな震災であり，その代表的なものに，関東大震災，阪神・淡路大震災，新潟県中越地震，東日本大震災などがある。これは，震度の大きさではなく被害の大きさを捉えた概念である。
6）スロースタイル：編者の原田が提唱したライフデザインとしての生き方を表したライフスタイルである。これは，ファストスタイルに対するアンチテーゼであり，どちらかというと自然や地球に感じられる時間意識や空間意識を大事にした価値観を内包しているライフスタイルである。
7）日本スロースタイル協会；編者の原田が代表になって設立されたスロースタイルの拡大を目的とした一般社団法人である。現時点では，行っている活動は執筆活動と講演活動である。
8）都市部族化：趣味や感心領域ごとに複数のコミュニティに，しかもある時間だけ関与したり参画したりすることでできる組織化された集団である。顔に見えないネットコミュニティから属性を隠して参画するリアルなコミュニティまで，実に多様なコミュニティに数多く関与したり参画したりするようになるのが，都市部族化なのである。
9）五人組制度：江戸時代における農民の管理方法であり，近隣の五件の農家は納税の義務などに関した共同責任を持たされている組織管理制度である。
10）チェルノブイリ：現在のウクライナ（当時はソビエト連邦）のキエフ州にある1986年に原発被害にあった町であり，現在でも人間社会から隔離された廃墟として存在している。住民は今でもその後遺症に悩まされてり，30キロメートル以内は立ち入り禁止になっている。当時，遠く離れた我が国においても放射性物質が確認された。
11）スリーマイル島：アメリカ東海岸のペンシルバニア州にある1779年に起きた原子力発電所の事故で著名になった島である。
12）三浦半島自然保護の会の説明については，http://www.city.yokosuka.kanagawa.jp/4110/katsudou/taisyou/documents/miura.pdf（2015年5月6日アクセス）を参照してほしい。
13）営林局：農林水産省折衷法に依拠して林野庁が行う業務を推進・監視する組織である。森林の整備保全を行いながら林業などの発展を指向する地域にある組織のことである。

参考・引用文献
岸真清（2011）「生活者の金融システム」岸真清・島和俊・浅野清彦・立原繁『自助・共

助・公助の経済政策』東海大学出版会, pp. 11-55。
酒井泰弘（2004）「古くて新しい『リスクの経済学』」『経済セミナー』2004年7月号, 日本評論社, pp. 14-19。
島田晴雄・大田弘子編（1995）『安全と安心の経済学』岩波書店。
須藤自由児（2005）「自然保護」加藤尚武編『環境と倫理　自然と人間の共生を求めて　新版』有斐閣アルマ, pp. 163-186。
原田保（2001）「境界と異人からの組織論の研究」『場と関係の経営学　組織と人材のパワー研究』白桃書房, pp. 3-5。
原田保（2003）「ソシオビジネス革命序論」『ソシオビジネス革命　コンテクスト創造型経営モデルの時代』同友館, pp. 3-16。
原田保（2007）「消費手段を奪還する生活」原田保・三浦俊彦編『スロースタイル　生活デザインとポストマーケティング』新評論, pp. 9-40。
原田保・片岡裕司（2009）「『部族』性の時代」原田保・片岡裕司『顧客が部族化する時代のブランディング』芙蓉書房出版, pp. 9-14。
原田保・古賀広志（2002）「境界」誘導時代の企業戦略」原田保・古賀広志『境界融合経営戦略のパラダイム革新』同文館, pp. 3-19。
藤澤浩司（2011）「自然保護における長期的継続的な市民活動団体に関するケーススタディ」『自然保護分野の市民活動の研究』芙蓉書房出版, pp. 143-185。
山口光恒（1995）「環境リスク」島田晴雄・大田弘子編『安全と安心の経済学』岩波書店, pp. 265-282。

第10章

暮らしの場の食生活への信頼性デザイン
―生産,加工,流通を統合するバリューチェーンの構築戦略―

原田　　保
宮本　文宏

はじめに

　日常生活において,安全・安心に関する最も身近なテーマが「食」である。人は誰でも物を食べずには生きられない。ヒト(学名：Homo sapiens)は雑食性の動物であり,外界から水や食料を栄養として体内に取り込むことで生命を維持している。このように,食べるという行為は,動物としての根源的な本能である。狩猟採取の生活から農業,牧畜が始まるとともに,食は生命維持という目的を超え,権力と結びついていった。食物は富となり,貧富の格差が生まれていった。そして,食物を安定的に確保し,提供できることが権力を集め,食物は権力を維持する基盤となっていった。それは,他地域との食物や資源をめぐる紛争へと発展し,権力争いになり現在の歴史へと繋がっていく。

　このように,食に関する問題は,人類の歴史とともに存在し続けてきた。その中における,食の安全・安心の捉え方やそこでの問題は時代により変遷してきた。現在,食の安全・安心に関する問題は,食料自給率や,食品の汚染や食品流通の問題,食文化における食習慣や食育に関する問題など,幅広く多様化している。特に近年は,福島原発事故による放射能汚染や食品偽装等の問題から食品の信頼性への関心が高まっている。

本章では，こうした食の安全と安心に関するさまざまな課題の根底にある，「安全で安心な食生活とは何か」を問う。その問いを通して，食生活における安全・安心に関する従来の捉え方のコンテクスト転換を行う。具体的な問いとして，以下の3項目について考察する。まず，食の安全は実現可能なのか，食の安全が目指すものは何かという問いであり，ここでは認識に関わるコンテクスト転換が行われる。次に，食の安全・安心のためには地産地消が有効なのかという問いであり，ここではゾーンのコンテクスト転換が行われる。最後に食の安全・安心を担う主体者はだれなのかという問いであり，ここではアクターのコンテクスト転換が行われる。これらの問いによるコンテクスト転換をふまえて，さらに食生活の安全・安心のデザインを検討する。そこから明らかになるのは，食生活のスタイル変革の必要性である。そこで，次節以下では食のバリューチェーン再構築に向けた提言を行う。

第1節　食生活の史的変遷を捉えた安全・安心に関する課題の変化

　食生活の安全・安心に関するテーマは時代とともに変化してきた。それは，社会環境が変化してきたためである。現在は，グローバル化と情報化と技術の発達によって，食品の供給と流通が世界規模の広がりを持つことになり，その食品に関する情報が広範囲に伝わるようになった。そのために，食の安全・安心に関する問題は，その範囲が広がってきている。
　こうした現代における食の安全・安心を考える上での前提として，食の安全・安心という問題がいつから生まれ，どのように変化してきたのか，その歴史的な変遷を追い，現在の主要なテーマは何かを明らかにする。

(1) 人類の始まりからの食の安全・安心の歴史的変遷とこれを反映した課題の変遷

　食の問題は，人類の歴史とともに存在してきた。人類は何百万年もの間，ず

っと自然の木の実や草を採り，動物を狩る生活を続けていた。そのために，周辺の食物を採り尽くすと新たな獲物を求め別の場所へ移動することを繰り返してきた。その時代における食の最大の問題は，食べ物が不足し，飢餓死する危険であった。栄養の不足は死に直結していた。気候の変動やその地域の人口の増加は食料不足となって，それらは狩猟と採取に頼って暮らす人達の生死を左右してきた。

やがて，1万年前に氷河期が終わり，気候の温暖化とともに，各地で人口が増えていった。それは，大きな食糧問題を引き起こすと同時に，その解決方法として各地で牧畜と農耕が始まる。穀物が栽培されて，動物の家畜化が行われ，それらが長い時間をかけて現在の食生活につながっていく[1]。農耕と牧畜は，集団による労働という生活の変化をもたらして，生産の拡大とともに，さらなる労働力や，大規模な水や土地，施設を必要とした。それは集団を大きくして，都市を生み，やがて国家となっていく。これは，こうした文明の発展の歴史は人類が食物を安定的に獲得するために，支配の範囲を拡大した歴史でもある。国家の権力は，まさに食糧の確保と分配によって維持されてきた。

このように，食の安全・安心に関する問題は，自然の変化が引き起こす飢餓に対して，いかに安定的に食糧を量的に確保するかという問題であった。人間は，外界の変化に対抗し，自衛するために長い時間をかけて，文明を発展させてきたということができる。他方で，食の安全・安心の問題は，食物そのものの人体に対する危機の問題であった。食物による危険として，第1に食物そのものが保持する有害物質の影響がある。これには，河豚やトリカブトの毒などがある。自然界に存在する動物や魚，野菜が人にとっての食物となるまでには，試行錯誤の積み重ねが存在する。第2には食物が状態によっては，腐敗により，嘔吐や下痢等の食中毒を引き起こす危険がある。これを防ぐために，食品を煮沸する等の調理方法が発展した。中世の欧州では食品を長期保存するため，胡椒[2]等の香辛料が珍重された。現在は，こうした過去から続いてきた食物の危険はいちじるしく低下してきている。近代以降の科学の発達によって，食中毒の原因が病原性細菌であることが発見され，それに伴い食品の保存方法等の研

究が進んだためである．さらに，近年，注目される食の安全・安心の問題には，生活習慣としての食の偏りによって疾患する生活習慣病等の健康被害や，長期にわたる蓄積が次第に人体に影響していくという環境ホルモン等の影響に関心が集まっている．また，身近な食品に関する食品添加物への不安感も囁かれる．

このように，食の安全・安心に関連する問題は幅広く，時代とともに変化してきたと言える．現在も，地域によって主要な問題は異なり，飢餓に直面する地域は世界に多い．また，細菌に関する研究が進んだとはいえ，それでも未だに多くの地域で食中毒によって，抵抗力の弱い乳幼児や年配者の死亡が起きている[3]（米虫他，2010）．我が国でも，それらの問題と無関係とは言えない．しかし現在，食の安全・安心の問題と言えば，食品による長期的な健康不安が取り上げられることが多い．それは信頼性への不安感の問題である．

(2) 近代における産業化の進展とこれを反映した食の安全・安心の課題

日本を始めとする欧米の先進諸国を中心にして，食の安全・安心が大きく注目を集めたのは，20世紀の終わりに世界中に流れたある映像によってである．これは子牛が全身痙攣を起こし，立てなくなる姿であった．イギリスで発症が報じられたBSE（Bovine Spongiform Encephalopathy：牛海綿状脳症）はまたたく間に世界中で話題になり，イギリスだけで470万頭の牛が殺処分になり，各国でも検査態勢の整備等が見直されることになった．

人々に衝撃を与えたのは，この牛の病気が人間に感染し，四肢の自由が利かなくなる難病に人が陥ることであった．さらに大きな衝撃は，こうした病気に罹った牛の肉がスーパーマーケットで過去何年も普通に売られてきた，という事実であった．そして，BSEの原因が，牛の飼料に含まれていた牛の肉骨粉であったことが明らかになり，その時に，この共食いを行わせた飼育業者への非難が起きた（Humphrys, 2002）．こうして，牛の飼育業者は悪徳業者というレッテルを貼られた．利益を追求し，食の安全・安心を省みず，その結果，健康被害のリスクを消費者に負わせた元凶として，飼料を生産した業者から飼育業

者までが非難を浴びることになった。肉骨粉を混ぜた安価な飼料を牛に食べさせて，その牛の肉をあたかも普通の牛肉として販売してきたことが，消費者の怒りを招いたのである。

　こうした食品に関し，悪徳業者という非難が起きること自体は目新しいことではない。それは過去何度も繰り返されてきた。最も多いのは，食品に何かの混ぜ物をする，という偽装行為である。量を増やすために混ぜ物をするというのは，どの時代や地域にも見られる。その記録は，ローマ時代に遡る[4]。金儲けの為には倫理を省みない商人はいつの時代にも存在する。

　それが近代以降には巧妙かつ複雑になり，広範囲にわたって行われるようになったことが問題なのであり，またこれは近代産業化の必然的な影響として捉えられる。それは，近代産業革命以前は日常生活と密着していた食が，工業化の中に組み込まれて他と同様に製品化したためである。これはすなわち，食品のコンテクストが食べ物から工業製品に変化したことを意味する。

　18世紀末，産業革命時のロンドンでは，パンにみょうばんを混ぜて売る行為が常態化していた。みょうばんはパンの色を白くし，安い小麦を使っても高級そうに見せる。こうして混ぜ物を行うことで原価を抑え，見栄えを良くし，販売量を増やし，売上を高めることが目的である。製品製造と捉えれば，品質と価格のバランスによって販売量は決まる。利益の獲得が資本主義の原理である以上，品質を下げて価格を抑えることは，競争戦略のひとつとして捉えられる。これが有害な混ぜ物であったことは問題であるが，その行為自体は経済活動の原則に則っている。

　しかし，本来，食品と工業製品は意味が異なっている。食品は口にするものであり，より安全・安心を意識する必要がある。これらを価格と引き換えにすることはできないはずである。近代化以降，形を変えながら食品偽装が繰り返し行われるのは，生産者と消費者が分かれて，お互いが顔の見えない抽象的な存在になっているためである。近代化とは，従来の共同体的な因習から脱却して，合理性や計画性や機能性を高めて，生産性を上げることを指向することである。そのために，分業化を推進し生産と消費が分離して，また商品は市場で

貨幣によって取引されるものと認識される。その結果，食べ物は人が口にする特別なものではなく，商品としてのモノとして扱われる。そこでは誰が作り，誰が食べるかは意味を持たず，生産者と消費者は文字通り記号的な存在となる。供給側と需要側に分かれて，モノには価格が付けられ，金銭で取引される。製品は市場で判断されて，相互の関係はいつでも代替が可能である。

　こうした市場の取引に基づく関係においては，一部の生産者が利益の獲得を優先して，安価であっても安全と言えない食品を商品として販売すると，良心的な生産者は競争上の不利益を被ることになる。消費者からみた場合に，どの食品が安全かを見きわめることが困難である以上，結果的には価格の安いものが選択されていく。これは，やがて悪貨が良貨を駆逐するように，安全とは言えない質の悪い商品が市場を占めるようになる[5]。こうして，近代化以降，食の安全と安心に関して生産者は供給サイドとして，常に食品偽装の誘惑に晒されつづける。一方，消費者は需要サイドとして，手にする食品が安全か否かを自ら判断する方法を持たないという信頼性の問題を抱えることになる。

　このような構造の中では，BSEのような問題が起きれば，消費者は生産者を非難し，生産者は商品にダメージを負う。しかし，時間が過ぎれば，違う食品や生産者に入れ替わり，異なる問題が発生し続ける。それは，食の生産や流通の構造自体がそのように成り立っているからである。

(3) 現在における新たな食の安全・安心に関する諸課題の抽出

　近代化から現在にかけて社会が変化するとともに，食の安全・安心のかたちも変わりはじめている。そうした現在の食の安全・安心のかたちについて，情報化，グローバル化および科学技術の発展の3点を中心に見ていく。

　1点目の情報化とは，インターネットが世界を繋ぎ，ソーシャルメディアが生活に入り込み，多くの情報に溢れた現代の姿を示す。こうした情報化は食においては，食品にまつわるさまざまな情報を入手しやすくする利点をもたらす。生産と消費が分離し，金銭を介した関係にある中で，情報化は，両者の情報をつなぐことを可能にする。情報化技術がもたらす，ICTタグやインターネッ

トは，生産者や産地，産地から売り場までの履歴まで，さまざまな情報を蓄積し，消費者からアクセスし獲得できるようにする。また，消費者同士が情報を伝え合うことを可能にする。このように，情報化の進展によって，情報の伝達速度は加速化し，広範囲へと広がるようになった。一方で，情報の渦には，正しい情報も根拠の無いデマも，見せかけだけの情報もすべて等しく含まれる。情報は扱いによっては，対象を傷つける危険な武器にもなり得る。メディアによる情報操作の危険性も指摘されている。権威付けられた情報によって人は操作され易い。インターネット上では匿名の情報が行き交い，なりすましの問題や，炎上といわれる無名の情報攻撃や，ソーシャルメディア等の風評被害がこれまで以上に起こりやすくなっている。

　こうした情報化の進展とともに現在の食の安全・安心に影響を与えている第2の大きな変化が，グローバル化である。グローバル化とは，人や情報，物の流れが一国やその近隣諸国を超えて地球規模で大きく繋がることである。その結果，今までなかった食品がスーパーマーケットの商品棚に並ぶようになり，気がつかない中に，さまざまな国の食材を口にするようになっている。グローバル化の進展は，食において，金融資本が発達し経済的に豊かな国と，国内に有力な産業が成長しておらず，資源の乏しい国との経済格差を拡大している。少数の富める国には世界中から食品が集まる。一方，天然資源に乏しい後進国が経済発展を目指す時に，有効な手段は第1次産品を先進国に輸出し，外貨を稼ぐことである。そのため，後進国では自国用としてではなく，輸出向けに食品をつくるようになっている。

　こうした変化は，Rizer(1993)が「マクドナルド化」と名付けた社会のファストフード化がグローバルに展開した姿である。世界規模で分業化がすすみ，特定の食品毎に生産国が分かれるという，ファストフードの市場経済至上主義と分業重視の特徴が見られる。その結果，日常の食生活の風景は各地で大きく変化している。例えば今までは地中海沿岸地域を中心にした特定の地域で限定的に使われていたオリーブオイルが，現在は世界の多くの先進諸国に普及している。それは，健康ブームや，メディア等で有名なシェフが紹介したこと等で[6]，

産地でない地域でも輸入することで一般に使われるようになった例である。

　3点目の変化は，科学技術の発展である．それは食の分野では，加工食品の増加として捉えられる．あらかじめ調理が施され，いつでも簡単に食べられる，という現代の加工食品のコンセプトは多忙な都市生活者に受け入れられ，多くの食品が工場で作られている．低温流通等の流通技術の進歩が，そうした加工食品の流通を後押しする．加工食品が増えていくことでより一層，その食品の原材料の生産地がどこで，どのような過程でつくられているのかは見え難くなっていく．さらに，グローバル化の進展によって，食品加工工場そのものが海外に設置される場合も増えている．これらの変化により，生産の現場が消費の場所からさらに離れ，不透明になっていっている．

　不透明さを増している点では食品も同様である．科学技術の発達は，遺伝子組み換え食品(Genetic Modified：GM)を生み出した．現在は，遺伝子を操作することで，病害虫に強く過酷な環境でも生育が可能でかつ収穫量が多い作物がつくれる．人口増加や気候変動による世界的な食糧不足の危機が言われる中では，次世代に向けての夢の技術として取り上げられることもある．一方では健康や生態系への影響を指摘する声もあり，長期的な健康被害に関して疑問視されている．また見た目上，遺伝子組み換え食品か否かを判断することは出来ないことも不安感を高めている．

　このように，現代の情報化やグローバル化，技術の発展は，食品の履歴等の情報アクセスを容易にし，食生活の多様化や流通網の発達をもたらした．また，便利で手軽な食品を提供し，食品衛生を向上し，食糧の安定的な確保を実現可能とした．そうしたこれまでの食の安全・安心の問題の解決と同時に，その反面として断片的な情報による風評被害，経済格差による世界的な食の不均衡，生産と消費の分離の進行，食品そのものの不透明性の増大等の問題を引き起こしている．つまり，現代において，食の安全・安心の問題は，より複雑化し，多様化していると捉えることができる．

第2節　暮らしの中心にある食生活の安全・安心に見るコンテクスト転換

　本節では，特に現代における食生活の安全・安心に関する問題を捉えて，どのような食の安全・安心が実現可能なのかについて議論を展開していく。現在，食の安全・安心について代表的な課題解決策としてあげられるものは，地産地消である。しかし，それが果たして有効な施策と言えるのか，むしろ紋切り型の思考に陥っていないか，とあらためて問い直す必要がある。そこで，こうした従来の食の安全・安心を取り扱う際の固定的な見方や認識からのコンテクスト転換を試みる。

(1)　安全な食とは何かに関する認識についてのコンテクスト転換

　安全・安心な食事とは何なのか。食事を文字通り捉えるならば，外界に存在するものを栄養として自らの身体に取り込む行為をさすことになる。しかし，食事における食べ物とは，人間にとっての認識であり，何を食べ物とするかについては便宜的な区分でしかない。食べ物が初めから存在するのではなく，むしろ食べ物という概念を当て嵌めることで，自然に存在するモノが食べ物になる。

　例えば，われわれが主食と呼ぶ米や麦は，元々自然に存在する植物である。これを食べ物と認識することによって，他の植物と区別して，特別なものとして扱うことになった。やがて，人間はより食べ物らしくするように品種改良を重ねて，現在の姿に変えてきた。このことは，牛や豚，羊や鶏も同様のことである。つまり，食べ物自体は食べる行為においては物であるが，食べ物という捉え方は人の認識によりもたらされるコンテクストであり，食べ物というモノ（コンテンツ）自体が最初から存在する訳ではない。

　その食べ物が安全・安心であるかは，これが人の身体にどれほど悪影響を及ぼすかという，影響の度合いや捉え方で測られる。安全でない食べ物とは，それが食べられるという前提の上で，何らかの直接的な身体的な危害をもたらす

可能性が高いと思われる食べ物を指す。また，安心ではない食べ物とは，危害を及ぼすかもしれないという不安感を抱かせる食べ物のことである。これらに共通するのは，いずれも食べる側の客観的ないしは主観的な基準で決定される点である。見方を変えれば，人にとっての食べ物の危険性とは，捕食される側から捉えるならばまさに自己防衛機能のひとつであろう。毒とされる成分を生物が持つのは，自然界において身を護り，捕食され尽くされないように自らを進化させてきた結果である。これに対して，捕食者においては，さらに毒に対する耐性を身に付けたり，あるいは調理などの工夫によって危険を回避したりする方法を見つけ出してきた。

このように，安全な食べ物とは，人に危害を与える不都合な機能を弱め，影響を受ける度合いを減らすようにした食べ物であると考えられる。こうした食べ物の定義からすると，完全に安全な食べ物は存在しないことになる。この完全に安全と言える食べ物とは，人間が自らのために完全な無から独自に創造したものであり，それは存在しえない。食べ物とは，人による認識であり，食べ物である以前にそれぞれが自然界に存在する多様な種であり，ひとつの生命である。その命を戴く行為が食事である[7]。人が生きていくためには，他の種の命を，食事によって栄養として，自らの身体に取り込むしか，他に方法はない。

突きつめれば，安全な食べ物とは，捕食する側にとっての危険性が低いという意味である。安全・安心な食について議論する際に，すべての人にとって安全な食べ物とは何かを問うことよりも，食事における危険性を低くするために何が必要かを問うことが重要である。それは，安全・安心な食というモノの追求から，食の安全・安心の為に可能なコトに視点を変えることである。これが安全・安心の為の食のデザインである。このように，現在食の安全・安心を考える上で必要なのは，認識のコンテクスト転換を行うことである。

(2) 食の安全・安心に関わる責任の主体としてのアクターのコンテクスト転換

それでは，食の安全・安心をデザインする主体は誰なのか。従来，食品の安

全・安心を扱う際には，消費者の立場から食品の生産者と生産現場における問題を指摘することが主であった。食品の成分や賞味期限，本来の使用用途が偽装されたり，安全性が保証されない化学物質等が添加物として含まれていたり，食品の安全性に関するさまざまな問題が起こる度に，これへの非難はその生産者に集まる。マスコミも，こうした食の問題が発覚したときは消費者の側から，原因を追及し，そして責任を追及するという姿勢をとる。かくして，問題が発生した時の記者会見の席は，問題を引き起こした生産者側を代表する人が厳しく詰問を受ける場になる。そこでの対応を一歩でも間違えると，会社自体が倒産などの憂き目にあってしまう[8]。

このように，食品の問題が発生した際に責任を問われるのは，その生産者である。多くの場合，問題が起きる原因は，その食品を生産する責任者のモラルや意識の低さにあるからである。食品の改竄や偽装などの問題は後を絶たず，その都度責任者が反省の弁を述べることになる。その食品に表示された情報を信じて購入した消費者は，偽造が発覚して始めて自らが騙されていたことに気付くことになる。消費者は生産者から与えられた情報を一方的に信じる他に術がなく，確認する術を持たない。そのため，消費者は，潜在的に騙されるリスクを負っていると感じている。そのために，生産者の虚偽に厳しく反応する。健康に対する被害以上に，むしろ騙された事実に対して，強い失望と怒りの念を抱くことになる。これが生産者への厳しい反応となって顕れる。

このように，消費者は弱い立場にいる存在であるとして認識されてきた。1968年に制定された「消費者保護基本法」[9]では，消費者の利益の擁護と増進を目的に掲げている。この法律の制定は，それまでの産業優先から消費者優先に考え方を変える狙いがあった。また，この制度をきっかけに，のちに全国に消費生活センターが設置されていった（石田，2005）。

それでは，一方的に生産者が悪者であり，これに対して消費者は被害者なのか。こう考えることは，自らを弱者として規定することに結び付く。そうした単純な二項対立の図式で捉える見方では，それぞれの存在を矮小化してしまう危険がある。長い間，消費者側は物を購入し経済活動に貢献する存在としてし

か捉えられていなかった。日本では，近代化の始まりから高度経済成長期まで，企業は利益追求を第1としていたため，消費者の安全・安心などは省みられることがなかった。国家自身も産業発展を保護することを名目に，企業を後押ししてきた。結果として，古くは秩父鉱毒事件や，森永ヒ素ミルク事件，あるいはカネミ油症事件などの事故が発生し，多くの犠牲者を生み出してきた。これらの歴史を経た先人達の努力によって消費者に陽が当たることになり，法律が制定されるようになった。現在では，食品の安全に関する責任は，その食品の製造業者とその業者を管轄する行政機関が問われるようになっている。

　これらの成果は貴重だが，それだけで食の安全・安心は捉えきれない。さらに，現在では，食の安全・安心はより複雑さを増している。そのひとつとして，食品そのものの危険性よりも，食卓に届くまでのプロセスに着目し，生産者と消費者の義務と責任，関連するメンバーの役割を捉え直すことが有効である。なぜなら，食の安全・安心を実現するためには，食品の製造時の安全に留まらずに，それらを原料として加工する工場や，商品流通を担う商社や大手の流通業者や，物流を担う輸送業者，スーパーマーケットや店舗などの小売業までを含めた安全性を確保する必要がある。食品の生産から最終消費までの流れ全体をフードチェーン[10]として機能させることによって，食の安全・安心が実現する。安全・安心のためのデザインとは，こうしたフードチェーン全体のつながりをデザインすることである。それは，食に関わるさまざまな役割と関係を新たに創造し，全体を最適なバリューチェーンとして創造することである。

　ここでのねらいは，従来の食の安全・安心は生産者が一身に担うとされてきた見方を変えることである。生産者は流通業者や小売業者から規定された原価で安定的に食品を供給することが求められ，これができなければ他の生産者に代替される。また，グローバル化によって，供給元と生産者の選択はさらに広がっている。その流通業者や小売業者も，また顧客獲得の激しい競争に直面しており，品質が高く安価な食品を提供できなければ継続できなくなる。販売の現場では不断のサービス向上が求められ，欠品がないようになるべく，可能な限り多くの食品を仕入れて，顧客の趣味嗜好の多様化に合わせた幅広い品揃え

を行うことで,競合他社との差別化を図ろうとしている。

これらの販売現場における食品に対するさまざまな要求に応えるのは,生産の場である。こうしたプレッシャーが,食品偽装の誘惑を生産者に抱かせる。何度も繰り返し偽造問題が発生するのは,このようなフードビジネスの構造から生まれている。

このように,食の安全・安心は,一方的に生産者に起因する問題ではないと意識する必要がある。それは,流通業者や小売業者の問題であり,何より消費者自身の行動と意識が影響する問題であると捉える必要があることを意味している。消費者は一方的な受け身の存在ではなく,フードチェーンを構成する一員であると同時に,自らの意識や行動が食の安全・安心に大きな影響を与えることを自覚する必要がある。自身を主体的なアクターであると意識することによって,行動を通じて積極的に,食の安全・安心を実現することができる。食の安全・安心のデザインを行うためには,生産者を中心にした見方からバリューチェーンとして全体を捉え,これにおける主体を生活者側へと転換するという,主体転換としてのコンテクスト転換が必要である。

(3) 地産地消による食の安全・安心を超えるためのゾーンのコンテクスト転換

安全・安心のために,消費者がとるべき行動として,一般的には地産地消があげられることが多い。この地産地消とは,その地域で生産されたものを,その地域で消費することである。そのような食の在り方が食の安全・安心のための解決策とされるのは,現在の食の構造において生産者と消費者の距離が離れていることに起因する。現在では,食品の生産の現場が実際にその食品を食べる場所から見えなくなっている。さらに,グローバル化がその状況を後押ししている。

そうした状況に対して,なるべく近くの顔の見える生産者から食品を買うという選択は,自らの食生活を安全で安心なものとするための方策である。また,環境負荷の面で,フードマイレージの問題も指摘されている。フードマイレー

ジは，食品を輸送する際に発生する二酸化炭素の排出量に着目する。食品自体は安価であっても，遠方から運ばれ，大量の二酸化炭素を排出している食品よりも，多少高価であっても地球環境への負荷の観点から近隣の食品を選択しようとする運動である。このような環境負荷の面や，地域の食文化を護り，地域で食を育んでいくというコンセプトからも地産地消に期待がよせられている。

　この地元でとれた食品を直接，地元の住民が買って食べるという在り方は，昭和の初期頃までは我が国のどの地域でも見られた姿である。高度経済成長期には，町に近郊農家がリヤカーを引いて，朝とれた野菜を売りに来る風景が見られた。このように，つくった相手の顔が見えることが食べ手にとっての安全・安心に結びつき，かつ環境にも良く，地元の気候や土地に合ったものが食べられた。このように，地産地消は地元の食と結びついている。そうした点から地産地消は食の安全と安心の大きな解決策としての期待が寄せられている。しかし，こうした期待に対して，地産地消にはいくつかの問題も存在する。

　第1に，地産地消のメリットである地域内での食の流通は，裏を返せば狭く閉じた範囲での経済活動であり，流通であると捉えられる。これでは地域の活性化には結びつかない。地産地消のデメリットは閉鎖的な消費に留まり，外部との繋がりのない自閉的な在り方である点である。その地域に閉じてしまい，他の地域との流通をなくしてしまえば，そこには新たな変化は生まれない。物品の交換から経済活動が生まれたように，地域と地域を繋ぎ広げていく欲求を人は持つ。地産地消が指向するのは，内向きで閉じた世界である。反対に，地域のブランド化とは，他から人や金を呼び，地域を活性化することにある。地域で閉じているのであれば，地域をブランド化する必要はないことになる。

　第2は，現実性の問題である。地産地消を推進するには，豊かな土壌と気候に恵まれて，そこで自立できることが前提である。それ以外の場所では，地産地消は成り立たない。都心に住む人にとっては，完全な地産地消の実現は食糧不足を招く。宅地化された都市近郊では農作物を生産することはできなくなっている。高度成長期にリヤカーを引いて町にやってきた農家の人達は次第に高齢化し，やがて来る人はいなくなった。

第3に，根本的な問題として，安全・安心という点で必ずしも地産地消が有効とは言えない点である。地産地消が安全・安心に結びつくのは，生産者の顔が見える点にある。それは情報の信頼性の問題である。しかし，同じ地域であれば無条件に情報の精度が高いとは言えない。距離の長短は要素でしかなく，正確な情報を獲得することは，その為のプロセスや情報の裏付けや情報化の技術に依る。現在はインターネット上で購入した食品であっても，翌日遠方の産地から届けられ，そこでつくった人の顔写真やメッセージが添えられており，信頼を高めようとしていることがよくわかる。逆に近隣の地域で買ったからといって，それが地元で本当に作られたものなのか，どのように作られたかが分からなければ，その食品が安全・安心であって，かつ新鮮な食品であると無条件にいうことはできない。

　このように，地産地消は必ずしも食の安全・安心をデザインする上での有効な手段とは言い切れない。それでは，地産地消の目的としてあげられる地域の伝統的な食文化を護るものとされる点についてはいかに捉えればよいのか。

　この点については，伝統とは何か，地域独自の食文化とは何かを問う必要がある。例えば，瀬戸内海の小豆島はオリーブの生産で有名であり，オリーブはこの地域の食文化にあげられる。しかし，元々地中海沿岸に自生し生育されてきたオリーブが持ち込まれたのは，日本の近代化以降である。このオリーブに限らず，我が国に存在する多くの動植物は，過去何らかのかたちで日本に海外から持ち込まれたものである。これが古いか新しいかによって在来種と呼ぶか外来種と呼ぶかの違いになる。外来種とは，明治以降に日本に移入した生物であり，江戸時代以前のものが在来種として扱われる。ジャガイモやイネ，イチゴなどもかつては海外から持ち込まれた植物である(小坂井, 2013)。

　さらに，先のオリーブの故郷であるイタリアにしても，現在はトマトがイタリアの食文化の代表のように言われているが，これもまたコロンブスの新大陸発見とともにヨーロッパに伝わったものである。地域の伝統的な食文化とは，その地域を起源として長く伝わってきたものと捉えられがちだが，さまざまな地域間での交流の中から生み出されたものである。地域の食文化とは地産地消

の中からだけでは生まれてこない。

　現在では，グローバル化と情報化は国を超えてさまざまな地域を結びつけ，地域ブランドを展開する範囲は大きく広がっている。そこで，安全・安心においても，従来の地域から，領域（ゾーン）の捉え方をコンテクスト転換していくことが必要である。その前提で，地産地消を地産他消に変えていく等，狭く閉じた世界に自閉するのではなく，視野を広げて食を見る必要がある。

第3節　暮らしの中の食生活の安全・安心に関するコンテクスト転換

　本節では，これからの食生活のデザインをコンテクスト転換の視点から述べる。それは，フードチェーン全体を意識して，生活者を起点としたスタイルを描くことである。そうしたデザインを展開するためには，地域と食の安全・安心の関連性を示す。次に，新たな生活スタイルの創造を述べる。最後に生活者によるフードチェーンの在り方を提言する。

(1)　地域の環境を背景にした地域ブランド構築戦略

　食は体験として記憶に残りやすく，また食べ物を媒体に記憶が蘇ることもある。Proust (1913) は，語り手が口にしたマドレーヌの味から幼少時に家族で過ごした夏の日の記憶が立ち上がり，かつての町の情景や家族との姿が展開していくストーリーを描いた。この特徴を活かして，食は地域のブランド化の手段に用いられることが多い。食品を地域限定の特産品として売り出すことに力を注ぐ地域は後を絶たない。しかし，それら食品のブランド化はいわばモノ＝コンテンツとしてのブランド化であり，地域自体のブランド化とは異なっている（原田・三浦編，2010）。地域のブランド化とは，その地域自体の関係性やエピソードなどをコンテクストとしてデザインすることによって，地域自体をブランド化することである。

　たとえ地域で単体の食品をモノとしてブランド化しても，地域ブランドには

結び付かない。多くの地域においては特産物を売り出そうと商品化を行うが，物産展で販売する以上の施策は見出せない(安田・才原，2011)。地域と結び付けて，食を通して地域をブランド展開するためには，何らかのエピソードやストーリーのコンテクストが必要である。食の安全・安心は，こうしたコンテクストのひとつとして，地域のブランドを形成する要素になる。それは，食品一つひとつの，単独商品としての安全を実現するのではなく，地域全体の安全性を確立し，これを背景にしてブランド化することを意味している。

　このように，地域の安全を食のブランド化にした事例としては，岩手県二戸市があげられる。この地域がブランドとして活用したものは，ヒエやアワなどの雑穀である。こうした雑穀類は，かつては貧しさの象徴として捉えられることもあった。それをあえて現代的に解釈し直し，健康食品として意味を変えたのである。地域の食文化とし，それらを用いた商品を開発した。その際，その土地で栽培した雑穀の安全性を厳しく管理し，これに関する情報を公開し安全性のアピールを行った。その結果，身体にも優しく，また安全性も高い雑穀を生産する地域としてブランド化に成功した[11]。元々二戸市は，胃がん発生率の少ない地域として世界保健機構の調査対象地に選定された地域であった。そこに地域の歴史や文化を結びつけ，穀物を中心にした食文化を外に向けて発信したことが，地域経済の発展に結び付いている(安田・才原，2011)。

　この二戸市の例は，地域の食品と，その背景の地域の食文化と環境や歴史性を結び付けて，食の安全をコンテクストとして活用したデザインの事例である。このように，食の安全・安心は単独のコンテンツとしての食品によって実現するものではなく，地域の環境と多様に組み合わせることによって，実現でき，さらに地域をブランドとして展開することができる。なぜならば，食はまさに自然の循環の中から生まれるからである。この循環の環境こそが地域そのものであるとも言える。つまり，食の安全の実現のためには，それぞれの地域の土壌と空気と水と木々と植物，そしてそこに暮らす動物との自然な形態での連鎖を最大のリソースとして保つことが必要になっている。

　食べ物とは，食べ物である前に，1つひとつの生命である。生命である以上，

自然から離れて存在することはできない。食と地域が結び付くことが多いのは，食が地域の環境そのものに結び付いているからである。だからこそ，Proustが描いたように，地域の食が個人の体験の記憶として，その地域そのものを顕すことになる。食の安全・安心は，その地域の環境を示し，地域と深く結び付いている。

(2) 食の安全・安心を捉えた新たな生活スタイルの創造戦略

　われわれの食生活は，時代の変遷とともに大きく変化してきた。近年のグローバル化の流れと科学技術の発達は，多忙な現代の生活の中で，手軽に食べられる加工食品を増やしてきた。それは，調理や後片付けにかかる時間を節約化し，食材の無駄を省く合理化と効率化のための方法でもあった。同様に，レストランでの飲食サービスにおいても，調理の手間を省き，安定した味を提供するためにセントラルキッチン方式を取り入れ，加工食品や半加工食品を積極的に活用するいわゆるチェーン店が増えている。

　このように経済性を重視することによってファスト（速さ，便利さ）を追求する食の在り様とは反対に，時間をかけながらゆっくりと地域独自の伝統的な食事を楽しむスタイルを重視する運動が，スローフード運動である（原田・三浦編，2007）。このスローフード運動は，アメリカ企業が展開しているファストフードへの反発からイタリアに生まれた運動である。これは，地域の伝統に基づいた食を重視しながら，食における美味しさや正しさ，そして美しさをコンセプトにしている（Petrini, 2007）。

　このスローフードが我が国で少しずつ着目され始めたのは，2000年頃からであり，スローフードを生活全般へ展開したスローライフや，環境と健康に対する意識の高い人々のライフスタイルとしてのロハス（lifestyles of health and sustainability）などが，当時多くのメディアで取り上げられた。その後もグローバル化と情報化は急速に進展し，結果として世界は多元化や多層化が進展している。今や，もはや単純なグローバルかローカルかという区分は意味を持たなくなっている。近年，「グローバルに考えてローカルに行動する」や，「グロー

バルに考え，マーケットはローカルに合わせる」などと言われるように，グローバルとローカルは単純な二項対立として捉えることはできない[12]。

　そこで，こうした世界の変化を前提に，暮らしの場でどのような生活スタイルをデザインするかがきわめて大事な課題になっている。その際重要になるのは，従来の消費者という意識とその在り様を根本的に転換することである。生活を営む上では，誰もが何らかのモノを購入することが必要であり，広義には社会との関係において暮らしているすべての人々が消費者ということになる。他方で，長い間ずっと，消費者とは商品に関する知識や情報を知る術を持たない弱者としての存在であった。消費者は組織化されることなく，何ら発言する権限も持たなかった。それが集団として団結することによって，消費者運動を経て，消費者は消費者保護という権利を獲得することになった。

　さらに高度消費社会に向かうにつれて，消費が単なる購買活動から自己表現へと変化していった。そこでモノを購入するという行為は，生産者に対する支持や参加の表明としての価値を持つようになっている。現在では，何を買うかという選択の際において，何を重視して，いかに判断し，そして行動するかが，1人ひとりの主体的判断に委ねられるようになっている。食の安全・安心の確保についても，単純に国を頼りにするのではなく，また生産者や流通業者任せにするのでなく，自らのスタイルに合わせて提供者に主体的に働きかけながら選択するという積極的姿勢が期待されている。消費者は，もはやかつての一方的な弱者という存在を脱して，自らが食生活のデザインを行い，自身が望ましいと感じるスタイルの実現を目指すことができる。

　われわれは，自らの生活と健康を築く基盤としては，一体いかなる食べ物を選択すべきなのか。スローフード運動が示す美味しさ，正しさ，美しさも，こうしたコンセプトのひとつである。このように，生活者を起点にした生活スタイルが，今後の食生活のためのスタイル革新である。それは，受け身の消費者から，購入を通じて積極的に生産に関与する生活者へと，その在り様を根本的に転換することである。そのとき，生活者は，フードチェーンにおける主体的なアクターとして，食を支える存在になってくる。それはすなわち，人間と環

境の共存と共栄と，経済における人間性の復権を目指す（原田・三浦編，2007），スロースタイルの一側面に見出されるべき姿でもあろう。

(3) 暮らしの中で食の安全・安心を可能にするバリューチェーン戦略

次に，食の安全・安心を守るための重要な戦略として，これまで述べてきたフードチェーンを含めた食の新たなバリューチェーンの構築をあげることにしたい。Porter (1985) によれば，企業が他社に対して，競争優位を獲得するためには，さまざまな活動の連なりから成るバリューチェーン上の各活動の効率を上げて，全体を連鎖させていく必要がある。このバリューチェーンに着目することによって，いかなる活動が結び付いているのか，価値の源泉がどこにあるのかなど全体を捉えた分析を行い，競争価値を高めていくことができる。

そこで，このバリューチェーンを食の分野に当て嵌めて，食のバリューチェーンを考え，新たにデザインを行うことが，食の安全・安心を高めていく戦略になる。食の安全と安心を付加価値として，食に関わる活動全体を連鎖させていくことに，これからの食の展開の可能性が見出せる。

第1に，この食のバリューチェーンは食の生産から製造，加工，流通，消費に至るまでのそれぞれの活動をつなぎ合わせることによって現出する食を基軸にした価値の連鎖のことである。そして，それらのさまざまな活動の結びつきの中において，モノとカネと情報が流れていくことになる。食品などのモノの流れが物流であり，また代金の決済に関わる取引の流れが商流である。なお，特にモノを中心とした流れについては，フードのサプライチェーンやフードシステムと呼ばれる。

第2に，このバリューチェーンにおいて基軸になるのが，消費を行う生活者であるということである。それゆえ，この生活者を中心にしてバリューチェーンを捉え直して，価値のコンテクスト転換を行うことが期待される。そのためには，情報技術を活用しながら，食品に関わる生産から流通に至るまでのバリューチェーン全体の情報を生活者から見えるようにする必要がある。これによ

って，それぞれの食品が生産された地域の情報が正確に生活者の手元に届くようになり，自らの価値観に応じて何を選択するかを生活者が判断できるようになる。

こうした生活者を中心にするバリューチェーンに対して，従来の食品流通のプロセスの特徴は，コスト低減に重点を置く点にある。日常的に購入される商品を大量に移動させるために流通コストを削減することが，流通業者にとって他社への競争優位になっている。食品の流通においては，伝統的に多段階にわたる階層による流通経路を経るために，これに伴うコスト増が起きやすく，近年では，中間流通の中抜きや直販という動きも一部に見られる(図表10-1)。

現状の食品のプロセスを食の安全・安心から見たときに，低温物流等の鮮度を守るための新技術の導入は設備投資によるコスト増になっている。物流センターや輸送中の温度や湿度の管理から，外界から汚染物が入らない様に密閉状態を高めるためには投資が必要になり，コスト増に結び付く。他にも，保管や廃棄ロスなども大きな流通コストになっている(米虫他，2010)。こうした流通コストの増加が，食品不祥事を起こす原因のひとつでもある。昨今の薄利多売の商売の中において，少しでも商品の廃棄を減らし，無駄を削減しコストを減らすため，賞味期限を偽装し再販売する生産者が後を絶たない。そこで，食品の安全を保持するためには，物流の中間段階での品質と衛生管理を計画的に行うと同時に，常時コスト削減のための合理化と効率化を推進することが宿命付けられている現在の食品の流通プロセスを見直すことが必要になる。

新たな食のバリューチェーンを構築するためには，消費者が生活者として主体的な関与を果たすことが必要になる。それは，生産者や流通業者に圧力をかけるという意味ではない。食品の安全には，前提として消費の時点で正しく食品を取り扱うことが必要である。食品の劣化による食中毒の事故は，家庭の消費の現場において起こることが多いからである。

こうした現状に対して，生活者を起点にしてプロセス全体の最適化を行うことが，暮らしにおける食の安全・安心を価値にするバリューチェーンをデザインすることになる。それには，プロセス全体の最適化を行い，複数の専門分野

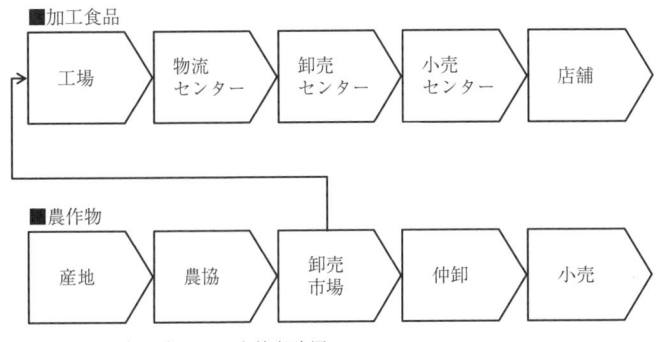

図表 10-1　食のバリューチェーン

■加工食品
工場 → 物流センター → 卸売センター → 小売センター → 店舗

■農作物
産地 → 農協 → 卸売市場 → 仲卸 → 小売

出所）米虫他（2010），p.30を筆者改編

の垣根を越えた連携を実現することが有効である。流通段階における衛生管理を徹底して行い，生鮮食料品の鮮度を保ったままで商品を消費の現場に届けるには，調達から生産，販売までの流通のプロセス全体をトータルにデザインする必要がある。そのためには，最適な流通網と在庫調整を計画的にコントロールし，最適なロジスティックスを実現することが要請されることになる。その実現に関わる各プレイヤーの間においては，正確かつ迅速に情報とモノを同期化させながら流通させる必要がある。

　それには，コスト削減をいかに行うかという点が障壁になるが，生活者を主体とし，バリューチェーンにおける連携を実現することでコスト削減を追及することが可能である。生産から流通，販売，そして消費に至るまでの全プロセスにおいて連携することによって，需要予測の正確さを増し，生活者の意識を変えることによって生活の場を中心に無駄を削減できる。

　従来のコストを中心にプロセスを捉える視点は，消費の現場が価格優位の競争によって成立するという前提に立つ。これは近代的な競争戦略の視点であるが，そうした視点とは異なる生活者として生産者とつながり，信頼を中心にして，モノの価格に限定されない相互の顔が見える新たな関係が構築できる。それは，金と食品というモノだけではない，信頼や関係性というようなコトを描

く新たな戦略である。これは，近代化に至る前時代の，古くて懐かしい共同体における食の在り様にも似ている。ただし，それと大きく異なる点は，それが狭い物理的な空間での地域に閉じるのではなく，情報化技術の進展によって広く開いた場や空間で新たな関係を築く戦略だという点である。

　そのためには，ICT タグや QR コード等の情報技術の発展が新たな関係性創造の実現を支える基盤になる。また，インターネット網による情報伝達の変化が，従来の生産者から消費者への一方的な情報の流れを，双方向の流れへと変えることになる。さらに，消費者としての生活者の意識と行動の転換も必要になる。消費者が，食品の安さと見栄えの良さを過度に求める意識や，欠品に対し過敏になり過ぎる姿勢が大量の廃棄ロスに結び付き，これらが食品のコストへ影響する。生活者が本当に必要な食品を購入し，生活の場における廃棄を減らせば，無駄とコストが大幅に減少するだろう。最終的には，生活者が食品の質と内容を見きわめて，安全・安心を捉えた付加価値が高い食品を購入することが，その食品の生産者を支持することになり，また支援することにもなる。そこから，食を通して生産者と流通を支える人々と生活者が結び付き，都市と生産現場の地域と地域が結び付くことになる。そこから，新たな出会いや発見が生まれることにもなる。

　このように，暮らしの場を中心にした信頼のバリューチェーンが構築されることによって，プロセスの担い手の関係が変化していき，これによって新たな価値が現出し，そこから商品が商品ブランドではなく地域ブランドへと発展していく可能性が生じる[13]。これが，サポーター制度として生産地と生活者を結ぶことになる。例えば，新潟や山梨といったワイン産地では，インターネットを介してオーナーを募集して人気を集めている生産者がいる。そこでは，オーナーとは単にお金を出すだけでなく，実際に葡萄の苗を植えたり，剪定を行ったり，収穫祭を祝い，ワインの仕込みを体験する。そして，そこでできたワインを食卓で家族や友達とともに楽しむ。こうした体験が自らの食生活を見直し，合理化と効率化によるコストのみに拠らない，信頼の価値を生むことになる。こうした生活者視点からの食の安全・安心に関する信頼という付加価値が，食

の地域ブランド実現に結び付くことになる[14]。

おわりに

　食の安全・安心に関する問題は，人類が狩猟採取生活を中心にしていた時代から現在まで続く問題である。それは，食が人の生活になくてはならないものであると同時に，その安全・安心が時代時代での社会の影響を受けやすいからである。これを示すように，食の安全・安心の問題はテーマそのものが時代とともに変わってきた。

　人類史の黎明期には，食料不足による飢餓が最大の食の問題であった。さらに，食物の持つ毒や腐敗による中毒によって多くの人が命を落としてきた。こうした社会全体における問題や食品の安全に関わる問題は，農耕・牧畜文化の発展から文明誕生による社会の変化と衛生学をはじめとする科学技術の進展によって解消されていった。しかし，これは決して無くなることはなく，次第に形態を変えながら新たな問題を生み出していった。

　近年では，食の安全・安心に対する関心が薄れるどころか，多くの人々の注目を集めるようになっている。消費者保護という意識が高まり，かつてのように何も知らされず，一方的に生産側から有害や虚偽に基づく食品を押しつけられていた時代が終わろうとしてもなお，多くの人が安心の面では満足をえていないのである。

　各自が安心を得るためには，自らがいかなる食生活をし，また何を自らが食べるかに対してデザインすることが大事な課題になっている。受け身の消費者という存在から脱して，主体的に食の安全・安心を考えるとともに，実現していくことが重要である。これは，情報化技術と科学技術が発達し，グローバル化が進展している現在だからこそ実現が可能であり，かつ必要になっている。生活者を主軸にして，全体の参加者間の信頼によって結び付くバリューチェーンの実現が，これからの時代の食の安全・安心の課題に対する答えのひとつである。

食べるということは本能であると同時に，一人ひとりの生活における大きな喜びでもあり，食生活とは周囲の人との結び付きや関係を確認する社会的行為である。その生活を充実させていくためには，意志を持ちかつ食品の選択などに関わりを持つことが不可欠である。それは，小規模であっても，安全・安心な食べ物をつくろうとしている生産者を支えて，またそれを支える流通の仕組みを整えていくことである。

このように，自らのこととして，食生活をいかにデザインし，行動し展開していくかを問うことは，根源的な問いであると同時に，新たな価値を生み出すことにもつながる。おりしも，我が国においては農産物の国際的競争力を高める政策が出されており，生活者においても食の安全・安心を考えることは大変意義深い。世界で最も厳しい基準を指向することを期待する日本人の姿勢が，今後の食のグローバル化時代においては，有効に機能するだろう。こうした中で，すでに2016年をめどに農産物の安全・安心を保障する認証制度を構築することが決定している。本書がそのような変化の中で新たな食の信頼の価値を創造していくためのひとつの手掛かりになることを期待したい。

注
1) 一方でそれらの変化は今までにない新たな問題を引き起こした。家畜との共同生活は家畜が持っている細菌やウィルスへの感染を生み，人類は風邪やインフルエンザ，水痘やはしか等を病気として抱えることになる（Humphrys, 2002）。
2) 胡椒には抗菌，防腐，防虫作用を含む成分が含まれており，特に冷蔵技術が発達していなかった中世のヨーロッパでは食糧を長期保存するためのものとして高い需要があった。原産地はインドやインドネシアであり，非常に高価なものとして重宝され，貨幣の代用としても使用されたこともある。
3) アジア全体においては，水質の微生物による汚染も大きなテーマになっている。
4) ローマ時代から葡萄酒には酸化防止の品質保持のために添加物として亜硫酸を使うことは広く知られた技術であった。それだけなら現在まで伝わる食品の品質を保つための有益な方法として話は終わるのだが，それ以外にも分量をごまかすために，アロエやその他の薬で人工的に熟成させていたという。
5) これは，ミクロ経済学で言う『レモンの原理』であり，情報の非対称性が市場に影響を及ぼすという理論である。
6) そうしたシェフの例として，UKの"Nacked Chef"（裸のシェフ）ことJamie Oliver

がいる。Simple Cooking を標榜しているように極力素材の持ち味を活かす調理法が人々から支持された。
7) こうした生命と食の在り方について，宮澤賢治が童話で描いた作品として「なめとこ山の熊」や「よだかの星」がある（宮澤，1978a; 1978b（原著は 1934））。
8) 雪印集団食中毒事件（2000 年）や船場吉兆食品偽装事件（2007 年）で被害にあった当事者以外の多くの人が記憶しているのは，記者から詰問された社長の「私は寝ていないんだ」発言や，記者会見での女将の息子へのつぶやきによる指示であろう。
9) 消費者保護基本法は 1968 年制定されたが，その後の社会情勢の変化に対応し，消費者がより自立を果たせるための支援を行う目的へと改正されて「消費者基本法」（2004 年改正）となった。
10) フードチェーン：自然界の食物連鎖を指す場合もあるが，ここでは食品の一次生産から最終消費までの流れとそこにおける生産，加工，流通，販売の一連の活動を指す。フードシステムという場合もある。
11) 二戸市では，このブランドを核にして地域へのエコツーリズムを開催して全国から食に関心をもつ観光客を集めている。
12) 例えば，ひととき民衆の勝利と情報革命の蜜月ともてはやされた「アラブの春」はその後，内戦により泥沼の様相を呈している。そしてそこには主食の材料である小麦の世界市場での価格の変動が大きな要因として関わっていると言われている。また，かつて「マクドナルド化」として非難されたマクドナルド自体が，インドでは宗教の多様性に合わせるために，羊のハンバーグを販売している（Ghemawat, 2007）。
13) そうした生産者と消費者が繋がることで地域のブランドを生んだ例として，富士見町（長野県諏訪郡富士見町）のルバーブ栽培の例がある。
14) こうしたバリューチェーン見直しの動きは，既に大手の流通サービスグループ企業では競争優位性のために，自前で引き受ける範囲を広げてきている。また，生産者と消費者がお互いに直接繋がり合い，その地域でとれたものを流通業者には流さず，二者間で受け渡しするという在り方も次第に増えてきている。

参考・引用文献
石川拓治 + NHK「プロフェッショナル仕事の流儀」制作班（2008）『奇跡のリンゴ～「絶対不可能」を覆した農家木村秋則の記録』幻冬舎。
石田英雄（2005）『クレームに学ぶ食の安全』海鳥社。
岩田健太郎（2012）『「リスク」の食べ方～食の安全・安心を考える』筑摩書房。
植村修一（2012）『リスク，不確実性，そして想定外』日経プレミアシリーズ，日本経済新聞出版社。
臼井隆一郎（1995）『パンとワインを巡り神話が巡る～古代地中海文化の血と肉』中央公論社。
神山美智子・山口英昌（2012）『情報が食の安全を守る』旬報社。
小坂井敏晶（2013）『社会心理学講座』筑摩書房。
原田保・三浦俊彦編（2007）『スロースタイル』新評論。

原田保・三浦俊彦編（2008）『マーケティング戦略論』芙蓉書房出版。
原田保・三浦俊彦編（2010）『ブランドデザイン戦略』芙蓉書房出版。
宮澤賢治（1978a）「よだかの星」『宮澤賢治童話全集　新版5　よだかの星』岩崎書店。
宮澤賢治（1978b）「なめとこ山の熊」『宮澤賢治童話全集　新版6　なめとこ山の熊』岩崎書店。
和田充夫・菅野佐織・徳山美津恵・長尾雅信（2009）『地域ブランドマネジメント』有斐閣。
村上陽一郎（2005）『安全と安心の科学』集英社。
安田亘宏・才原清一郎（2011）『食旅と農商工連携のまちづくり』学芸出版社。
米虫節夫（2002）『やさしい食の安全』オーム社。
米虫節夫・野口英雄・平井由美子（2010）『食品流通が食の安全を脅かす』日刊工業新聞社。
Ghemawat, G. (2007) *Redefining Global Strategy: Crossing Borders in A World Where Differences Still Matter*, Harvard Business School Press.（望月衛訳（2009）『コークの味は国ごとに違うべきか』文藝春秋）
Hamphrys, J. (2002) *The great food gamble*, Hodder.（永井喜久子・西尾ゆう子訳（2002）『狂食の時代』講談社）
McLuhan, H. M. (1964) *Understanding Media: the Extensions of Man*, McGraw-Hill.（栗原裕・河本仲聖訳（1987）『メディア論―人間拡張の諸相』みすず書房）
Petrini, C. (2007) *Buono, pulito e giusto*, Giulio Einaudi.（石田雅芳訳（2009）『スローフードの奇跡～おいしい，きれい，ただしい』三修社）
Porter, M. (1985) *Competitive advantage: creating and sustaining superior performance*, Free Press.（土岐坤・中辻萬治・小野寺武夫訳（1985）『競争優位の戦略――いかに高業績を持続させるか』ダイヤモンド社）
Proust, M. (1913) *À la recherche du temps perdu*, Gallimard.（井上究一郎訳（2002）『失われた時を求めて　1．スワン家のほうへ』筑摩書房）
Rizer, G. (1993) *The McDonaldization of Society*, Pine Forge Press.（正岡寛司訳（1999）『マクドナルド化する社会』早稲田大学出版部）

エピローグ
安全・安心のための リスクマネジメントとコミュニケーション

西田小百合

はじめに──我が国は安全・安心な地域をデザインしているのか？

　少し古いデータだが，2004（平成16）年7月の内閣府による世論調査（「安心・安全に関する特別世論調査」）で，「今の日本は安全・安心な国か」という質問に対し，「そう思わない」と回答した割合は55.9％であった（内閣府，2004）。この調査から10年以上が経過したが，その間東日本大震災をはじめとする災害の増加，高度成長期に整備されたインフラ設備の劣化による事故など，私たちの安全・安心を脅かすさまざまな問題が発生し，安心・安全に対する懸念材料は増加する一方である。

　本書では，地域社会の安全・安心戦略について，とりわけ平時と有事をめぐる議論を展開してきた。安全・安心が大事な理由は，人の暮らしのすべてが安全・安心という暮らしのプラットフォームの上に乗っているからである。日本の社会では，長い間意識しなくても安心・安全が得られていたが，現在では安全・安心を得るためにはそれに対する意識を高めるとともに，それなりの投資が必要になっている。人が現代社会で生きていく際には，暮らしのプラットフォームは常に何らかのリスクにさらされている。したがって，リスクの可視化，リスクに対する理解増進が必要である（科学技術・学術審議会，2004）。危険や不

安が前提となる現実の暮らしに際しては，生活とはリスクの束であることを認識し，リスクを暮らしの真ん中に据えて考えることが欠かせないのである。

本エピローグの構成は，以下の通りである。第1項では，改めて地域における安全の確保について述べ，自らが生活する地域でどの程度のリスクを許容できるのかについて考えておくことの重要性について考察する。また，第2項では，地域の安心を構築するための考え方を提示する。

(1) 地域の安全を確保するためのリスクマネジメントは十分に浸透しているのか？

本項では，地域において安全を確保するにはどうすればよいのかについて考えるが，その際，リスク論におけるフレームワークを用いて，社会や地域の安全についての議論を整理していく。

安全とは，人とその共同体への損傷，ならびに人，組織，公共の所有物に損害がないと客観的に判断されるものをいう。それでは，地域における安全はどのように確保すればよいのだろうか。

リスク論では，リスク認知，リスクマネジメント，リスク・コミュニケーションの3つが議論される。まず，リスク認知についてみていく。リスクには，自発的リスク(voluntary risk)と非自発的リスク(あるいは受動的リスク, involuntary risk)の2種類がある。非自発的リスクとは自分ではコントロールできないリスクであり，自発的リスクと非自発的リスクにより，リスクの認知レベルは異なる。また，リスク観は時代や風土により影響を受けるため，社会や地域が求める安全のレベルは価値観により変化するものである(氏田，2004)。

通常，あるリスクを取ることにより別のリスクを避けることができるなら，このリスクとリスクとの比較はリスクと便益との比較ということになり，大きい方を選択するであろう。安全に関する問題では，リスクの受け手と便益の受け手との関係も重要になる。公害のような非自発的リスクの場合は，リスクの受け手と便益の受け手が明らかに異なるため，被害者はできるだけ低いリスクを要求するようになるだろう。

次に，リスクマネジメントについて考察する。リスクマネジメントとして，通常は2段階の対策が講じられる（正村，2013）。まず，安全対策，すなわち事前の防止策を採る。リスクはゼロにはならないため，できるだけ損失が小さくなるような対策を採っておくことが求められる。次に，事前の事後対応策である。事前に防止策を講じたとしても，リスクは起こりうるものであるということを前提に，危機が起こった後の対応策を起こる前に講じておくことが必要である。

日本の社会のリスクマネジメントについては，しばしば批判がなされる。日本では，事前の防止策，つまり安全対策に重点を置きすぎることが多い。危機が起こるのは，事前の対策が不十分なためであると考え，事前の防止策を十分に行うことに注意を払いすぎる。そのため，いったん危機が起こったときには対応が遅れ，結果として被害が大きくなってしまうことが指摘される。したがって，社会や地域の安全について考える際には，事前の防止策を十分に取っておくことはもちろんであるが，大地震や集中豪雨などの非自発的リスクが起きた場合の事後の対応策を考えておくことが欠かせない。

第3に，リスク・コミュニケーションについて考える。社会や地域における安全について論じる場合には，その社会や地域がどの程度のリスクを許容できるかを検討しなければならない。リスク認知，リスクマネジメントでの過程でもリスクに関連するコミュニケーションが欠かせないが，許容リスクについて検討する際には特にそうである。リスクをゼロにすることができない以上，自分たちの生活する社会や地域では，リスクをどのように捉え，リスクをどのようにマネジメントし，どの程度までリスクを許容するのかを考えておくことは欠かせない。

受容可能なリスクのレベルはどの程度に設定するのか，つまり安全目標をどの程度にするのかについて考える際には，行政や専門家だけでなく，住民も議論に参加することが非常に重要になる。自分たちの住む社会や地域の経済状況，人口推移などを考慮した上で，「どれだけ安全ならば十分なのか」をしっかりと検討し，それに見合う対策を住民自身が自らの問題として構築する必要がある。

氏田(2004)が指摘するように，高い安全性は安全の価値を高く評価する社会でなければ実現できない。人間の生命や安全の価値が高く評価される社会では，要求される安全の水準は高くなる。したがって，社会や地域における安全について考える際には，自分たちの生活する地域において人の生命の価値を高く評価する必要がある。このように，地域の安全について論じる際には，命を最優先する事前の防止策と事後の対応策を考えることが重要であり，そのために必要なリスク・コミュニケーションを行うことが欠かせないのである。

(2) 地域の安心を確保するためのコミュニケーションは十分に展開されているのか？

自らが生活する社会や地域において，どれだけ安全なら安心できるのだろうか。安心については，個人の主観的な判断に大きく依存する。豊田・木根原(2005)では，安心意識について，3つの区分を行っている。安心意識については，客観的に安全な状況において安心が得られている状況を最も望ましい状況，客観的に安全な状況において安心が得られていない状況を安心に対する改善対応が必要な状況，大きなリスクが存在するのに，それを知らずに安心している状況や，リスクは把握できているが対策が不十分と感じるために不安を覚えている状況を安全に対する改善が必要な状況としている。最も望ましい状況にするにはどうすればよいのかについて，本項では考察する。

前項で述べたように，私たちが生活する上では，常にリスクがつきまとう。不確実性は高まり，不安のない生活を送ることはそう簡単ではない。不確実に発生する事象やリスクに対してどのような事前・事後対策を行うのか，安心を確保するための対策や政策はどのようなもので，それを誰が提供すればよいのか，さまざまな問題を解決する必要がある。

橘木(2002)が論じるように，地域における安心の提供者は，国，地方自治体などの行政，地域の企業，NPO，そしてコミュニティであろう。これらの提供者のコミュニケーションを十分に行うことはもちろん大切だが，ここでもやはり自らの生活する社会や地域でどの程度のリスクを受容できるのかを考え

ことが重要になる。その上で，社会や地域における安心を確保するための施策を論じていく必要があるだろう。

　また，現在大きな問題となっているのは地域格差である。安心を確保するためには，それなりの公共サービスの提供，すなわち資金が必要となるが，少なくともどの地域においても最低限のサービスを受けられることが理想である。しかしながら，夕張市のように財政破綻により，それができなくなった地域も残念ながら存在する。自らの生活する地域が，今後も安心して生活できる場所であり続けることができるのかどうか，それが困難であるとすれば何が課題でそれをどのようにして解決するのか，あるいはその地域から転出することを検討するのか，それらはすべて自身あるいはその地域に住む人々の意思で決めることが必要である。行政やNPOに依存しすぎることなく，地域が抱える課題や取り得る予防策，危機が起きた場合の対応策について，地域住民が主体的に検討する場を設け，十分なリスク・コミュニケーションを取ることが求められる。

おわりに―いかにして安全・安心に対してレジリエンスな社会を構築するのか？

　本エピローグでは，地域における安全・安心を確保するためには，リスクに関する認知，マネジメントおよびコミュニケーションが重要であることを述べてきた。日本は，急速に少子高齢化社会となり，多くの地域が消滅の危機に瀕している（日本創生会議・人口減少問題検討分科会，2014）。このような状況において，安全・安心を確保することは容易ではない。本書を通じて述べてきたように，安心で安全な社会や地域を構築する際には，想定外を許容せず，できるだけ多くを想定内とした平時から有事に備えた事前の予防策が非常に重要である。一方で，リスクを避けて通ることができない以上，危機後の対応策を事前にしっかり考えておくことも欠かせない。

　このような対応を取ることにより，レジリエントな社会や地域の構築が可能

になるはずである。危機が起こったときに，しなやかに立ち上がる力を平時から蓄えておくためには，平時よりコミュニティを維持しておくことが欠かせない。コミュニティを維持するためには，それに見合う人口が必要であり，人口減少を食い止め，限界集落へ転落することを避けるための相当の努力が必要である。

　それでは，自らの生活する地域で，安全・安心に生活していくためにはどうすればよいのか。地震や津波の多い地域で集団移転などを検討するといった緊急性を要する問題だけでなく，現在の日本では人口減少に伴う過疎化などによって耕作放棄地や空き家が増えた場合の対策についてしっかり考えることが求められている。空き家が増えることで犯罪が増加すれば，安全で安心な生活を確保することはできない。人口減少が進めば，現在のように一軒しかない山奥まで電気，水道，ガスなどのインフラを維持し続けることも困難になるだろう。まず，自身の住む地域の課題を正確に認識し，それに対してどのような対策を採りうるのかを考え，明確な計画や目標を立てる必要がある。目標達成には期限を設定し，それまでに目標が達成できなかった場合の修正方法も考慮した上で，計画を実行していくことが重要である。

　安全・安心は，行政やNPOに確保してもらうものではなく，自分たちの許容リスクに合わせ，自分たちで確保していくものである。自分たちだけでなく，子孫へ，つまり未来へどのような形で安心・安全な地域を残していくのか，それらを自らの問題として捉え，考えることが強く求められている。

参考・引用文献
氏田博士（2004）「安心・安全を実現する専門家・組織・社会のあり方」『REAJ誌』Vol. 26, No. 6, pp. 529-541。
科学技術・学術審議会（2004）「『安全・安心な社会の構築に資する科学技術政策に関する懇談会』報告書（概要）」科学技術・学術審議会（第12回）配付資料6, http://www.mext.go.jp/b_menu/shingi/gijyutu/gijyutu0/shiryo/__icsFiles/afieldfile/2013/03/25/1332106_002.pdf（2015年5月10日アクセス）。
瀬尾佳美（2005）『リスク理論入門』中央経済社。
橘木俊昭（2002）『安心の経済学』岩波書店。

豊田聖史・木根原良樹（2005）「日本社会における安心意識に関する分析」『MRI所報』，No. 4，pp. 30-51，
　　http://www.mri.co.jp/news/press/uploadfiles/journal/44/jm05013102.pdf（2015年5月25日アクセス）。
正村俊之（2013）「震災とリスク・コミュニケーション：日本社会におけるリスクの社会的構成（第1部：講演4）」『社会情報』，pp. 36-45。
内閣府（2004）「『安全・安心に関する特別世論調査』の要旨」
　　http://survey.gov-online.go.jp/tokubetu/h16/h16-anzen.pdf（2015年5月10日アクセス）。
日本創生会議・人口減少問題検討分科会（2014）「成長を続ける21世紀のために　ストップ少子化・地方元気戦略」
　　http://www.policycouncil.jp/pdf/prop03/prop03.pdf（2015年5月9日アクセス）。

編著者プロフィール

原田　保(はらだ　たもつ)

早稲田大学政治経済学部卒業。株式会社西武百貨店取締役企画室長，香川大学経済学部教授，多摩大学大学院教授，ハリウッド大学院大学教授等をへて，現在はソーシャルデザイナーとして行動する。現在，一般社団法人地域デザイン学会理事長，一般社団法人日本ペンクラブ会員，多摩大学大学院客員教授，文化学園大学服装学部特任教授，一般社団法人日本スロースタイル協会代表，一般社団法人ソーシャルユニバーシティ理事・ソーシャルユニバーシティ総合研究所研究主管。
主な著書：『インターネット時代の電子取引革命(共著)』東洋経済新報社，『デジタル流通戦略(単著)』同友館，『スーパーエージェント(編著)』文眞堂，『ソシオビジネス革命(単著)』同友館，『知の異端端と正統(編著)』新評論，『スロースタイル(編著)』新評論，『コンテクストデザイン戦略(共編著)』芙蓉書房出版，『観光革新戦略(共編著)』白桃書房，『食文化のスタイルデザイン(共編著)』大学教育出版。

中西　晶(なかにし　あき)

京都大学文学部哲学科(心理学専攻)卒業，筑波大学大学院経営・政策科学研究科経営システム科学修士課程終了，経営学修士，東京工業大学大学院社会理工学研究科価値システム専攻博士後期課程修了，博士(学術)。ジャスコ株式会社，学校法人産能大学，東京都立科学技術大学助教授等を経て，現在は明治大学経営学部教授。
主な著書：『マネジメントの心理学(単著)』日科技連出版社，『マネジメント基礎力(共著)』NTT出版，『高信頼性組織の条件(単著)』生産性出版，『風狂が企業を変える(共著)』芙蓉書房出版ほか。

西田　小百合(にしだ　さゆり)

岡山大学大学院文化科学研究科博士課程修了，博士(経済学)。(財)岡山経済研究所専任研究員，瀬戸内短期大学養護教育学科講師を経て，東海大学政治経済学部准教授(現職)。
主な著書：『初級コース計量経済学(共著)』中央経済社，『地域デザイン戦略総論(共著)』芙蓉書房出版。

執筆者

家村　啓三(いえむら　けいぞう)
特定社会保険労務士，行政書士。明治大学大学院経営学研究科博士前期課程修了，修士(経営学)。東京都社会保険労務士会 常任理事。社労 think および社労士家村事務所代表。
現在，東京都社会保険労務士会 NPO 自主研究会代表として，NPO 組織の労務問題の解決を組織維持の観点から継続して行っている。
主な著書：『パートの賃確(賃金の確保)(共著)』社労 think。『就業規則の読み方：働くための 10 の約束(監修)』社労 think。『はたらきやすい NPO を目指して(ハンドブック)』中央ろうきん社会貢献基金。

奥瀬　円(おくせ　まどか)
中小企業診断士，特定社会保険労務士。明治大学大学院経営学研究科博士前期課程修了，修士(経営学)。社会保険労務士法人 HRM 総合事務所代表。いわき商工会議所登録専門家。震災後は主に原発事故による風評被害対策支援を行う。

神藤　猛(しんどう　たけし)
横浜国立大学環境情報学府博士後期課程単位取得退学，博士(経営学)。防衛大学校助教授を経て，独立行政人防災科学技術研究所 地震防災フロンティア研究センター主幹研究員，ボーイング 防衛宇宙安全保障部門ファントムワークス，現在は千葉大学大学院特任教授，政府 CIO 補佐官，国土交通省 CIO 補佐官。
主な著書：『ネットワークセントリックな危機管理組織(単著)』内外出版。

萩原　功(はぎわら　いさお)
IT コーディネーター，物流技術管理士。流通政策研究所主任研究員等を経て，(株)AStar 総合研究所研究員。
主な著書：『調達・物流統合戦略(共著)』同友館，『無形化する経営(共著)』同友館。

宮本　文宏(みやもと　ふみひろ)
岡山大学文学部哲学科卒業，多摩大学経営情報学研究科終了(経営情報学修士)。現在は，日本ユニシス株式会社勤務。
主な著書：『地域デザイン戦略総論(共著)』芙蓉書房出版，『旅行革新戦略(共著)』白桃書房，『食文化のスタイルデザイン(共著)』大学教育出版。

【監修】

一般社団法人 地域デザイン学会（理事長 原田保）

2012年設立。地域振興や地域再生を，コンテンツではなく，知識や文化を捉えたコンテクストの開発によって実現することを指向し，学際的，業際的な地域デザインを知行合一的に推進しようとする学会。

地域デザイン学会叢書 3

安全・安心革新戦略―地域リスクとレジリエンス―

2015年9月5日　第1版第1刷発行　　　　　　〈検印省略〉

　　　　　　　　　　監　修　一般社団法人 地域デザイン学会
　　　　　　　　　　　　　　　　　　　　原田　保
　　　　　　　　　　編著者　　中西　晶
　　　　　　　　　　　　　　　西田小百合

発行者　田中　千津子　　〒153-0064　東京都目黒区下目黒3-6-1
　　　　　　　　　　　　電話　03（3715）1501 ㈹
発行所　株式会社 学文社　FAX　03（3715）2012
　　　　　　　　　　　　http://www.gakubunsha.com

©Harada Tamotsu, Nakanishi Aki & Nishida Sayuri Printed in Japan　印刷　新灯印刷
乱丁・落丁の場合は本社でお取替えします。
定価は売上カード，カバーに表示。

ISBN 978-4-7620-2558-7